典藏

修订典藏本

刘邦传

从侠道到王道

史杰鹏 著

吉林文史出版社

图书在版编目（CIP）数据

从侠道到王道 ：刘邦传 / 史杰鹏著. -- 长春 ：吉林文史出版社，2018.7（2019.3 重印）

ISBN 978-7-5472-5106-5

Ⅰ. ①从… Ⅱ. ①史… Ⅲ. ①汉高祖（前 256-前 195）—传记 Ⅳ. ① K827=341

中国版本图书馆 CIP 数据核字（2018）第 112787 号

CONGXIADAODAOWANGDAO LIUBANGZHUAN

从侠道到王道 ：刘邦传

史杰鹏 著

责任编辑 于 涉 高冰若
装帧设计 覃一彪
出版发行 吉林文史出版社
社 址 长春市人民大街 4646 号
邮 编 130021
经 销 全国新华书店
印 刷 三河市众誉天成印务有限公司
开 本 710mm × 1000mm 1/16
印 张 19
版 次 2018 年 7 月第 1 版第 1 次印刷
2019 年 3 月第 1 版第 2 次印刷
字 数 240 千字
书 号 ISBN 978-7-5472-5106-5
定 价 45.00 元

自　序

这本书，原是五六年前我应中华书局的约稿写的，对方当时主要是想宣传中华民族的伟大人物，刘邦就是政治人物的杰出代表。但后来我写完的稿子，令我不甚满意。这次再版我对内文重新做了一些删改修订，希望它能以更好的面目示人。

读过我历史小说的人都知道，我所有的文学作品，都在反复阐述一个主题：关心普通人的日常生活和心灵状况。像刘邦这样的帝王，本来我是缺乏写作兴趣的。但好在他有点儿特殊性，他大半辈子的身份，都只是一个普通的平民，包括他身边那些王侯将相，也都是普通人出身，这比较契合我的写作理念，于是就欣然动笔。从他们身上，我们不但可以了解秦汉时代普通人的生命历程，而且可以分析普通人的生活状态，对照后来两千年的现实，很难不油然而生叹息：原来两千多年间，中国某些方面没有什么变化。

战国末年，当秦国对东方六国逐渐蚕食之际，楚人南公曾经悲愤地说："楚虽三户，亡秦必楚！"结果秦朝果然被两个楚国人项羽和刘邦给推翻了，不可一世的嬴姓家族几乎被起义军屠戮了个干净。但楚国人的胜利，只是表面上的胜利，最终的胜利者其实还是秦人。因为是全面效法秦国政治传统的刘邦，战胜了楚国贵族项羽。刘邦的军队中，起先也一直采用故楚国的职官名，到关中再次起兵反项羽后，则全改为秦国职官名，说明他已经全盘接受秦国的政治制度，他披着楚国的外衣，操着楚国的口音，实际上却是代表秦人出关，第二次重新并吞天下。刘邦的胜利，昭示着中国人似乎更适合秦朝这种大国小民的统治方式，昭示着项羽恢复贵族分封制的理想完全破产。中国从此不再摇摆，彻底抛弃了贵族传统，进入长达两千年之久的专制时代。

在创作这本书的过程中，我觉得刘邦的胜利，还有一个特别的意义，就是陈胜所说的“王侯将相，宁有种乎”，谁拳头大谁就称王，这也是秦国的传统，什么贵族、礼仪、廉耻，一切都不重要，能打才是硬道理。秦国的君主虽然本身就是古老的贵族，但从秦孝公开始，却用暴力扫荡了一切亲贵，以计算首级的方式，按数量提拔布衣，让百姓知道，原来贵族是可以被灭绝的，普通人也是可以封侯拜相的。不只刘邦，其实作为贵族后裔的秦始皇，本身就像一个草莽英雄，就像中国布衣皇帝模式的一个测试版。也就是说，中国的布衣皇帝，并不自刘邦始。但刘邦确实是第一个彻头彻尾的布衣皇帝，他的成功，开启了后世无数草莽英雄争夺皇位的梦想大门。

另外，在大多数人的思维里，刘邦和项羽年纪相仿，秦始皇比他们老很多。经过李开元等学者的历史普及，我想很多人都知道了，刘邦其实比项羽大二十多岁，而秦始皇只比刘邦大三岁。通过这个年龄对比，我立刻产生了两大沉重的感慨：第一，项羽不是才能不行，而是太年轻。刘邦实在是上天眷顾，简直就是成功逆袭的典型。第二，一个人的出身是何等重要，作为几乎同龄的人，秦始皇早早地当了国王，继而成了皇帝，而刘邦半辈子在市井鬼混，被老爸骂得狗血淋头……

本书也从刘邦的出身写起，除了年龄之外，他的祖国楚国强加在他身上的文化烙印，也不可忽视。他临死前没多久，还创作了一首赋有楚国风韵的诗歌，也就是名闻天下的《大风歌》。刘邦建立的汉朝，制度上是秦国的，审美积淀却是楚国的。这大概可以证明，刘邦的汉朝，除了中间被王莽打断的十几年，之所以能一直延续四百年之久，远远超过短命的秦王朝，其原因就是，他没有完全袭用秦国文化的刚暴，而是吸取了楚国文化的阴柔，做到了刚柔兼济。

书中还涉及很多与刘邦同时代的精英人物，包括秦始皇、赵高、李斯、蒙恬、章邯、项羽、张良、韩信、萧何等，我对他们也做了一些评传，希望借此扩大读者的历史视野，更好地理解那个壮烈多彩的时代。

本书的每一字每一句，我都尽量做到客观，不偏不倚地叙述。其实写作这种人物，只要不仰视，就离成功不远了。

希望大家喜欢这本书，谢谢！

史杰鹏

2018 年 3 月 16 日星期五

目录

第十章　刘邦灭楚

第十一章　巩固江山

第一章

四十七岁之前的刘邦

一、游侠生活

大人物似乎总是在毫不起眼的小地方诞生的。

丰邑就是这样一块毫不起眼的地方，它归沛县管辖，是沛县的一个附邑，行政级别相当于乡。它和沛县相距十七八公里，按照秦汉的里制，沿途要经过大约四个亭舍，虽然不算太远，但步行的话，起码要走四个小时。

沛县城邑紧靠泗水之滨，东边是汪洋恣肆的沛泽。据《水经注》，丰沛，就是浩瀚的意思，大概沛县和丰邑之得名，也来源于此。

这块土地曾经属于宋国，被宋国统治数百年之久。公元前 286 年，野心勃勃的齐湣王悍然发动了对宋国的战争，一举将之攻灭，沛县就此落入齐国的囊中。但不幸的是，齐王甚至没有把它在掌心焐热，仅仅在第二年，楚国就来了个“黑吃黑”，使它变成了下辖淮北十五郡的一部分。

于是这里被进行楚国式的管理，居民开始说楚语，唱楚歌，写楚国文字，行楚式历法，使用带有浓厚楚国风味的生活器具，被同化成了地地道道的楚国人。作为一个楚国婴儿的刘邦，就诞生在丰邑中阳里一户普通的楚国农民家中，时值公元前 256 年，也就是楚考烈王七年，距楚国占领这块土地已经有三十年之久了。

这是当时一户再普通不过的家庭，户主刘太公没什么文化，毕生秉承着勤勉耕种、侍奉君上的人生信条，带着两个孩子刘伯、刘仲，年年风里来、雨里去，却把一块耕地侍弄得“风生水起”，慢慢攒下了一份不大不小的家业，如果我们要给他划一个成分，应该算富农。

刘邦是这个家庭的第三个男孩。像对待前两个孩子一样，刘太公这个普通的楚国农民，用再朴实不过的排行法，给了这个新生儿一个十分简单的称呼：刘季。至于刘邦这个堂皇的大名，大约是他发迹之后换的。

由于语言的变迁，现在的人可能觉得这名字还有些文雅，但若把它换算成当代中国的俗称，就相当于叫刘老三，等于没有名字。可见除了耕种以及在农闲期间和市井朋友玩玩蹴鞠、斗斗鸡，刘太公根本没有给儿子们取名的兴趣。这并不奇怪，对普通百姓来说，取名没有什么意义，包括刘太公自己，也没有在史书上留下正式的名字，虽然他的儿子后来成了皇帝，以至于我们现在还只能含糊地称他为刘太公。这个名字显得他很老，但我们知道，和所有人一样，他起初并不那么老。

有一点需要提到，由于家境殷实，刘太公还娶了一房小妾，这小妾也生了一个儿子。有趣的是，这个幼子倒有一个正儿八经的名字，叫刘交，甚至还有表字，叫游。刘太公甚至把他送到大儒浮丘伯身边学习《诗经》。浮丘伯是齐国人，荀子的学生，博学多才。齐鲁是儒学的故乡，战国末年仍旧保持了儒学传统，文化灿如星斗。沛县邻近齐鲁，这些风气无疑影响了刘太公，但对刘邦毫无用处，反而让他看出了儒生的巨大弱点：擅长道德说教，遇见实事则手足无措。这观念影响了他很长一段时间，直到郦食其、随何、叔孙通等一系列儒生出现在他身边。

我们不知道刘太公是否也给刘邦提供了学习机会，但即使提供了，也不会有什么用处。刘邦根本就不是能读进书的那种人，打个比方，如果是现在，刘邦顶多念到初二就会退学，或者被学校开除。原因无外乎两个：一、学习成绩很糟；二、喜欢打架。

刘邦很可能一点儿都不喜欢学习，放弃了老爹的栽培，仅仅接受了粗略的教育，能够认得几个字，大约在初二阶段，就被学校开除，开始在丰沛市集上招朋唤友，过起了自由自在的游荡生活。这才符合他的性格。当然，因为家庭的胁迫，他不可能不会农活。我从小在乡村长大，见过许多游手好闲的人，念不进书，好吃懒做，还喜欢斗殴打架。但刘邦囿于乡村伦理，对老爸逼迫干农活的命令又不敢完全置之不理，是以农忙时节也不得不下田干活，手艺即使不精湛，也算专业。多年以后，他的孙子刘章在长乐宫侍候吕太后饮酒，曾经自告奋勇地说："臣请为太后说说耕田的事。"吕后笑话他："你父亲（指刘邦，刘章虽为其孙，但吕后把刘章当儿子看待）才擅长耕田，你生而为王子，哪懂这些？"

但刘邦终究无心务农，消极怠工，这让刘太公十分愤怒，曾愤怒地呵斥他："你这不肖的竖子，也不学学你二哥，看人家是怎么勤劳发家的，啊？！"之所以没提到大哥，可能因为大哥早已去世。在那个年代，医药极不发达，壮年暴卒是毫不奇怪的事。

对父亲的责骂，青年刘邦颇觉痛苦，但其不敢挥拳相向，也只能假装没听见。因为他有更大的理想，要成为一代游侠，在江湖上呼风唤雨。

游侠是对何种人的称谓？竟至于让刘邦如此追慕向往？在此我们要进行有必要的介绍。

中国最伟大的史学家司马迁给游侠下过一个定义，说是一种专门急人之难却不求报答的人。战国时代，东方诸侯国有四大贵公子，赫赫有名，他们是赵国的平原君、魏国的信陵君、齐国的孟尝君、楚国的春申君。四人都是王族子弟，拥有采邑，有丰厚的税收招徕宾客，普天之下不愿耕种的有技能之士都去投奔他们，无事时白吃白喝，有事时则要挺身而出，甚至献出生命。信陵君大约是四大公子中声名最显赫的一个，他死于公元前243年，那时刘邦才13岁。

但我对司马迁关于游侠的定义并不满意，我认为过于拔高。游侠其实根本没有那么高尚。我曾经考察过“侠”的初始含义，其实“侠”本来的含义是“帮助”，但这个“帮助”并不指路见不平拔刀相助，大家都过得这么苦，凭什么帮你？公子王孙过得不苦，但人家就是靠收取穷苦人的税花天酒地的，还会路见不平？千万别想多了。游侠其实早先都是贵族公子的保镖，也就是“帮助”贵族公子更安全收税、更安全享受的。当然，他们也因此获得报答，贵族公子会给他们丰厚的薪水、舒服的居处环境、丰盛的伙食。

要是叫你选，你会选在田里每天忙出一身臭汗，但收入的一半上交给贵族公子呢，还是选舒舒服服地住在贵族公子提供的员工宿舍里吃香喝辣，胸前贴一张保镖证呢？

有人可能会说，那为啥刘邦的两个哥哥不这么选择呢？

他们敢想吗？当“保镖”也不是没条件的。首先，要能打。其次，要不惜命，有股子天不怕地不怕的泼辣劲儿。很可惜，刘邦的哥哥们，包括其他很多人，这两个条件都不具备，而刘邦两个条件都属于优良。

虽然没有机会亲眼见到信陵君，但刘邦从小就耳闻了不少关于信陵君的故事。他摸着自己一身的腱子肉，只恨自己出生太晚，没有机会投奔到其门下，那该是何等幸福！能和诸多志同道合者朝夕相处，大碗喝酒，大块吃肉，出门乘坚策肥，危难一至，则殒身喋血，快意恩仇，报答主子的礼遇，流名天下。与这相比，背负毒辣的太阳辛勤耕种，实在是庸人才会干的事情。

也是，天天猫腰在地里侍弄庄稼，风里来雨里去，一辈子能挣几个钱，攒几亩地？不，这绝不是他刘邦想过的生活，可以说，勤劳的二哥在刘邦心目中绝对是一个负面榜样。对二哥，他嗤之以鼻。多年后，他变成了皇帝，有一次在新年晚会上揶揄父亲：“以前您经常斥责我，说我游手好闲，不会治产，比二哥差多了。现在您看看，我挣下的这份家当，比二哥怎么样？”

这天下都是他的家产，而刘太公这时只能给儿子赔罪。

这个懒惰的青年人不但不肯干农活，还到处惹事。屡次因为沾惹是非到处躲避，不敢回家，还曾经带着一帮朋友偷偷去寡嫂家蹭饭吃。有一次大嫂终于烦了，等刘邦和他的朋友进门，假装奋力甩动手臂，刮着空荡荡的锅，暗示一无所有，请小叔带着客人另觅饭辙。刘邦羞惭得满脸通红，饿着肚子愤然而去。后来大嫂为这次的意气付出了沉重的代价，皇帝刘邦遍封亲戚为王侯，独独对大嫂无所表示，以致刘太公实在看不下去，特意提醒。刘邦这才抒发胸臆："说实话，不是我忘了她，主要因为她为人不地道，太小气。"于是他很有创造力地封大嫂为羹颉侯。"颉"和"刮"古音相近，"羹颉侯"意思是刮羹，暗示大嫂那次刮锅驱客的举动。看来这件事给刘邦的印象极深，终其一生竟无法忘记。

这也难怪，对刘邦来说，朋友就是活着的全部意义。有了朋友，才能保证自己在外面打人尽可能少地吃亏，才能把擅长打架的名气传播出去，引起贵族公子的注意，给他送聘书。而大嫂竟让他在朋友前丢了面子，是可忘，孰不可忘？

虽然在丰、沛两地打出了名气，但刘邦并不满足。有一天，他听说有一个叫张耳的魏国人，曾在信陵君手下做过门客，如今又凭借当时的声名娶了一位富家妻子，不禁心驰久之。有人告诉他，张耳如今已被魏王任命为外黄县令，正在广施钱财，招徕宾客。于是已经三十好几的刘邦毅然离开家乡，西行上千里，跑到外黄去投奔张耳。

在外黄，刘邦凭着一身腱子肉和早先积累的小小名声，顺利地投身到张耳的门下。然而好景不长，公元前225年，秦将王贲率大军围住了魏国首都大梁，引水灌大梁城，大梁城陷，魏国灭亡。张耳遭到秦朝政府的通缉，处境岌岌可危。不得已遣散门客，独自带着另一个刎颈之交陈余逃到陈县（今河南淮阳），隐居了起来。

刘邦拿着一信封的遣散费，只好又回到了楚国家乡。三晋已经覆灭，楚国覆灭还会远吗？两年后，秦将王翦两次击破楚国名将项燕的军队，楚国政权也轰然坍塌。沛县成为秦国的领土，下属于泗水郡。刘邦正式成了一个秦国人，这一年，他 33 岁。

刘邦的前半生如路人甲一样普通，史书上有关的记载甚少。按理说他在发迹后，可以回忆生命中的一些精彩片段，让史官大书特书，但我们却没有看到。也许连他自己也实在想不出前半生有什么可骄傲的事值得诉诸竹帛。是的，他喜欢喝酒，还很好色，偷鸡摸狗的事干了不少，这实在拿不出手。

唯一“光彩”的事迹是有关他的孕育。据说那天，他母亲刘媪在大湖边睡觉，梦见和神相会。她正在梦中畅游，非常快活，天色突然晦暗，电闪雷鸣。刘太公跑去湖边找她，却发现一条蛟龙伏在妻子身上，不久她就怀了身孕，最后生下刘邦。

这个故事显然是虚构的，和古书中记载的各色皇帝出生的传说如出一辙，顶多让我们明白，原来蛟龙的儿子也有丰富的人性：好酒及色，和普通人并没有什么不同。

二、秦朝小吏

从楚国人变成秦国人，对刘邦来说，没有任何不安。因为以他的出身，不会有什么祖国的概念。他并不是楚王室贵族屈原，仅是一个再普通不过的百姓，换任何一个统治者，在他看来都没有任何不同。何况为了笼络楚国人，秦王在楚国故地实行了优惠政策，赐予他们爵位。所以，除了语言、文字、风俗习惯等方面略微有些不适应之外，刘邦很满意这种崭新的生活。

因为他很快当上了秦国泗水郡的泗水亭长，在秦国，当一个县廷令史，起码要会写五千字，还得懂得八种字体；但当一个亭长，刘邦肚子里那点儿货足够了。

亭长是秦国最基层的治安单位，按照标准，管辖方圆十里的一片地方的治安，同时兼顾送往迎来的工作。因为秦朝的亭，不但相当于现在的派出所，而且兼具现在邮局、招待所的功能。刘邦的这个官职，放到现在，就相当于一个派出所所长兼邮电所、招待所所长。

这个小小的官职，当然不是刘邦的理想，但其实比他当游侠好。他年少时候向往做游侠，主要是不想种田。在那个时代，如果不想种田，就只有做官。但从现有的史料来看，楚国讲究出身，在《包山楚简》里所见的各级官吏，从姓氏来看，似乎都出身贵族。刘邦这样一个平民家庭的孩子，恐怕挤不进去。游说楚王，倒是有可能混上大官，但他又没什么文化，也不喜欢念书，那么要想不种田，只有做游侠一途。本来他跟着张耳，也可能混成一个头目，可惜碰到秦国统一天下，严打地方豪强。不过因祸得福，估计秦朝统一后，驱逐旧政府的官员，大量提拔新官员，刘邦这个大字不识几个的人，因此也谋得了一个小官。而且亭长这个职位对他来说很适合，需要有一定武力，经常跟流氓无赖打交道。在和平年代，能当上这样一个官，对他已经算是不错了。

作为亭长的刘邦，依旧保持着自小追慕的侠士之风，轻财重义，豁达大度。不讲繁文缛节，对待朋友言语无所顾忌，脏话随时脱口而出。好在他结交的朋友都是引车卖浆之流，对这种语言作风非常习惯。对待官府的同僚，无论官秩高低，他都是开口闭口骂娘。鉴于他黑白两道都吃得开，即使官吏中有人对此不习惯，也不敢发作。

虽然年近四十，刘邦丝毫也没有娶妻的打算。史书上说他喜欢美女和好酒，按理说，这两样都得大把大把花钱。但他只是工薪阶层，不事产业，哪来的钱消费？但这难不倒他。邑中有王媪和武负两个女人开的酒馆，刘邦常去赊酒喝，喝醉了就顺势躺在地上，颇有后世刘伶之风。但刘伶是个知识分子，比起刘邦，只怕少了一点儿豪杰之气。

按照史书记载，刘邦醉后昏睡时，身上常常会出现一条龙，大约人睡着了就会神不守舍，从而露出原形。但这种“神迹”显现，把王媪和武负两个农村妇女吓得够呛，从而也开始纳罕，这家伙很不一般。而且奇怪的是，每次刘邦来赊酒喝，店里的营业额总是暴涨，卖出的酒比平时多几倍。这么一来，王媪和武负都觉得是刘邦带来的财气，每到年终结账，都把刘邦写的赊账凭证折断，扔进垃圾堆。

当然这和刘邦的出生“神迹”一样，都是为了神化大人物而瞎编的。至于每次他到酒馆，酒就能被卖出平时的数倍，可能在于他有一定的人格魅力，是市井少年的偶像，所以吸引了很多游侠少年来酒馆陪他喝酒，从而增加了酒馆的收入。

酒的问题算是轻松解决了，那么色呢？没有结婚的刘邦靠什么来解决这个生理需求？

这点司马迁没有直截了当地告诉我们，因为他不想把自己王朝的太祖皇帝写得过于不堪，但他还是告诉我们，还没结婚的刘邦有一个私生子，是和一个曹姓妇女生下来的。这个曹姓妇女当时有没有嫁人，我们不知道。如果已经嫁人，那刘邦就是和有夫之妇私通，而且不是一般的私通，因为这个私生子，后来被平安送回到刘家，没有造成什么后果。有可能那妇女的丈夫知道惹不起刘邦，对这事抱着一种吃亏是福的态度。此私生子取名刘肥，后来被封为齐王。他虽然出生得鬼鬼祟祟，抬不起头见人，活得却昂首挺胸，说不出来的神气。

这是有“成果”的私通，至于没有“成果”的私通，肯定不计其数。所以，虽然刘邦没有妻子，但并不妨碍他享受快乐的私生活。

试想，一个浑身上下洋溢着自信的气息，身边常年簇拥着一大堆崇拜的小弟，走到酒馆去喝酒，没人敢讨钱，无疑是一位成功人士。虽然看不到多少现钱，却从不用担忧生计。甚至，长得还帅。史书上说刘邦“隆准而龙颜，美须髯”，翻译成白话，也就是说他有挺拔的鼻子，容貌像龙一样高贵，胡须飘然，英俊潇洒。这样的男人，哪个女子见了，心中不善怀春？

由此观之，只要刘邦愿意，肯定大把的女人愿意嫁他，但为什么他没有选一个娶进家门呢？

这我们就要探讨一下像刘邦这类人的婚姻观了。

大凡游侠，最重要的信条是乐善好施，不吝钱财，也就是《水浒传》里梁山好汉概括的，要“大碗喝酒，大块吃肉，大秤分金”，谁舍得花钱，谁就能得到大家的拥戴。宋江不过是郓城县衙中一个小小的押司，为什么能坐上梁山泊第一把交椅，不为别的，就因为他们见到江湖好汉，出手就是一锭银子。信陵君等四大公子为什么名闻天下？就因为他有采邑，养得起三千门客。张耳娶了富家女后，为什么千里远的游侠都来投奔他？就因为他有钱招待了。所以，要得到大家的拥戴，钱是很重要的，是必需品。刘邦在江湖上混了那么久，岂能不知道这个道理？他当然想像张耳一样，娶一个富家女。一般的女子，他怎么看得上眼？也因此，他可以和曹氏私通，但绝不会娶她。

像刘太公这样老实巴交的庄稼汉，当然更不会理解儿子这一伟大理想。

只是这理想并非那么容易实现，但刘邦不在乎，怕断了子嗣吗？已经有私生子刘肥了。与其娶一个平民女子在家供养，不如做个单身汉快乐自在，无牵无挂。

这样快乐的日子又过去了十年，天可怜见，属于刘邦的那个女人虽然姗姗来迟，但毕竟还是出现了，这时，离刘邦的更年期仅有短短的五六年。他的青春早已消逝！

这个女子姓吕，名叫吕雉，是吕家第二个女儿。她父亲吕公，原先是隔壁的单父县人，因为在本地结下了仇家，怕遭到报复，举家迁徙到沛县，他家里背景不俗，和沛县县令是故交。

沛县县令很高兴地接待了故友，他对侄女辈的吕雉也一见钟情，当即向故友表达了这个良好愿望。他贵为县令，不可能是单身汉，娶吕雉回家肯定不是当作正妻。但吕雉的妈妈吕媪不在乎，她想答允这门亲事。本来因为在故乡结仇，才迁徙到沛县，她希望能找个有分量的靠山，县令秩级为六百石，在当时算得上高干。然而作为一家之主的吕公不这么想，他果断地拒绝了老友的请求。对这个女儿，他一直有长远的考虑，因为这个女儿长得颇有姿色，他和普天下几乎所有的父亲一样，想把女儿的作用发挥到最大，不肯轻易出手。

好在沛县县令比较大度，对故友的拒婚并不在意，照样准备大摆宴席，为故友接风洗尘。

县令请客的消息很快传了出去，谁都知道此乃讨好县令的一个重要机会。礼品的轻重和在县令心中的印象成正比，谁也不敢吝啬。因为对县令吝啬，命运就会对自己吝啬。

在召开酒宴的那天，县令特地派了自己的主吏掾萧何当主进。主进者，主管进钱也，也就是操办迎客的人，负责接收礼金。

这个叫萧何的人，也不是个简单的人物，在历史上留下了浓墨重彩的一笔。他的籍贯也是沛县丰邑，和刘邦是乡里，两人一向也有深厚的交情。但在仕途履历方面，他远比刘邦光鲜，对官府的行政工作，他干得相当得心应手。曾经因为能干，他得到秦朝中央下派到泗水郡的监御史的嘉奖，一度想把他推荐到咸阳去做官。这是官吏们翘首盼望的好机会，到首都去，是升迁的重要保证。

但此提议竟遭到了萧何的拒绝。大概一则他已经看见秦朝统治出现了危机，去咸阳做官毫无意义；二则他大概非常满足在沛县的生活。咸阳帝京，举目无亲，谁会把自己当一回事？而在沛县，他却是很有底气。在那时，他的官职已经做到“主吏掾”，虽然秩级不值一提，但在秦朝的县级官职系统中，地位仅次于县令，掌管整个县邑官吏的考核与任免，谁想做官，都得拍他的马屁。况且还有刘邦等一大帮朋友作为后盾，同样黑白两道通吃。

络绎到来的客人鱼贯报上自己的礼金，萧何吩咐一一记账，并声明：凡是送礼钱数不超过一千者，一律坐到堂下的庭院里，没有资格和县令亲近。

在当时，一千钱不是个小数目，据《睡虎地秦简》记载，一个普通工匠每天的工资只有八钱，而每顿饭的伙食只要一钱，一千钱相当于三四个月的工资。刘邦身为亭长，那时的工资史书上没有记载，不过从汉代一个亭长的月薪不过六百来看，一千钱也几乎相当于他两个月的收入。

但刘邦一走进院庭，就信口开河：“我送一万块。”同时抬腿径直往堂上闯。

周围的人都惊呆了，现场一片哗然，声音惊动了坐在堂上的吕公。他想不出谁会这么阔绰，这么给自己面子。那一定是个大人物，现在自己再安坐不动，那就太不懂得礼尚往来了。他立刻站起来，亲自走到堂前，迎接这位尊贵的客人。这时他才发现，这位客人实际上一文钱也没带。

若是换了一般人，虽然不致暴跳如雷，只怕也不会给出好脸色。但不知怎么回事，吕公看见刘邦，仿佛着了魔似的，立刻被对方吸引住了。史书上说吕公“好相人”，也许在此刻，他已经看出了刘邦的真身，那不是一个圆颅方趾的人，而是一条熠熠五彩的蛟龙。他也许算成功了，但可悲的是，他没看到几十年后，自己的吕氏家族竟因此遭到灭绝的命运。

他几步上前，亲切地拉着刘邦进屋，并引入座位。

萧何大概怕县令生气，帮忙打圆场，说：“刘季这个人，就喜欢吹牛，实际上干不了什么正事。”想用玩笑消弭当时的尴尬。

刘邦却丝毫不以为意，当仁不让地坐到了上座。而且，县令的酒筵仿佛成了他表演的舞台，他对堂上诸客嬉笑怒骂，脏话迭出，无不狎辱。诸客则俯首帖耳，毫无异议。吕公心里越发欢喜，他觉得这个人将来一定是个人物，酒阑，他对刘邦眨了眨眼。刘邦正确捕捉到了这个信息，目送诸客出去，留了下来。吕公也开诚布公：“我自小喜欢给人看相，看过的相也够多了，但从来没有超过你刘季的，希望你自己珍爱。我有个女儿尚未婚配，倘蒙不弃，我愿送给大人当箕帚妾，侍候大人的生活起居。”

这当然是天上掉下来的好事，以吕公的财力，又是县令的朋友，攀上这门亲，还愁没钱花？刘邦满口答应。

但是吕媪非常愤怒，指责自己的丈夫道：“你平时常说，这个女儿一定要嫁给贵人，不能轻易出手。沛县县令对你那么好，你也不肯给他。现在你昏了头，想送给刘季，他一个街头泼皮，算什么贵人？”

吕公语重心长地说：“女人头发长，见识短，跟你说了，你也不会明白。”

虽然吕媪有一百个不高兴，但不重要，说到底秦朝是男权社会，由不得她。吕公说要嫁，她只能干瞪眼。

四十多岁的刘邦终于正式结束了他的光棍生涯，成为有家室的人。很快他们就有了两个孩子，头一个是女孩，史书上没有记载她的名字，只因她后来被封在鲁县，被称为鲁元公主。第二个是男孩，就是后来的汉惠帝，名叫刘盈。刘盈出生在公元前 210 年，秦始皇还能活一年，天下已经有大乱的趋势。

由于工作原因加路途较远，结婚后的刘邦常常以亭舍为家，想回去探亲，只能向上级请假。自古以来，男人一旦成家，总会培养一点儿责任心，刘邦也不例外，往常极讨厌农活的他，碰上农忙时节，也会请假回去帮忙。大约就在刘盈出生的这年夏天，他又请假回去收割。中场休息之际，刘邦去附近农舍串门，只留下吕雉带着两个孩子在田中，这时来了一个老翁，向吕雉提出了一个微小的请求："给点儿水喝吧。"

农妇吕雉那时还不失普通百姓的纯朴，她对老翁的要求给予了过分的满足，不但给了水喝，还加上了食物。天下没有免费的午餐，老翁觉得受人滴水之恩，当涌泉相报，他吃喝完毕，看了看吕雉，说："夫人，看您的相貌，实在是天下贵人啊。"

那时看相之术大行其道，为天下百姓所深信，这从出土的秦汉竹帛中有大宗的相术书可以窥见。吕雉听了老翁之言，不胜欣喜，当即要求："再看看妾身的两个孩子吧。"

老翁于是转头去看刘盈，说出的话更加锦上添花："夫人，您之所以能够富贵，都因为这个孩子。"又看了女孩，照旧词语滚烫："富贵不凡。"说罢扬长而去。

一会儿，刘邦迤迤然回来，吕雉当即告诉他刚才的奇事，语气兴奋。后世读者大可设想她当时气喘的样子，这样的喜讯，对于现代人也就是心里舒坦一下，继而抛掷脑后，但在那时，只怕谁也无法平静经受。刘邦同样沉不住气，急忙问：“那老翁走了多久？”

“才走。”吕雉回答。

刘邦早已跑出去几丈远，他跑得很快，轻松地追上了老翁。老翁没有辜负他追赶的盛情，给了一个更加惊人的答案：“刚才那位夫人和孩子之所以富贵，都是来源于君，君之相貌，实在贵不可言啊！”

刚刚经历过农事辛苦，一身臭汗的刘邦心中狂喜，当即许下诺言：“如果真如老父所说，恩德没齿不忘。”但史书上说，刘邦发迹后，再也找不到这位老翁。估计这也只是提高大人物光辉形象的一个传说罢了。

第二章

秦王朝的危机

一、秦始皇之死

这是一个炎热的夏天，被后世称为千古一帝的秦始皇，正行进在回咸阳的路上。庞大的车队逶迤行进，像一条巨大的蜈蚣，爬到了黄河岸边的平原津（今山东平原县附近）。秦始皇下车，病恹恹地站在岸边，望着面前的滔滔河水，感慨万千。逝者如斯夫，不舍昼夜，而人寿为什么不可以像河水一样奔流不息？这个独夫前段时间已经感到身体略微不适，今天更是站立不稳。他彻底病倒了。

在那个时代，哪怕是帝王，在生病时所受到的医药治疗，也不会比普通百姓强到哪里去。毕竟医学就处在那种原始时代，他的权力很大，可以对世人生杀予夺，却绝对无法掌控时间。

按照当时普遍的思维，人一旦生病，肯定是鬼神作祟。一旦找出了鬼神的名字，痊愈的希望就获得了一半，剩下的事就是向它们恳切求祷，必然可以病愈。这当然是无稽之谈，在当时也绝对找不到几条证据。但人类就是这么奇怪，他只愿意看到“成功”的，却漠视那些失败的，尽管那些“成功”百分之一百是碰巧。

怎么去找出鬼神的名字呢？当时人的决定是占卜。这种方法从夏商以来，流传了一千多年，因为中国的先民观察到，乌龟的寿命很长，它理所当然该知道很多事，用它的甲壳钻孔，在火上一烧，噼里啪啦，就会出现裂纹。这些裂纹在中国人看来，代表着神谕。《周礼》记载王室有专门的管理龟甲之官，春秋时期的贤士大夫臧文仲家里藏了一只叫“蔡”的大龟，还曾经遭到孔子的批评。在出土的楚简中，患病的墓主人请了很多人，用各种各样名称奇怪的龟来为自己占卜，希望找出致病的鬼神，声称可以满足鬼神的种种要求，只要自己病好。

秦始皇当然也是这么做的，占卜的结果显示，是外地某些山川神祇作祟。于是他派遣宠臣蒙毅去外地，代替自己向山川神灵祭祷，乞求病愈。他万万没想到，这个往日看似再平常不过的决定，却为自己皇朝的灭亡埋下了大大的伏笔。

蒙毅走后，留在秦始皇身边的心腹只剩丞相李斯、中车府令赵高两人。车队继续行进，在之后的旅途中，他的病势日渐沉重，看来蒙毅辜负了他的信任。由于后半生一直在追求长生不老之术，连太子都没立。他以为自己的皇位可以一直坐下去，特别忌讳提及一个“死”字。因此，即使在这种情况下，群臣也没有一个敢提出立嗣的大事。

车队行进到沙丘宫（今河北广宗），他下令停留下来，终于悟到自己抗拒不了司命的召唤。他躺在沙丘宫高大的琐窗下，听着窗外沸羹般的蝉鸣，悲不自胜。自恨一生刚强，今天也难逃一死，于是长叹了一口气，吩咐赵高：“来，给朕拟遗诏。”

赵高吓了一跳，没想到皇帝再也不忌讳死亡。他战战兢兢地跪在床前，一字一句，把皇帝的话记录下来。

这是一封发给一个人的诏书，那个人名叫扶苏，是秦始皇的长子。

诏书大约很简短，因为流传下来的只有这么几个字：

以兵属蒙恬，与丧会咸阳而葬。

很显然，皇帝要立扶苏为太子，让扶苏继承自己的皇帝宝座。

赵高记录完诏书，心里难过得要命，这个结果他不能接受。他和扶苏虽然没有什么仇怨，但也没有什么交情。扶苏当皇帝，自己能有什么好处？他看了看身边那个二十岁的孩子——胡亥，不禁悲从中来。

胡亥是秦始皇最小的儿子，这次秦始皇出游，他请求陪伴老爸。人说父母爱少子，秦始皇也不例外，爽快地答应了。他对胡亥一向疼爱，在胡亥十八岁的时候，就让赵高当他的老师，教他学习法律。

哪个老师不希望自己的学生有出息？而世间再也没有比当皇帝这种出息更大的了。赵高决心要办成这件事。

二、赵高与李斯

赵高这个人出身卑贱，母亲是当时的隐官。所谓隐官，是一些犯法受过肉刑，刑满后因为残缺了肢体，看上去有碍观瞻，被专门圈在一个隐蔽的地方进行劳作的人。肉刑在世界上很多地区都盛行过，它与文明程度成反比。在商代的甲骨文中，一些锯腿、割生殖器的象形字，形象地提示了这种刑罚的绵长历史。它在法律上的废除，要等到刘邦的儿子汉文帝来实施，但这项伟大的仁政并没能一蹴而就。中国人都知道，伟大的文学家、历史学家司马迁就被汉文帝的孙子汉武帝实施了肉刑，实施了宫刑，这件事给司马迁带来了巨大的心灵创伤，终身生活在耻辱之中。

我们只知道在春秋时的齐国，因为锯腿这种肉刑实施太多，导致齐国市场上假肢热卖，鞋铺却乏人问津。我们不知道那些受过肉刑的残疾人，后来都从事什么工作，靠什么养活自己。通过出土的张家山汉简，我们才知道，他们被圈在了隐蔽的地方劳作。

在隐官出生的赵高自小尝遍人世间的辛苦屈辱，但他没有气馁，苦读法律，以非凡的才智通过层层考试，被选拔到中央任职。秦始皇对他很赏识，将他擢升为中车府令。中车府令属太仆管辖，专门管理皇帝的乘舆车马，也就是皇宫御用车队的长官，有机会和皇帝亲密接触。赵高因此更加上进，工作孜孜不倦，公余还编了一部童蒙识字课本，名叫《爰历篇》，与丞相李斯的《仓颉篇》、太史令胡毋敬的《博学篇》齐名，这三本书在后来被合称为《三仓》，可见赵高才华的卓绝。

正当赵高的事业干得蒸蒸日上、风生水起的时候，一场灾祸像狼外婆一样，蹑手蹑脚地向他扑来。

这场灾祸的具体情况，史书上没有记载，只是含糊地说“高有大罪，秦王令蒙毅法治之。毅不敢阿法，当高罪死，除其宦籍”，也就是说，他犯的是大罪，搞得连秦始皇都心灰意冷，不想保他了，把他交给上卿蒙毅审问。蒙毅毫不含糊，麻利地将他判处了死刑。

蒙毅这个人，曾是电影《神话》当中的主角，他有个哥哥叫蒙恬。蒙氏家族祖籍齐国，蒙氏兄弟的爷爷蒙骜，从齐国来到秦国，侍奉秦始皇的曾祖秦昭襄王，官至上卿。秦昭襄王死后，历秦孝文王到庄襄王元年，蒙骜开始为秦将东伐，十几年间，率秦军共攻占了六国七十九座城池，为秦国立下了赫赫战功，但在公元前240年，被赵将庞煖率领的五国联军射死，成了秦国历史上军衔和官位最高的烈士。蒙骜的儿子蒙武继承父业，跟着王翦打过大大小小的仗，虽不是很有名，也算不辱家声。蒙武生了两个儿子，就是蒙恬、蒙毅两兄弟。

蒙恬也一直在军中服务，因为家世被拜为将军，率兵攻灭了齐国，被拜为内史；接着又被秦始皇派去当边防军司令，率三十万大军修建长城，夯筑直道，进攻匈奴，匈奴为之撤退七百多里，长城内外从此一片太平。

因为蒙恬的功劳，秦始皇对蒙氏家族甚为尊信。蒙毅大概是秦始皇身边的第一宠臣，他没有从军，靠着家世和自家才干，直接拜为上卿，在秦始皇身边朝夕侍奉。每当出入楼堂馆舍，秦始皇都喜欢拉着他一起坐自己的专车。兄弟俩一个在外，一个在内，贵宠无人能比。所有朝臣包括李斯，都不敢和蒙氏兄弟争锋。

作为秦始皇御用车队的长官，按说蒙毅应该和赵高很熟，但蒙毅并没有因此徇私，而是果断地将赵高判处了死刑，这到底是为什么呢？

除了秦法严厉，蒙毅不敢徇私之外，估计还有别的原因，比如蒙毅看不起赵高。确实，如果以家世论，蒙、赵两家恍如一个在天上，一个在地下。有关出身歧视，是一个世界性难题，蒙毅应该也没有解决的办法。对于赵高，他就是那么判了。

由于史料缺乏，我们不知道蒙毅的判决是否公正，反正判决一下，赵高也没办法，只能等死。

谁知案卷最后送达秦始皇案上，这位暴虐的独裁者也不知道哪根心弦被赵高拨动，他突然想起赵高才华横溢，平日又兢兢业业办事，杀掉可惜，于是不但将之赦免，而且官复原职，照样拜为中车府令。

可以想象，死里逃生的惊险给赵高带来了多么大的精神伤害。对蒙毅，他有理由恨之入骨，也有理由一笑置之。在中国古代，有很多故事说，当某个法官落难之时，他碰见了以前严厉处置过的罪犯，本以为死到临头，结果罪犯却对之以德报怨，引手相救。据罪犯说，因为法官秉公执法，他无怨无尤。但具有这种胸怀的人，内心一定有强大的道德力量，而赵高并不具备，如果有机会，他一定会报仇。

可是，尽管赵高受秦始皇信任，要想扳倒蒙毅却是痴心妄想。不管是看家世还是功劳，他都不能及蒙氏之万一。然而在公元前 209 年的七月，上天忽然给他带来了希望。

眼下他卷起诏书。这封诏书只要再加盖一个皇帝御玺，就可以交付使者。通过日夜兼程，十几日它就可以到达扶苏手中。这次出行，符玺令没有跟从，秦始皇让李斯、赵高兼管符玺令的事宜。

但历史的转折点却在这时不期而至。

刚刚口授完诏书的秦始皇，突然头一歪，永远告别了这个人世，捐弃了他辛辛苦苦抢夺来的江山，松开了他奴役两千万百姓的手爪。他是含恨而死的，人类史上的独裁者大都是含恨而死，秦始皇也不例外。

赵高捧着诏书，目瞪口呆，也就是说，这一刻，上天突然把眷顾的目光投向了赵高。两千多年后，当我们读到这一幕时，也不由得惊异慨叹，世事竟然会如此奇诡。激动和恐惧交叠在赵高胸中荡漾，他的心大概在呐喊：难道，我一个贫贱出身的人，真的可以掌控这个庞大的帝国？

秦朝的政体是前所未有的君主专制，君主的权力至尊无上，不容置疑。只要让自己的学生胡亥当上皇帝，要搞定蒙毅甚至整个蒙氏家族，都可以说是易如反掌。站在秦始皇的尸体旁，赵高心中又是激动，又是恐惧。眼下，身旁只有胡亥、丞相李斯和几个亲近的宦官。遗诏在他手里，他掌管着皇帝信玺，遗诏只有盖上玉玺才有效。而他，决定扣留诏书。

似乎和他有着心灵默契似的，李斯发言了：“皇帝生前未立太子，如今出游在外驾崩，一旦消息传到咸阳，群公子争立，只怕会引起祸端。我认为，应当秘不发丧，星夜赶回咸阳，再做定夺。”

赵高激动得两手发抖，真是太好了。虽然这不是我的最终目的，但总算有了缓兵之机。下面的计划，就是要说服胡亥和李斯。

首先，他和胡亥进行了一番语重心长的对话。他说：“皇帝驾崩，只留有遗诏赐长子扶苏，其他儿子包括你，都没有提及。一旦回到咸阳扶苏即位为皇帝，天下就都是他的，你没有尺寸之封，怎么办？”

毕竟是在正统教育下成长的，胡亥不假思索：“这很正常。我听说，明君知臣，明父知子。父亲去世而不封诸子，说明我们不配，有什么好说的？”

赵高激动起来：“不然。现在天下的枢机，都掌握在你我和李斯手中，你好好考虑一下，是不是应该把这个皇帝之位抢到手。要知道，君臣之间，地位有天壤之别。一旦扶苏即位，可能将你们全部赐死。请三思而后行啊！”

胡亥仍旧摇头："抢夺兄长的皇位，此乃不义；违弃父亲的诏书，贪生怕死，这是不孝；我能力薄弱，见识浅陋，而欲强行霸占皇位，是为无耻。三样占全，天下人都不会心服，最后不但自己性命不保，还会连累社稷倾颓。"

赵高有把握说服胡亥，一则胡亥是他徒弟，什么德行，他都了解；二则皇位的诱惑过于巨大，但凡是个正常人，都抵抗不住。少数能抵抗的，不是智商有问题，就是确实人格达到了神的境界。但赵高可以打包票，胡亥智商正常，也绝不是神。他继续游说："臣听说商汤和周武王杀死了暴虐的君主，天下反而称颂他们，这不能叫不忠；卫君辄杀其父蒯聩，卫国人都觉得杀得好，孔子还赞扬过，这不能叫不孝。一个人要做大事，就不能畏畏缩缩，有大德就不能辞让，顾小而忘大，一定会有祸害；狐疑犹豫，一定会生悔恨。决断了就立即实行，鬼神都无可奈何。希望你听我的话。"

胡亥动心了，不过还有一点顾忌："父亲刚死，我就迫不及待地去争皇位，这合适吗？是不是太心急了？"

赵高摇头："机不可失，失不再来。否则就算不食不寝，打马也追它不上。"

胡亥道："那老师说怎么办？"

赵高道："此事重大，没有李斯的配合绝对做不到。臣去找李斯商量。"

他立刻跑去找李斯，"陛下驾崩，除了我们几个，都蒙在鼓里。现在他赐给扶苏的诏书还没有发出，我们尽可以暗箱操作，就看君侯您愿不愿意了。"

李斯吃了一惊："什么？这种坏事，别说做了，我们做人臣的，说都不该说出口。"

话说得义正词严，看似没有任何漏洞。但赵高没有知"难"而退，因为他知道，一些人说话总是言不由衷，甚至言行相悖。这是在一个不正常的社会中，为了躲避他人伤害，人人自小练就的本领。每个人都因此感到疲累，他们会抱怨，这是社会的责任。但可悲的是，这个社会之所以能够建造起来，完全靠他们中的绝大多人孜孜不倦地添砖加瓦。

李斯就是这样一个典型，赵高太了解李斯是个什么东西了，这家伙嗜权如命，毫无操守，要打动他实在不难，于是问："君侯自料才华、功劳、谋略、人际关系以及和扶苏的交情，比之于蒙恬如何？"

说实话，李斯是很有才华的，他帮助秦始皇离间六国君臣，为秦国兼并天下也立下了大功。而且他学问好，文章也写得不凡，书法还是当时一绝。要论他的才华、谋略，和蒙恬比应该不弱，否则以秦始皇之智，也不会拜他为丞相。但秦朝是军国主义政权，最重军功。从秦始皇二十八年所立的琅琊刻石来看，起初封列侯的都是王离、王贲这样的武将，隗状和王绾贵为丞相，都不能封侯，而李斯那时不过是卿，他们的朝位都得排在王离、王贲等列侯之下。后来李斯虽然也得封为列侯，但在朝廷，地位终究不如蒙氏家族。至于和扶苏的交情，更和蒙恬不能相提并论。他只好讷讷地说："确实都不如蒙恬，不过，您何必这么揭我的短呢？"

赵高道："君侯误会了。臣之所以这么说，也是为君侯感到不平啊。想我赵高不过是一个打杂的，好在有点做刀笔吏的微末才能，混进宫内，为皇帝陛下服务了二十多年，从未见过有一个丞相在新主即位后仍受重用，总免不了诛亡。皇帝陛下有二十多个儿子，长子扶苏刚毅武勇，一旦即位，必会拜蒙恬为丞相。君侯为先帝辛劳一生，最终不能带着封侯的印绶告老还乡，这是显而易见的事啊。"

李斯沉吟道："您到底有什么想法？"

赵高道："臣就打开天窗说亮话了。我赵高奉大行皇帝的命令教导胡亥，让他学习法律好几年了，从未见其有过失。而且他慈仁笃厚，轻财重士，聪明睿智，出言温文尔雅，待人也彬彬有礼，大行皇帝的儿子皆不能与之相比。若立他为太子，不但是社稷之福，君侯也有拥立之功，定能长保列侯之封，永掌丞相之位。望君侯思考一下，早下决断。”

李斯还是犹豫：“还是算了吧。我李斯是忠臣，既奉了先帝遗诏，就会坚决执行。至于其他，只能听天由命，还需要什么决断？”

赵高道：“不懂下决断的人，怎么能算真有才华？有才华的人，可以靠计谋扭转安危。”

李斯道：“我李斯乃是楚国上蔡县一个平民百姓，蒙大行皇帝不弃，擢拔为丞相，位为列侯，子孙因此获得荫庇，富贵无比，目的就在于让我忠于朝廷，为社稷的安危存亡贡献生命，怎么能辜负大行皇帝的重托呢？况且忠臣不避死以侥幸求利，人臣就应当遵守本分。你不要再说了，这样会陷我于不义。”

赵高就是要陷李斯于不义，他当然要再说：“窃闻圣人擅长随机应变，能观往而知来。如今天下之安危，悬于胡亥之手，我赵高会坚决支持。人臣想从外制内，以下制上，实在愚不可及，绝没有好结果。秋霜一降，草木也就差不多了；春冰一融，万物也就苏醒了。丞相，我觉得你还是应该顺应时变，千万别一意孤行啊。”

这句话已经含有威胁的成分，意思是说，就算你不同意，也没什么。胡亥才是皇帝的爱子，我也是皇帝的近臣，皇帝的遗诏说了什么，由不得你说了算。就算我们矫诏自立，你也不一定有办法；你要是反对，只有死路一条。当然，赵高心里也知道，绕过李斯，成功的希望会大打折扣，他当然还是希望李斯能加入自己的阵营。

李斯果然有些害怕，他缓和了语气，开始把话题引到改立太子的危险上来：“当年晋献公废长立幼，搞得晋国三代不得安宁；齐桓公兄弟争位，也使得手足相残，惨烈无比。这些事都悖逆天道，我李斯怎么能干？”

赵高再次鼓励加恫吓：“只要我们上下一心，有什么可怕的？到时君可以长享封侯之福，世世称孤，获南山松柏之寿，与天无极，岂不美哉？这么好的事，君侯都不要，只怕立刻会给子孙招祸，可怜啊可悲！”

李斯泪水滚滚而下，仰天长叹：“天哪！不幸碰到这样的抉择，我李斯怎么如此命苦？也罢，既然不想死，也只能这样了。”

在专制制度下，很多时候没有选择，生死只在一念之间。虽然传统有很多烦琐的道德，告诫人们怎么做才高尚，但是这些告诫在实际的利害面前不堪一击。李斯的泪水也许是真诚的，当然，这并不能掩盖他是一个小人的事实，这些我们在后面会更加了解。

赵高喜笑颜开，他说：“那我就去回报公子了。”

三、巨大的阴谋

三人聚集起来，将秦始皇的遗诏扔进火炉，火苗瞬间吞噬了竹简，将它化为飞灰。接着，赵高麻利地重新写了一封诏书，盖上玉玺，让李斯出去宣布：皇帝立胡亥为太子。

李斯还有个顾虑：“扶苏和蒙恬那边怎么办？”

赵高笑了笑：“还能怎么办？当然是干掉他们。”

他重新铺开一编崭新的竹简，挥毫泼墨，一气呵成地写下去：

制诏长子扶苏、将军蒙恬：朕巡天下，祷祠名山诸神以延寿命。今扶苏与将军蒙恬将师数十万以屯边，十有馀年矣，不能进而前，士卒多耗，无尺寸之功，乃反数上书直言诽谤我所为，以不得罢归为太子，日夜怨望。扶苏为人子不孝，其赐剑以自裁！将军恬与扶苏居外，不匡正，宜知其谋。为人臣不忠，其赐死，以兵属裨将王离。

语言简洁明了，书法优美，确实很有才华，可惜没用在正道上。李斯和赵高，是秦帝国最有才华的两大才子，所以秦始皇才时时把他们带在身边，如果他知道就是这两人倾覆了他的江山，不知其悔恨将何如！

李斯有些不安：“皇帝一向宠信蒙氏，我们伪造诏书突然赐死他，他会相信吗？他手下有精卒三十万，无人能敌，如果废格诏书拥立扶苏，对我们兵戈相向，可怎么办？”

赵高道：“丞相多虑了，扶苏傻乎乎的人，怎会怀疑；蒙恬嘛，有点难对付，不过没有扶苏，他也没有依靠。放心吧。”说完卷起竹简，封好封泥，盖上皇帝信玺，交给李斯的舍人和胡亥的门客：“快，加急诏书，火速送到上郡扶苏手中，不得延误。”

同时，他们下令将秦始皇的尸体放在辒辌车中，随从的百官每天奏事如故，皇帝也不用亲自出声，而让一个亲近宦官坐在车中代替皇帝回复奏事。辒辌车是一种有车窗、装饰华丽的车。“辒辌”的词义得源于“温凉”，这种车打开窗户就凉爽，关上窗户就温暖。当然这是他们的看法，在空调发明之前，这样的车实际上不存在。总之这行车队像往常一样，继续向前进发。

一般人肯定会认为，他们现在急着赶回咸阳安葬秦始皇。但政客就是政客。胡亥倒也罢了，李斯和赵高一个已是老年，一个也在中年偏老，玩了半辈子权谋，确实非同一般。他们并没有得意忘形，深知以目前的情况，还不算笑到最后。首先，不知道扶苏和蒙恬会不会真的听从诏令自杀；其次，蒙恬的兄弟蒙毅还在外地为皇帝祭祷。一旦他们得知皇帝已死，就会猜到是有人矫诏。要论玩政治，搞阴谋，这对人渣知道自己鲜有对手；但要打仗，只怕自己不值蒙氏兄弟一哂。所以，一定要尽早想办法把蒙氏兄弟除掉。

需要交代一下，秦始皇这次出游，早就制订了计划，回来时取道九原，南至甘泉。为此他特意命令蒙恬修筑直道，这是当时的一条高速公路，南起云阳林光宫（今陕西淳化县梁武帝村），北至九原（今内蒙古包头市西南孟家湾村），长一千八百里，路面最宽处有六十米，一般亦有二十米。如今赵高、李斯决定，为了掩人耳目，必须照原定计划巡视边境。只有一个问题比较棘手，当时正值夏季，天气炎热，尸体在车里很容易发臭，哪怕是当时最高级的辒辌车。但此问题并没有难住这两个官场老手，他们特意搞了几车鲍鱼，随行在车队后面。

关于鲍鱼，很多人马上会联想到那种富人餐桌上的奢侈品，词典上是这么介绍的：

> 鲍鱼是一种原始的海洋贝类，单壳软体动物，只有半面外壳，壳坚厚，扁而宽。鲍鱼是中国传统的名贵食材，四大海味之首。

但在先秦古书中，鲍鱼乃指腌鱼，气味很臭，估计跟尸臭相仿。于是，这几车鲍鱼自然成了掩盖秦始皇尸臭的重要道具。

四、蒙氏兄弟之死

上郡的气候既炎热又干燥，扶苏和蒙恬带着三十万士卒，在边境上警备戎狄，同时监督修筑九原至甘泉宫的直道。这天，他们远远看见几列马车风尘仆仆地从直道上飞驰而来，看样子是皇帝的使者，这些人下了马车，满面严霜地喊：“陛下制诏，赐公子扶苏与蒙将军。”

扶苏打开诏书一看，面如土色，没想到死亡会猝然而至。这是皇帝老爸的命令，这么说可能不妥当，皇帝就是皇帝，从来没有什么“父皇”，至少在秦汉的史书上找不到。扶苏当即泣不成声，转头跑进内舍，准备自杀。但蒙恬不相信，这也太奇怪了，他数十年奔波在外，威震匈奴，常常得到皇帝嘉奖，怎么会突然接到赐死自己的诏书？他劝扶苏：“陛下在外巡游，未立太子，命臣率三十万大军守边，让公子当监军，此乃天下之重任。如今一使者来，就匆忙自杀，怎么能肯定他不是假的？我们应该上书证实。”

使者生怕出现变故，不停地催促：“公子，请尽快遵从诏书，陛下的乘舆正在来九原的路上，公子难道还想亲自问陛下吗？”

扶苏一听，深信不疑，对蒙恬说：“君要臣死，臣不得不死；父要子亡，子不得不亡。否则就是不忠不孝，不忠不孝，还有脸活吗？”当即就跑到房间，闩上门，结束了自己的生命。

蒙恬虽然心中气苦，但究竟不敢断言诏书为假，只是拒绝立刻自杀，上书请求证实。使者暗笑，你有种就起兵造反，我倒真会害怕。现在请求证实，结果还不是一样？当即煞有介事地下令："把蒙将军先关进阳周县（上郡的属县，今陕西子长县北）的监狱，让丞相李斯的舍人为护军，监督军队。"

那边赵高、李斯、胡亥正提心吊胆，茶饭不思，生怕扶苏和蒙恬不肯奉诏，谁知事情顺利得超出他们的想象，他们差点没翩翩起舞，因为这不像中了巨奖彩票那么简单，他们获得的是一个庞大的帝国，从此数千里锦绣河山，数千万勤劳百姓，无数的金帛美女都在他们三人的掌控之下。就算他们要连开三天的舞会庆祝，也完全合情合理。

胡亥首先的反应是，扶苏一死，大功告成。蒙氏兄弟嘛，可以赦免。但赵高老师可不这么想，冒着族诛的危险干这么件大事，就是为了把持中枢，予取予求，蒙氏兄弟和自己有仇，怎能放过？况且现在不除，将来必有后患。于是劝胡亥："臣听说先帝一直觉得您贤良，想立您为太子，蒙毅却总表示反对。他知道您有才华，却阻止立您为太子，大不忠。还是处死算了。"

胡亥简单的大脑登时燃起熊熊火焰："原来是这竖子坏了我的好事，要是我早早被立为太子，也不用这么费尽心思搞阴谋了。"他派出使者去逮捕蒙毅，使者在代县（今河北蔚县）遇到蒙毅，当即颁诏，将蒙毅就近关进了代县的监狱。

蒙氏一门双杰，就这样双双锒铛入狱。但事情如果仅仅如此，倒还算幸运，关键是这满足不了赵高的期望。自始至终，他就只有一个想法：蒙氏兄弟必须死。

总算回到了咸阳，他们这才宣布秦始皇的死讯，胡亥继位为皇帝，号称二世皇帝。拜赵高为郎中令，掌管宫廷禁卫军，从此"常侍中用事"，也就是说，群臣的奏章基本上都得经过他传达。赵高当然不会辜负二世对自己的信任，兴高采烈地执起政来。

首先是发丧，将秦始皇下葬于骊山。那是一座中国历史上最大的帝王陵墓，空前绝后。秦始皇十三岁刚即位时就开始修建，选中的地址是骊山，抢夺到天下后，又征发天下百姓总共七十万人施工，陵园面积达到了 56.25 平方公里，据说相当于 78 个故宫的面积。陵上封土原高约 115 米，经过两千多年的风雨洗刷，现在仍高达 76 米，相当于二十多层楼的高度。陵园有内外两重城垣，内城周长 3840 米，外城周长 6210 米。内外城郭有高 8 至 10 米的城墙。陵墓还未发掘，但 1974 年在陵园东侧 1500 米发现的陪葬坑，出土了举世闻名的秦始皇兵马俑。陪葬坑尚且如此，更不用说陵墓本身了。据司马迁《史记》记载，陵墓里藏满了金银珠宝，并且让工匠们安装了弓弩，防备盗墓者的光临。又用水银灌入墓中的各个地道，模仿江河、大海、百川，总之，秦始皇在陵墓中创造了一个人世间，宇宙星空，平原广隰，江河大海，无不灿然具备。这是只有在举天下而奉一人的前所未有的专制皇权制度下，才能具备的景象。秦始皇，这位千古一帝，他征服了天下，也同时奴役了天下。

除了物质享受之外，先帝在坟墓中必须有人伺候。“孝子”胡亥没有忘记这点，他下令，秦始皇后宫中凡是没有生育过的嫔妃，全部殉葬。为了避免设置机关的工匠们泄密，他还下令，提前封住墓中神道的大门，将工匠们全部活埋在墓中。所以，这座空前绝后的大墓，不仅仅是秦始皇长眠的地方，还禁锢了男男女女无数的冤魂。

丧事办完，要开始清洗仇人了。赵高日夜劝说胡亥把蒙氏兄弟杀了。胡亥被他吵得没办法，派遣御史曲宫乘坐邮车到代县，代表自己向蒙毅传达旨意：“先帝想立朕为太子，而足下一直反对。如今丞相认为足下不忠，想将足下族灭。朕不忍心，只赐死足下一人，足下算是够幸运的吧？”

蒙毅赶忙为自己辩解：“臣侍奉先帝，一向无过。说臣不知道陛下的才华，并非事实。先帝这次出游，只有陛下一个人跟随在先帝身边。先帝喜欢陛下，远远超出其他公子，这是有目共睹的，臣怎会不知？只是先帝选拔谁为太子，臣下岂敢随便发表意见？臣为自己辩解，并非贪生怕死，而是怕羞辱先帝的声名，希望大夫君为臣转告。”

人到绝境，几乎没有不低头的，按照普遍的看法，蒙毅心里大概不会认为胡亥有什么才华。但胡亥既然当上了皇帝，再说他没有才华，似乎也不恰切。自古以来，中国都是成王败寇，能当皇帝，不管是怎么当上的，都得称之为“圣明”。考虑到这点，说不定蒙毅以上的辩解也确有真心的成分在内。

只是事到如今，再怎么溜须已经是多余了。曲宫不耐烦地说：“我奉令前来，只有一个任务，带走足下的人头，费那么多话干什么？足下不肯自杀，看来只有我亲自动手了。”

蒙毅想保留死的自由，自杀不但比被杀体面，而且能保全家族。因为肯自杀，意味着服软，算是识相。否则同样要死，家族也会因此给自己陪葬。蒙毅只能认命，他选择了合作，自杀。

下一个轮到他哥哥蒙恬。

使者去阳周监狱见到蒙恬，传达二世的诏书：“将军的弟弟蒙毅犯了死罪，只怕要株连到将军。”

这么说，是因为实在找不到蒙恬的过错，赵高甚至忘记了，在那封伪造秦始皇的诏书中，已经给蒙恬安上了死罪，蒙恬没有奉行，当然是一条新的死罪。如今说“株连”的话，实在是多此一举。但谎话总是逻辑不严密的，赵高忘了，也可以理解。面临死亡，蒙恬当然不甘心，照样说了一番辩解之词，和蒙毅的话大同小异，而使者的回答也同样大同小异：“臣只是奉命来处死将军，其他的事，臣没有管的资格。”

蒙恬一听，知道必须认命，他选择了和弟弟同样的道路，怏怏不乐地服药自尽了。《史记》里记载的那段蒙恬辩解之词，有几句很自负，我们摘录如下：

> 自吾先人，及至子孙，积功信于秦三世矣。今臣将兵三十馀万，身虽囚繫，其势足以倍畔，然自知必死而守义者，不敢辱先人之教，以不忘先主也。

意思是说，我蒙恬世代将兵，在军中有很深的人脉，你们这样对我，就算我现在身陷牢狱，也完全有能力造反，只不过我秉承家族一向的忠义精神，宁死也不会这么做。这段话被《资治通鉴》特意剪切抄录，大概是为了证实蒙恬对君上无上的忠诚，有实力反抗而不肯反抗，这样的忠臣，是何等的难得？

五、自屠宗族

很快就到了十月。秦以十月为一年之首，十月，就相当于新年。这时才算是二世元年，胡亥也按照老例，进行改元大赦，他是很尊师重道的，又虚心向老师求教：“朕年纪这么小，刚当上皇帝，在黔首中还没有培育出足够的威望。先帝开国打下江山，何等的强悍，犹且要不断出巡示强，镇抚海内。如果朕不出去走走，只怕黔首们会以为我镇不住他们，老师你说呢？”

赵高深表赞同，于是这年春天，胡亥率领文武百官，车水马龙到东方巡视了一番。秦始皇活着的时候，东巡过好几次，每次总要刻几块石碑，写上自己的丰功伟绩。胡亥这次重温老爸的长征之路，在每块石碑后面，又加刻了一些字以作说明：

> 皇帝曰：“金石刻尽始皇帝所为也。今袭号而金石刻辞不称始皇帝，其于久远也如后嗣为之者，不称成功盛德。”丞相臣斯、臣去疾、御史大夫臣德昧死言：“臣请具刻诏书刻石，因明白矣。臣昧死请。”制曰：“可。”

意思是，二世说，金石都是始皇帝所刻的，但当时没有称始皇帝，后世的人恐怕看不懂。现在加刻一道诏书以为说明。

接着二世又去辽东巡视，路上跟赵高商量：“这次出去，大臣们似乎有些不服气，朕那些哥哥们也个个脸色难看，怎么办？”他排行十八，除了太子扶苏以及可能早夭的外，起码还有十个哥哥，智商都不比他低，确实很难让人放心。

赵高就等着他这句话，马上说：“这些事，臣早就想说，但不敢。现在这些大臣，都是延续数代的贵族，积累功劳相传。臣出身卑贱，依仗陛下提拔，才侥幸当上郎中令。那些家伙表面上听臣的，内心其实怏怏不乐。您东巡的时候，早该抓几个太守都尉什么的来祭祭刀，树立一下威信。尤其是您看着不顺眼的，更不该放过。这年头就看谁拳头大，道德什么的都没用，杀一些，再提拔一些，后者都会感恩戴德，一心一意地拥护您，国家哪有不安定的？”

胡亥点头称是：“说得太有道理了。”

秦朝的专制机制，在这时开始发挥了巨大作用。很多学者都认为，秦朝自商鞅变法之后开始强大，因为它的改革很彻底，而东方六国不够彻底，所以不强。这种说法并不全面，其实秦国的制度和东方六国一开始就有所不同，它本身就是建立在野蛮的基座上，具有浓厚的戎狄色彩，君主独断一切的传统本来就很深厚。考古学家近几十年来对春秋战国时代各国墓葬进行发掘分析，发现了一个饶有意味的现象：东方六国的墓葬等级呈多阶层、小间隔分布，相邻级别的墓葬，规模差距很小；而秦墓的国君和卿大夫之间墓葬规模却存在着惊人的落差，说明君臣之间地位极为悬殊。

举例来说，春秋战国时代，东方国家卿大夫的墓葬中经常陪葬金石乐器，而秦国卿大夫的随葬品却和普通百姓几乎没有区别。这说明秦国国君在商鞅变法之前，就有至高无上的地位，和东方六国分权式的贵族体制有着根本的不同。各国都实施变法，只有在秦国取得了最大的成功，这不是因为商鞅厉害，实在由秦国的国情使然。也就是说，秦国文化具有培育极端专制的优良土壤。在具有绝对权力的秦王面前，万民都是臣仆，这种政治架构，在秦统一后被推广到全国，两千多年来，就一直被各个朝代沿用。

首先拿来开刀的是胡亥的亲兄亲姊，据《史记》记载：“公子十二人戮死咸阳市，十公主磔死于杜。”可谓变态到家，“戮死”，侮辱而死也，死之前肯定吃了不少苦头；“磔”，就是凌迟处死，贵为公主，却要脱光衣服，将一块块肉割下来，残酷得连一点体面都不留，简直难以想象这是人类的行为。

有一个叫将闾的公子，三兄弟被关押在内宫，胡亥派去的使者对他说：“公子，大家都觉得你有不臣之心，要判处死刑，你看着办吧。”将闾还以为有理可讲，振振有词地说：“阙廷之礼，吾未尝敢不从宾赞也；廊庙之位，吾未尝敢失节也；受命应对，吾未尝敢失辞也。何谓不臣？愿闻罪而死。”

他的意思是：朝廷上的礼节，我从来没有不听宾赞安排的；祭祀祖庙时，我从来没有嘻嘻哈哈的不庄重；受陛下接见询问时，我从来没有结结巴巴，词不达意。我做得这么尽善尽美，怎么能叫不臣？希望您指出我具体的罪状，我死也不冤。

使者的回答总是有如标准化答案：“臣只负责传达命令，至于判你死刑的决定，臣可没资格参与。”

将闾悲不自胜，仰天大呼：“苍天啊，我没有罪啊。”一连说了三遍，兄弟三人抱在一块号啕大哭，然后一起拔剑自杀。

另外还有位公子叫足的，看见将闾兄弟死了，吓得“欲奔”，但又瞻前顾后，“恐收族”。所谓“欲奔”，是春秋时代常用的一个词，那时候国家林立，大臣得罪了国王，可以“奔”到他国，父母妻子可以带走，也可以留在国内，除了特殊情况，国君一般不能杀他的宗族。贵族如果在国内犯了罪，自杀后可以保全家族在朝廷的地位。这样就保证了大臣们有一定限度的尊严，不需要对君主唯唯诺诺，曲意逢迎。如今天下定于一尊，公子足还想奔，奔到哪去？天下之大，已经没有他容身之地了。

话说专制制度总能逼出人变态的智慧，这位公子想了半天，竟然想出了一个奇异的点子，他连夜写了一封奏书给胡亥，说：“父皇在的时候，臣进宫就有酒食招待，出门马车就等在那里。皇宫里藏的好衣服，养的好骏马，我被赏赐过不计其数。父皇下葬时，按理我应该给他殉葬，但竟然没有这么做，作为人子，这是不孝；作为人臣，这是不忠。不忠不孝的人，有何面目活在世上？臣想，亡羊补牢，未为晚也，现在补过还来得及，臣决定自杀，希望陛下能将臣埋葬到骊山脚下，永远侍奉父皇。请陛下哀怜。”

为什么作为人子就应该给父亲殉葬，否则就是不孝呢？普天下父母生子，从来不会想象他们将来要给自己殉葬。这种奇特的理论，除了在奇特的历史时代，奇特的土地上，绝对不可能产生。要是公子足给父亲殉葬就算忠孝，那么胡亥也该这么做才对，因为据说他才是秦始皇最宠爱的孩子，有更充足的理由这么做。

撇开这些不谈，如果在平民人家的兄弟，即使是同父异母，接到这样的信也免不了凄怆难过，可是“政治”据说是不讲人情的，二世反而“大悦”，把赵高叫来商量，假惺惺地说：“我这样做是不是太过分了？会不会逼得他们造反啊？”他似乎不是仅存良知，因为他担心的只是引起造反。

谁知他的赵老师人渣到了极品，他笑笑：“造反，他们凭什么？有空他们还得忧虑怎么保命呢，哪能思考造反的事？”

二世释然了，他很开心地在公子足的奏书上批复：“同意。另外赐十万钱，当作丧葬费。”

杀完了兄弟，接着开始清理郎官，因为郎官大多是由近臣贵戚的亲属子弟选拔的，近臣贵戚很多被打倒了，他们的亲属子弟自然成了危险人物，还能留在禁卫军中吗？胡亥可没有那么傻。

之后胡亥想搞点基建了。他下诏说：“先帝觉得咸阳城太小，所以营造阿房宫，但是还没竣工就驾崩了，因为要把人手拉到骊山搞丧葬工程，阿房宫工程只好暂时下马。现在丧葬工程已经完毕，如果阿房宫还不上马，百姓们就会议论，你看，阿房宫工程停了，官府也觉得这样劳民伤财不对。这样行吗？不行，这是给先帝脸上抹黑。所以现在朕决定，重新开始阿房宫工程。”

于是阿房宫工程重新上马了，渭河南面恢复了以往的热闹，每天都是攒动的人头，成群的人在那里开山凿石、运土、夯筑。首都的刑徒这么多，让胡亥也有些不放心，又下令征发精兵五万，驻扎到咸阳，养了很多狗马禽兽，让他们天天练习射猎。这样一来，粮食缺乏的问题又产生了。二世又下诏，要全国郡县都派人运粮到咸阳来，运粮队必须自带干粮，不许吃咸阳周边三百里地的粮食。

刑徒们被逼着日夜忙碌，二世也天天关注工程进展，他希望能尽快竣工，以便早日搬进去享受享受。但他万万没想到，在今天的安徽省大泽乡有两个戍卒，在阿房宫只修了个前殿的时候，就急不可耐地掀起了造反的旗帜。

这两个戍卒，一个叫陈胜，一个叫吴广。

第三章

诸侯并起

一、陈胜和吴广

先说陈胜、吴广的身世。

据《史记》记载，陈胜字涉，吴广字叔，名字俱备，看来他们都还活得挺讲究的。我们知道，在那个年代，普通百姓大多没有正儿八经的名，更别说字了。比如本书的主人公刘邦，他爸爸妈妈虽然算富农，也都没有大名。至于字，按照《仪礼》上说，人到了二十岁加冠礼（成人礼）时才取，而冠礼是贵族的排场，泥腿子哪有钱有空搞这种仪式？这么看来，也许陈胜、吴广这两个人早先家里也有点钱，在秦军灭了他们的祖国之后，沦落成了贫民，甚至不得不靠帮人佣耕过活了。

据说陈胜年轻的时候，穷得有些狠，经常给人帮佣。有一次，他在雇主的田里耕种，突然扔下铁犁，跳到田埂上大叹其气，过了一阵，没头没脑地对同伴说："如果将来富贵了，千万不要相忘啊。"

同伴被他逗乐了："哥们儿，你一个做佣工的，还幻想富贵？"

陈胜发觉自己是对牛弹琴，仰天长叹："燕雀安知鸿鹄之志哉！"意思是你这个小麻雀，哪里知道我这大雁、天鹅的志向？

可见陈胜自小就决心要干一番事业，只是没有机会，现在机会来了，他怎么肯放过？

这是二世元年七月的一个雨天，一支九百人的队伍正行进在泗水郡蕲县（今安徽宿县南）的道路上，他们是被秦王朝征发的赶往渔阳（今北京密云西）戍边的戍卒，个个家里都是一贫如洗，按照法律，属于住在闾左的人家。现在正值雨季，这伙人被淋得透湿，满地泥泞让他们步履维艰，好不容易挪到大泽乡（今安徽宿县东南），只好停下来歇息，尽皆唉声叹气，埋怨自己命苦。

想想人类社会当真可怕。在自然界，纵然是百兽之王，要想威震山林，起码也得咆哮一声，才能让百兽震恐。而人类社会中的皇帝却不需要，他坐在咸阳高大华丽的宫殿里，周围环绕着如花美眷，醇酒佳肴，享乐的间歇，随便冒起来的一个念头，就可以让无数人肝脑涂地，让几千里外的百姓生不如死，这就是政权的巨大功能，而此刻这帮大泽乡的百姓就处于这种功能的驱使之下。

但这帮百姓万万没想到，就像孟子说的："天将降大任于斯人也，必先苦其心志，劳其筋骨，饿其体肤"，上天对他们非常厚爱，已经决定把历史的大任托付到他们肩上，他们即将成为中国历史上第一批举起大旗造反的农民起义军。然而在那个雨夜，他们自己还个个被蒙在鼓里。

当时的陈胜、吴广沦落在这群被征发的戍卒当中，不过他们都有个职位：屯长。根据《商君书》，秦国的屯长可以管五十人，而且按照秦国法律，当屯长需要有一定的爵位，陈胜能当上屯长，说明他的身份还可以，不算太低。

在黑夜中，陈屯长、吴屯长两人促膝谈心，望着外面淅淅沥沥的秋雨，悲不自胜。陈胜低沉着声音说："戍所是按期赶不到了，逃跑是个死，造反也是个死，同样是死，不如反了吧。"吴广也激动地站了起来："兄弟，你要反，我老吴也绝不能在旁边看着，这一百多斤就交给你了，只要你说一句话，我老吴水里水里去，火里火里去。"

两人双手相握，热泪盈眶，旁边火光熊熊，烘烤着他们的湿衣，白雾蒸腾，衬得他们苦大仇深的脸如梦如幻。

为什么陈胜刚才说"反正是个死"呢？按照《史记》的记载，秦国法律特别残酷，凡是不能按期赴兵役的，全部处死。但 1975 年睡虎地秦简出土后，其中的《徭律》有这样的记载：“御中发征，乏弗行，赀二甲。失期三日到五日，谇；六日至旬，赀一盾；过旬，赀一甲。其得也，及诣。水雨，除兴。”

意思是说，征发穷鬼们为公家干活，如果耽搁不及时征发，罚交纳两幅甲胄；迟到了三到五天，要接受辱骂；迟到六天到十天，罚交纳一个盾；超过十天，罚交纳一副甲。人数定了，赶快征发到劳动地点，碰上下雨不能动工，可以取消征发。

这说明秦朝的法律虽然残酷，但还没残酷到完全不讲道理的地步。有人因此认为陈胜在危言耸听，但上揭秦简的那条法律所讲的是徭役，徭役失期，延误了工程进度，罚点款，雇别的人干就可以补回来，当然用不着斩首。可是兵役不同，一场战争，因为军队不能及时赶赴而失败的事可比比皆是。拿破仑满可以说，要是 1814 年 6 月和英国、普鲁士大战那几天不下雨，他的元帅格鲁希能够率兵及时赶来助援，就不会遭遇他的滑铁卢。作为军国主义国家的秦国，当然深知延误军机的危害。何况据史书记载，二世即位后，把权力交给赵高，“多变更法律”，赵高精通法律，大约修改法律是他的爱好，至于这种爱好会带来什么后果，那不在他的兴趣范围。

陈胜不愧是中国历史上首席农民革命家，他给吴广分析起政治形势：“天下苦秦久矣，我听说当今皇帝是始皇帝的小儿子，不该即位，应当即位的是长子扶苏。扶苏因为心地善良，为我们劳苦大众说话，被秦始皇赶去边境监军，据传二世又把他杀了。百姓早就听说扶苏这人不错，不知道他已经被杀。故楚国将军项燕擅长用兵，疼爱士卒，楚国故地的百姓也很怀念他，不如我们号称是扶苏和项燕的部下，一定有很多人起来响应。”

吴广觉得很有道理。不过这里有个疑问，扶苏是秦国的公子，项燕却是楚国的将军。陈胜决心起义，打他们两人的名号，似乎有些矛盾。有学者认为，扶苏的母亲是故楚王室的女子，秦始皇未统一天下时，秦楚两国联姻，她被送到秦国，生下了扶苏。所以，楚国是扶苏的外家，楚国百姓也因此对扶苏有亲切感。不过这种说法很难被证实。

计策已定，像今人搬家也要找个黄道吉日一样，那时办大事之前都要占卜，以定吉凶。如果不吉，决策就要取消。陈胜、吴广两人当即决定，去占一卜看看。

他们找到一个占卜的，问天下形势如何，意思说得也比较隐晦。谁知那时人心思乱，占卜的大约也是吃了上顿没下顿，巴不得天下大乱，重新洗牌。他猜到了陈胜两人的意思，假模假式地占了一卜，怂恿道："很吉利，若举大事，一定能大获全胜。不过足下还需要问问鬼神，多一层保险。"

两人听说占卜吉利，大喜。占卜人话里有话，他们也心知肚明：这是教我们制造点神迹，让大家敬畏啊。

于是用毛笔蘸着丹砂在帛上写了三个字"陈胜王"，举目四望，看见旁边有个渔夫正在打鱼，鬼鬼祟祟地摸过去，将帛书偷塞进其中一条大鱼肚子里。回到军营，吴广假装吆喝："旁边有个渔夫，打上来的鱼貌似不错，不如买几条来吃。"

吴广这人脾气不错，手下五十个兵都很爱戴他，一听，马上有人自告奋勇地抢着去买鱼，剖开鱼肚子一看，发现一条帛书，登时大呼小叫："陈——胜——王。哎呀不得了，这是天意啊，陈屯长要当王了。"他们压低声音议论着。

楚地草木繁茂，很多茂木丛林，绝少人迹，有的地方终年不见天日。据说除了虎豹熊罴之外，还有鬼怪神灵。《战国策》中还专门记载过楚国期思县少年和丛神赌博的故事。大泽乡附近也有一个丛祠，陈胜决定利用一下，他对吴广发布了一项秘密指令。

这天半夜，吴广偷偷爬起来，跑到丛祠里，学狐狸的声音怪叫："大楚兴，陈胜王。大楚兴，陈胜王。”声音连绵不绝。

昏睡的士卒们被这种古怪的叫声惊醒，破屋外雨点淅淅沥沥，衬着尖厉的狐鸣，很难让人有出去察看的勇气。士卒们以为是神迹显现，无不震恐。

陈胜却匿笑不已，他在破席子上睡成一个舒心的“大”字，脑子里一页页地翻着他的政治蓝图，之后满意地坠入了梦乡。他要保证充沛的精力，去面对第二天的变幻风云。

杰克·凯鲁亚克的《在路上》出版后，他和女朋友乔伊斯某天晚上得知第二天的《纽约时报》有重磅评论文章，于是赶紧和她在凌晨买了一份，他捧着那份报纸看了又看，然后心满意足地回到公寓睡觉。乔伊斯这么回忆：“（那天晚上），杰克最后一次作为一个默默无闻的人躺下，清晨时分，电话铃吵醒了他。他已经成名了。”

同样，这天晚上的陈胜也是最后作为一个默默无闻的人躺下，第二天早上，戍卒们的鼓噪吵醒了他，他看见了面前每个人眼中的敬畏。他当即醒悟，自己已经成了一个政治领袖，具备了振臂一呼应者云集的能力。下一步的计划就是：找一个最适当的时刻，把自己那条足以蛊惑人心的手臂坚定地举起来。

二、大泽乡起义

这支九百人的军队，大致相当于现在军队两个营的规模，由两位将尉管辖。虽然条件艰苦，两位将尉大爷还喝着小酒，兴致蛮高，完全没察觉到周围的空气有什么异常。

吴广见将尉酒喝得差不多了，突然装疯卖傻起来，不停地唠叨：“这鬼天气，雨下个不停，没吃没喝的，实在受不了了。”

将尉喝得醉醺醺的，嗤笑道：“受不了便怎的？你以为自己是谁，告诉你，就你这穷酸样，再受不了也得受。”

吴广假装大怒：“老子有腿有脚，便跑了你拿我怎的？”

其中一个将尉的酒醒了一半，诧异道：“你说什么？竟想逃跑，反了你了。来人，给我把这竖子按住，老子要狠抽他的屁股。”说着摇摇晃晃地站起来，扬起手中的竹板。

吴广被按到地上，他手下的五十个士卒敢怒不敢言。将尉俯下身，扬起竹板就抽，腰间的剑柄在吴广面前不停地晃动。这时奇迹发生了，吴广突然像猴子一样跳起来，迅疾将将尉那柄剑拔出了鞘，将尉还没反应过来，只觉得脖子一凉，脑袋就滚到了一边。

看见兄弟已经动手，陈胜当然不能再袖手旁观，他像兔子一样冲了上去，抱住另外一位将尉，让他动弹不得。吴广轻松地也将这位将尉的脑袋切下，叫道：“诸位，安静一下，请听陈屯长发表重要讲话。”

士卒们面面相觑，谁也不敢吱声。陈胜挑了一块高点的地方，站上去，大声道："诸君碰到大雨，绝对不能如期赶到渔阳戍所，按律当斩。就算不斩，当这种边防戍卒，风里来雨里去，要吃没吃，要喝没喝，还要和匈奴人打仗，十个也会死掉六七个。大家都年纪轻轻，就这样死了，值得吗？大丈夫不死则已，死总要死得有点价值，要千秋万代，名垂青史，是不是？"

他的话说得很在理，他的形象又因为昨夜的鱼肚帛书和丛祠狐鸣被涂上了一层圣洁的光辉，在场的戍卒恍如听见了神的召唤，无不点头赞同。最适当的时刻到来了，陈胜当机立断，举起了自己蛊惑人心的手臂，同时发出了中国农民起义史上最著名的一声怒吼：

王侯将相，宁有种乎?

照样恍如神谕，戍卒们都惊呆了。是啊，凭什么我们过着如此不堪的生活，而咸阳的皇帝、王侯将相们吃香喝辣，黄金美女样样不缺？难道这是天生的吗？这个大逆不道的想法，以前我们想都不敢想，也从来不会去想。但现在不同了，陈屯长启发了我们。他不是一般人，而是受众多鬼神护佑的"陈胜王"啊！跟着他干，一定不会错。

于是戍卒们齐声欢呼："坚决听从您的指挥！"

陈胜满意地笑了笑，道："其实我是受公子扶苏、将军项燕的指示，来带领大家反抗暴政的。"他又把自己右边的袖子捋起来，露出毛茸茸的胳膊："为了和秦朝军队相区别，大家都照我的样子做。我们是楚国的士兵，十几年前，秦国人野蛮地入侵我们的家园，蹂躏我们的百姓，现在，我们找秦人报仇去。"

他们把军尉的脑袋摆在台子上，说："就用这两个坏蛋的脑袋来祭天吧。军队没有领导不行，从现在起，我陈胜就是将军，吴屯长则是都尉。"

开弓没有回头箭，戍期也误了，将尉也杀了，造反就要造到底。九百条精壮的汉子首先进攻驻地——附近的大泽乡。按标准来说，秦汉时期，一乡大约有十个里，一个里有百户人家，但实际大多不会满员，人口很少，所以大泽乡很快就被攻下。起义军裹挟着大泽乡的青壮，继续向西南方向前进，进攻蕲县。蕲县的官吏万万想不到有一支路过当地的边防军会造反，守备松懈，加上一个县也没有多少兵力，很快被起义军攻拔。

有了蕲县的青壮，义军人数大增，陈胜命令符离（今安徽宿州东北）人葛婴率领部分士兵去进攻蕲县以东的县邑。陈胜则亲自率军沿浍河西进。浍河又称涣水，《史记》云："濉涣之间文章。"沿途的郡县当时以织锦闻名，应该属于相对富庶的地区。起义军轻松攻下铚（今安徽宿州西南）、酂（今河南永城西）、柘（今河南柘城县西北）、谯（今安徽亳县）、苦（今河南鹿邑县），每下一县，都像蝗虫一样清扫，把当地的青壮纳入军队，如滚雪球一般折而西南，一路蜂拥到陈县（今河南淮阳市）。这支军队如今再也不是那九百手握木棍锄头的农民武装了，而是有兵车六七百乘、骑兵千余、步兵数万的大军，就算在战国时代，也是一支令人生畏的军事力量，何况士气远非一般军队能比。他们被暴秦压迫了十几年，早就怨气冲天，可以说，这是一群以怨气作为燃烧动力的"暴力机器"，而且有智力，有目的性，综合破坏力非比寻常。

陈胜的部将武臣曾经说过这么一句话："秦为乱政虐刑以残贼天下，陈王奋臂为天下倡始，王楚之地，方二千里，莫不响应，家自为怒，人自为斗，各报其怨而攻其仇。"其中"方二千里，莫不响应，家自为怒，人自为斗"几句，正说明了当时秦朝境内的现状，在陈胜站起来之前，这个王朝表面上看起来还算光鲜，似乎精神抖擞，实际上只要捋起它的袖子，就会发现它已经全身溃烂，脓疮此起彼伏。那个咸阳的皇帝和他身边的一伙人，已经把天下人都得罪光了，不会有人对这个王朝的毁灭有丝毫同情。

三、张楚政权

起义军的下一个目标陈县，曾经做过楚国的国都，当时称郢陈（也有人认为应该叫陈郢），城池之高大坚固可以想见，当时也是秦朝陈郡的郡治所在。那天很巧，郡守、都尉、县令都因公出差，不在城中，只能由郡丞履行抵抗的职责，眼见着“暴力机器”们一个个争先恐后爬上城楼，郡丞大人毫不畏惧，身先士卒和起义军在城头鏖战，但一个不小心，脑袋就被人割走了。群龙无首，陈县守兵只好放下武器投降，他们无疑将成为起义军的新生力量。

一进城，陈胜就召集当地父老士绅开会，商量下一步计划。义军确实很得人心，城中的头面人物都欢天喜地前来报到，同时也引起了两个闾里监门的注意。这两个监门可不是一般人，而是早就成名的好汉，他们中的一个就是我们前面提到过的，刘邦的偶像张耳，另一个则是张耳的刎颈之交陈余。

当然，对这两个名字，除非专家，现在一般人肯定会无动于衷，毕竟中国有三千多年的文明史，古书上记载的有名人物车载斗量，光是历史课本上要考试的那些，就已经让我们的记忆忙不过来，不可能给张耳、陈余之流留下位置。但那时不一样，伟大农民起义军领袖陈胜一听到张耳、陈余自报家门，当即欢喜得抓耳挠腮，很显然，张耳名气太大，除了刘邦，天下有点志向的江湖好汉都对他如雷贯耳。

鉴于后文中张耳、陈余是重要人物，而且两人之间有着非同一般的恩恩怨怨，我们有必要对他们做个简要介绍。

张耳和陈余有诸多的相似点，他们都是魏国大梁人，都爱好游侠讨厌种地，都家境贫困而且都因为有幸娶到了富婆而衣食无忧，所以，两人一见就惺惺相惜，成为刎颈之交。不过也有两点不同，第一，张耳比陈余大很多，陈余以父亲的礼节侍奉张耳；第二，张耳可能不大爱读书，而陈余学习成绩不错，尤其喜欢儒家经典，这意味着陈余的世界观和张耳有一定的差异，这种差异在一般情况下不会显露，但遇到一定条件，就会立刻开花结果。

两人相识后不久，秦国就吹响了统一天下的号角。公元前230年和前228年，韩、赵两国相继落入了秦国的魔爪，魏国还会远吗？三年后，魏国就被灭掉，成为秦国统一进程的第三枚果实。服膺韩非理论的秦王最讨厌游侠，听说魏国有两个大侠张耳、陈余，当即悬赏捉拿。张耳的头比较值钱，赏格一千金；陈余差一些，减半，但也颇不菲。这笔钱可了不得，我们前面说过，根据《睡虎地秦简》，普通百姓吃一顿饭只要花一枚半两钱，一年光吃饭只要七百二十枚半两钱，而千金折算成半两，多的年份是一千万枚，足足可以供一万三千多年的食物花费，可以买五千个奴隶，谁要是抓住了张耳送官，这不就像买中了巨额彩票一样吗？如果连带捉住了陈余，那就等于囊括了特等奖和一等奖。张耳、陈余两个知道厉害，一溜烟儿逃到了陈县，伪造了身份，隐姓埋名，做了一个闾里的监门，默默等待时机，以图东山再起。

所谓闾里监门，也就相当于现在的小区保安，在那时待遇和地位都是很低的。张耳、陈余做得很苦，有一次里吏（相当于保安队长）看陈余事情没做好，命令他跪下，脱光了上衣挨板子。陈余当即就忍不住了，想自己也曾是有头有脸的人物，从来都是揍人，哪被人揍过，所以他一骨碌爬起来，就想还击。好在张耳一看不妙，及时一脚踢过去，将陈余踩在脚下，让他乖乖受板子。里吏打完板子，满意地走了。张耳把陈余拉到桑树林里，骂道：“我之前跟你说什么来着，咱们躲藏在这儿，就得暂时低调。你还想跟他打，要是就此暴露了身份，值得吗？他的命能有你的命值钱吗？”

陈余脸上火辣辣的，脑袋垂得像一坨牛粪，羞惭地说：“确实不如我的命值钱。大哥，我错了。”

两人继续在陈县潜伏，指望秦王朝能忘掉他们。但秦王朝很倔强，对他们一直很关心，时不时就有一份购赏文书下达到各县邑闾里，信息满街都是。两人倒不慌张，反而将计就计贼喊捉贼地向闾里居民宣告，要大家密切注意两个通缉犯的动向，随时举报。要是换现在，他们当然不敢这么做。好在那时没发明照相技术，绘画技术也不行，而那时的通缉令上只描述犯罪嫌疑人大概的身高、肤色、明显的身体特征、口音、特殊的表情习惯等，这些都有相当大的模糊性，所以两人一直平安无事。

日月如梭，这么一躲就是十来年过去了，岁月在他们的额头上刻下了深深的印记。如果陈胜不来，他们还会继续老去，直到死掉，这辈子也就完了。但是上天可怜他们，给他们及时送来了伟大的革命领袖陈胜。一听到消息，他们欣喜若狂，把监门制服果断地一把扯下，扔进垃圾堆，撒腿就向会场跑去，等到会场门口，他们蛰伏的灵魂已经完全苏醒，蠢蠢欲动。

会场设在陈县的城楼上，陈县地方的三老（当时的基层干部，主要掌管教化）和豪杰（地方闻人）都对陈胜的到来表示万分的感谢，他们异口同声道：“将军您亲自披甲执矛，伐无道，诛暴秦，功劳无与伦比，只当个将军，实在太委屈了。我们一致认为将军应该称王。”

陈胜平时吃糠咽菜的胃一下子消化不了这么大的喜讯，他运动了一会儿，感觉略微好过些，就去问张耳、陈余：“他们、他们要我当王，两位兄弟看怎么样？”

和陈胜不一样，张耳、陈余之前出入黑白两道，不管是打斗经验还是政治经验都远远高过陈胜，两人都认为现在称王，时机不成熟，齐齐劝道：“秦王无道，灭绝诸侯的国家社稷，疯狂掠夺残害百姓，将军不顾生命危险，首倡大义，起兵反秦，这是为天下除掉最无耻最凶残的混蛋。但是，您要想一想，现在才刚刚攻下陈县，您就称王，只怕天下人会觉得您起义是为了谋一己的私利，而没有做到天下为公。希望您暂且不要称王，立刻引兵西向，派人拥立六国诸侯的后代，给自己树立帮手，这样秦国的敌人就增多了。敌人越多，秦国的兵力就越分散，我们打起来就越轻松。等将军攻下咸阳，屠灭秦国，再东向号令诸侯，诸侯谁不感谢将军的恩德？谁不会诚心诚意听将军的调遣？到时将军别说称王了，就算称帝，谁也不敢说三道四。否则只怕大家都会眼馋嫉妒，无心跟您一起打仗。”

应该说，张耳、陈余的话说得有一定的道理。但陈胜现在哪里听得进去，管他呢，先过把瘾再说。他摇了摇头，说：“可是我盛情难却啊！一个王号固然没什么了不起，但让本地的长老豪杰失望，就不好了。”当即自立为楚王，建国号为“张楚”。

“张楚”就是“张大楚国”的意思，这是个很奇怪的国号，因为中国自古以来，国号都是一个字的。但为了让老百姓都懂，也就管不了那么多了。陈胜、吴广都是当年的楚国人，他们倒不一定要兴复故国，但打着兴复故国的旗号，一定可以得到最广泛的支持，这点是没有疑问的。长沙马王堆曾出土过一份《五星占》和干支表，里面就用张楚纪年，说明在当时的人心目中，秦王朝这个黑暗政府已经不具备合法性，新政府虽然年轻，力量薄弱，然而有着充分的正义诉求和道德感召力。一时间，各地的百姓纷纷起来，杀掉他们的长官，秦朝关东的郡县烽火四起，帝国身上的脓疮一个个急性暴发，要想保住性命，只怕难上加难！

第四章

张楚帝国的发展、覆灭及其他

一、咸阳的反应

现在我们来讲讲秦朝中央政府对陈胜起义的反应。

秦朝的行政效率之高，是前所未有的，烽火四起的消息很快一路进入关中，到达咸阳，进入了二世皇帝胡亥的耳中。

作为一个依靠战争发家的皇朝，战斗能力可以说是相当强大的。此时距秦朝统一也不过短短的十六年，秦朝军队还远未达到腐化的程度；相反，帝国一直对百姓采用军事化管理。在边境上，三十万精锐也一直保持着对匈奴等游牧民族的压制，这些都可以证明秦朝的战斗力依旧非同一般。如果二世反应足够迅捷，立刻征调大军出关奔赴陈县，陈胜革命的星星之火很可能灰飞烟灭。但可笑的是，帝国此刻正掌握在一个不谙世事而又愚蠢的青年手中。刚刚体会到权力带来的极大快感的二世皇帝，正全心全意地投入到寻欢作乐之中，无暇也没有心情听任何坏消息。或许他也真的不相信，一向逆来顺受的百姓，怎么敢奋起反抗？他也有理由不相信。凭什么父亲在世时屡试不爽的凌厉铁腕统治，换了他就不再灵验。况且自己英明伟大，百姓对自己应该俯首帖耳，崇拜有加，又怎么可能造反？所以，他宁愿相信，这一切都是谣言。

不过他还是按照惯例把一些博士儒生召集起来开了个会，问：“楚国的戍卒们造反，攻占了陈县，你们看是怎么回事？”

三十多个博士儒生马上引经据典地回答：“人臣无将，将即反，死罪无赦。

陛下应当立刻发兵将他们击灭。”前面一句“人臣无将，将即反”是儒家经典《公羊传》里的话，意思是做臣子的别说造反了，就算是萌生了这种迹象，这种意图，就算没有实际行动，也应当毫不犹豫地处死。

他们满以为回答很得体，谁知二世听了，脸上却阴云密布，湿漉漉的仿佛要滴下水来。旁边一个叫叔孙通的儒生一看不妙，马上插嘴：“陛下，臣以为诸生都说错了。如今天下一家，各名城大邑的城墙都已堕毁，兵器也都已销熔，天下太平，可谓难得的盛世。陛下又如此圣明，法令公平，官员廉洁奉职，郡县间邮车来往不绝，交通便利，四方百姓都心向咸阳，怎么会有人造反？臣以为，这不过是一些鼠摸狗盗，何足挂齿？郡守县尉很快就可以将他们捕获，不值得忧虑。”

二世一听，正合心意，立刻转怒为喜。这说明他愿意生活在自己的愿望当中，不想面对现实。他当即下令，把那些说造反的儒生全部治罪，罪名是“非所宜言”，也就是说了不该说的话。这种罪在秦汉时代很普遍，意在警告臣民说话要小心。至于哪些是该说的，哪些是不该说的，法律并没有明文规定，全看皇帝喜怒如何。宠爱你时，你说的话再不中听，也是忠言；不喜欢你时，同样的话就是诽谤了。所以，在皇帝身边做事，实在有相当大的风险。所以，中国自古以来，下属就把揣测上意当成一门学问来做。但学问做得再精深，也很难应付人内心的千变万化，所以不断有精明人因此死于非命。

至于叔孙通，二世觉得他很忠心，赐给了他二十匹帛，一套高档衣服，并且拜为博士。

罢朝后，其他儒生都纷纷指责叔孙通厚颜无耻，叔孙通赔笑着说：“实在对不起，刚才如果不这么说，只怕现在我已经变了尸体。”他跑到家，快捷地收拾了几件衣服，一溜烟儿就逃回了家乡薛县。

博士儒生如此，那些报告造反的使者，命运自然也不会好到哪里去。凡是报告造反的，全部被关进了监狱。后来使者也学乖了，既然你想听好听的，那我何苦不满足你，反正天下是你们家的。于是见了二世都轻描淡写地说：“造反？哪有这种事，不过是几个鼠摸狗盗的坏蛋，做了几起案，群众有些小意见。现在当地官府已经将他们全部抓捕了。陛下放心，不值得一提。”

二世开心地哈哈大笑：“我说嘛，我统治不错啊，怎么可能有人造反？”重重赏赐了这些使者，躲进后宫，继续花天酒地去了。

咸阳像只鸵鸟，一头栽进沙堆里，对关东发生的一切置若罔闻。关东的烽火因此得以遍地开花，呈现一片燎原之势。

二、周文军的惨败

已经建立政权的陈胜丝毫没闲着，派吴广监护诸将，率主力向西北挺进，进攻重镇荥阳；另一路由宋由率领，向西南挺进，进攻南阳郡。荥阳以西是函谷关，南阳以西是武关，攻克这两关，就能进入秦王朝的本土关中。关中一马平川，咸阳无险可守。陈胜的志向和目标很明确，就是要直捣咸阳，干掉秦王朝。

除了这三支攻秦主力外，陈胜还四处出击，遣将进攻原先的六国疆域。他让武臣带着张耳、陈余去进攻赵地，让周市进攻魏地，让邓宗进攻九江，总之要让革命遍地开花，使秦政府手忙脚乱。

荥阳是三川郡的郡治，一直屯驻着秦国的重兵，郡守是李斯的儿子李由，可见其重要程度。荥阳北面的敖仓，是当时赫赫有名的仓库，储积着巨大数量的战备军粮，为秦朝在关东最重要的战略基地。荥阳如果被攻克，秦朝洛阳一线将全面陷落，起义军很快就会打到函谷关下。李由焦头烂额，一面向咸阳告急，一面着急地打探着吴广军的消息，他多么希望这支军队能被前面的县邑消灭掉，可是等待他的是失望。他走到城墙上，看见下面密密麻麻都是人头，把荥阳围得像铁桶一样。

没什么好说的，抵抗。李由发出了命令。

一路上，吴广都势如破竹，因此他想当然地以为，荥阳也同样指日可下。然而不幸的是，荥阳成了起义军碰到的第一块难啃的骨头。张楚军在荥阳这座坚城面前，一筹莫展。

宋留率领的军队也不大争气，在南阳被秦军拖住，进退维谷，武关对起义军来说，看起来也是镜花水月，永远无法捞取了。

驻扎陈县的陈胜听到进攻不顺，有点烦躁，这时他身边一个叫周文的人站了出来，毛遂自荐，愿重新率领一支军队径直进攻关中。陈胜从善如流，答应了他的请求，给他铸了一枚将军印。

周文是楚国人，曾经做过楚国公子春申君的门客，混了几年。春申君倒台后，周文靠着以前的资历，又跑到楚将项燕的麾下，混了个“视日”的军职。这个职位现在看比较迷信，就是专门在军中察看天气地形之类，碰到重要问题不决，还要占占卜，问问神，给主将提供参考意见。项燕被秦将王翦击败战死，周文逃回家乡陈县，也算是当地豪杰，人人景仰。

他佩上陈胜颁发的将军印，一路向西进发。天下已然大乱，很多人都无心种田，所以周文的军队一路走，一路都有人参军，人数越来越多。当初陈胜把留守的军队都交给周文时，参谋孔鲋还劝陈胜：“大王，我听兵法上说：不恃敌之不我攻，恃吾不可攻。也就是说，不要指望敌人不来攻打我，而应当依仗自己强大，让敌人不敢来攻。现在您把军队都派出去了，城内仅剩下一群老弱病残，敌人来了怎么办？”

他的劝谏也算苦口婆心，陈胜却不当一回事：“寡人起兵不过几个月，天下就闻风响应，秦国各地城邑望风而降。我看秦朝也差不多了，哪有能力派兵打到这来？”

孔鲋无话可说，眼睁睁地看着周文带着所有的兵扬长而去，但那也不过五六万。等到周文一路招兵，打到函谷关下时，已经翻了三四倍，足有几十万，兵车千余乘。

我们知道，函谷关是秦国东面著名的天险要塞，当年五国联军约为合纵，几次大败秦军，最终却只止步于函谷关下，很少踏入过关中。函谷关一向有秦国重兵集结，居高临下，关下深谷如函，像一只深邃的匣子，两面都是光溜溜的悬崖，人站在谷中，仅能看见高高崖壁上四角的天空，连蚂蚁爬在石壁上也觉得头晕，军队要进攻，只能挤在羊肠小道上向前推进，可见其险峻。

然而这一切对周文来说，已经不是什么难事，他的声势浩大的军队不是当年面和心不和的五国联军，而是同仇敌忾的奴隶，他们像食人蚁一样抱成一团，万众一心，齐齐发出愤怒的吼声，前赴后继地爬上了关口，于是函谷关像发生了故障的电梯似的轰然陷落了。

消息传到咸阳，二世这才从沙堆里扒出愚蠢的脑壳，召集群臣商议。大家一筹莫展，军事世家蒙氏被杀光了，另一军事世家王氏还有一个王离，驻扎在边境，其他郎卫、公子清洗得差不多，朝中几乎无人，仅剩下李斯、赵高，他们两个虽然都是才子，但也只是精通政治权术，打仗可不是强项。好在这关键时刻，一个叫章邯的人毛遂自荐，开始走上了秦末战争的辉煌舞台。

章邯当时官为少府，所谓少府，也称小府，是秦国官职名，主要掌管皇帝的私人金库，当时全国河海山泽的收入全归皇帝私有，而帮助皇帝打理这一切的，就是少府。有学者认为，周文军攻破函谷关时，章邯正在骊山督建骊山陵墓的地上工程，同时还督造烧制兵马俑，听到消息后马上赶回咸阳。当然这只是猜测，总之章邯当时建议："陛下，强盗们已经来了，要征发近县百姓从军抵抗，只怕来不及。骊山和阿房宫的刑徒众多，不如赦免他们，发给他们兵器抵御群盗。"

二世无法可想，答应了，当即任命章邯为大将，下令暂时停止工程，把刑徒和奴产子全部武装起来，东进迎击起义军。

与此同时，周文军碾着秦军的尸体蜂拥越过山口，一路马不停蹄，过胡、宁秦、郑等县，很快就到达了离咸阳不远的戏水岸边，但是章邯的大军已经在戏水对岸严阵以待了。

在戏水岸边遥望，本来可以看到咸阳鳞次栉比的宫殿，那恐怕是当时世界最大的宫殿建筑群，沿渭水两岸，复道凌空，南北连绵不绝，以漫天的黄土为陪衬，雕梁画栋，粉彩黛白，任何人见了，都会觉得恍如梦里。作为大秦帝国的首都，咸阳是没有城墙的，因为它觉得没必要。强国只需要进攻，何须防守？战国时代的燕国，城墙有四十米厚，是当时最厚的城墙，而燕国正好是当时最弱小的国家。这告诉我们一个道理，只有最胆怯最没有自信的国家，才会造个篱笆把自己圈起来。然而时移世易，当年最强大的秦国如今面临最危险的时刻，竟被农民军轻易攻到了首都郊外，二世一定很后悔自己没有早点给咸阳筑城。不过说实话，如果真的碰上天怒人怨，城墙筑得再高，也没有什么意义。

在骊山和阿房宫劳作的刑徒，最多时有七十万，就算不能全部武装，武装个三四十万人还是能做到的，至少可以和周文军旗鼓相当。除此之外，秦国的正规军至少有五万人驻扎在咸阳，这些人天天练习射箭，是秦军的精锐，章邯又是久经沙场的老将，在他的指挥下，正规军和刑徒军联合对周文的军队发动了攻击。五万人的精锐天天训练，确实非同等闲；而刑徒们刚得到二世的赦免，战斗积极性空前高涨，恨不能马上斩首立功，来报答恩重如山的秦王朝。在他们饿狼般的冲击下，从未打过败仗的周文军开始溃不成军，撒腿就跑，只恨爹娘没多生两条腿。

章邯军这么一追就追了数百里，一直将周文等人赶出了函谷关，重新封锁关口。由于这次对周文军是仓促迎战，虽然大获全胜，但后勤和人力并不能让章邯满意。手下这帮由刑徒临时凑齐的部队，救急可以，打硬仗还不行，继续征发良民从军才是良策。

周文逃出关后，发现章邯没有再追，才惊魂稍定。关下有一个叫曹阳的小县，他下令在此驻扎，等候时机。

三、赵王武臣

由陈胜军衍生的几支军队，也相继建立了自己的政权。他们就是武臣建立的赵国、韩广建立的燕国。

陈胜称王之后，张耳、陈余两人就请兵要求北上攻打赵地。大概是觉得这两个家伙不可靠，陈胜派自己的老朋友陈县人武臣为将军，邵骚为护军，带着三千兵马北上，张耳、陈余也在军中，但职位仅仅是左右监军，没掌握大权。

武臣率军从白马（今河南滑县东）渡河，一路收兵，三千兵马很快就变成了好几万。看见自己军队多了，武臣觉得自己职位也应该升，于是自封为武信君，一举攻下了原赵国的十几座城池，大开杀戒，把当地的秦国官吏杀得一干二净。

他杀是杀得痛快，但麻烦也同时产生了。其他未下的城池奔走相告，说武臣杀人如麻，所过之处不留活口。城中的百姓本来愤恨秦吏，可是听说武臣喜欢屠城，觉得更加可怕，反而帮助官府修建防御工事，对付武臣。

接下来武臣军进展缓慢，他想了很久，觉得范阳（今河北定兴附近）等地是个薄弱点，当即带兵向范阳进发。

范阳在当时属广阳郡，地方不大，武臣以为可以轻松拿下，谁知范阳人也听说了武臣的暴虐，拼命坚守。范阳当地有个辩士叫蒯彻，是个战国时遗留下来的纵横家，一生的抱负就是游说诸侯，俯拾青紫。可惜自秦朝统一后，他一身所学派不上用场。好在如今豪杰并起之时发挥才能。他跑去对武臣说：“足下认为战胜才能占领土地，进攻才能拔取城池，那就错了。如果足下肯听从臣的话，臣可以担保足下坐在家里等敌人来归顺，你看呢？”

武臣疑惑道：“具体怎么说？”

蒯彻说：“范阳令徐公我认识，这人贪财怕死，其实很想投降，只是听说你像个屠夫，怕投降了也被你杀，所以迟迟下不了决心。只要足下给臣铸一枚侯印赐给徐公，让他乘坐朱轮华毂巡游燕赵等地宣传，燕赵的城池就会抢着投降。”

武臣答应了。于是蒯彻带着一百辆华丽的马车，两百匹高头大马，一块新铸的闪亮金印去见范阳令。徐公一见，两眼放光，当即投降。这个消息顿时传遍了燕赵大地，那些依旧坚守城池的秦国官吏，纷纷宣布起义，奉张楚国号为正朔，短短几天，就有三十多座城池投降了武臣。

这时张耳、陈余劝武臣：“将军啊，周文军不利，陈王得意不起来了。他那人心眼小，人家葛婴对他那么忠心，竟惨遭他的毒手。亲朋故旧跟他开两句玩笑，也都死于非命，为他卖命不值啊。他众叛亲离，您现在兵多将广，何必听他的，不如自立为王，咱们兄弟两个辅佐你，保您无往而不利。”

所谓葛婴之死，背景是这样的。陈胜占领蕲县之后，就派符离人葛婴向东方进军。葛婴一路进展顺利，攻下九江郡的东城（今安徽定远东南），但他犯了个严重的政治错误，找来了一个楚国贵族襄强，立为楚王。后来听说陈胜已经自立为张楚王了，立刻将襄强的首级割下献给陈胜。无奈陈胜不吃这套，依旧将他诛杀，改派汝阴人邓宗南下，继续葛婴未竟的事业。

陈胜这事做得是不地道。武臣心动了，当即自立为赵王，以陈余为大将军，张耳为右丞相，邵骚为左丞相，派使者去通知陈胜。

陈胜勃然大怒，吩咐立即逮捕武臣的父母妻子和族人，准备杀个精光，然后发兵攻打武臣。他的柱国房君（可能是当年封在房县的封君）脑子比较清醒，赶忙劝阻："如今周文军大败，我们征战不利，如果这时杀武臣一家，武臣岂肯善罢甘休？不如假装高兴，立刻派使者去祝贺他，让他发兵西进，进攻秦国。"陈胜觉得有理，把武臣全家都软禁到王宫中，为了显得自己不记恨，还特意封张耳的儿子张敖为成都君，派使者去赵国祝贺武臣，要武臣立刻发兵击秦。

张耳、陈余劝武臣："陈胜并不想让您称王，只是没办法。您要是帮他打秦国，秦国一灭，下一个就轮到您。现在最重要的，是扩大自己的力量。将来就算陈胜消灭了秦国，也拿我们没办法。如果他消灭不了秦国，就更要倚重我们。最好的结果，就是他和秦国两败俱伤，我们从中渔利。"

武臣点头，派出了自己的三支军队，朝南北两个方向进攻，以扩大自己的根据地。

第一支军队由原先的上谷郡卒史（郡太守手下的一种百石的小官，相当于现在的政府机关小处长）韩广率领，目标是正北方向，欲占领原先的燕国。第二支军队由秦国的降将李良率领，目标是西北方向，想攻取秦国的恒山郡；第三支军队由张黡率领，向西南方向进发，想把秦国的上党郡夺入囊中。

四、燕王韩广

韩广的军队势如破竹，很快光复了燕国大部分，当地的豪杰也劝韩广自立为燕王。韩广拒绝道："不行啊，家母还在赵王手里。"

豪杰们大笑："您放心吧。赵王如今西忧秦，南忧楚，哪有力量禁止您？陈胜那么厉害，也不敢杀武臣、张耳那些人的老婆孩子，他们就那么傻，敢杀您老妈？"

韩广想想也是，也老实不客气地自立为燕王，派使者去通告武臣。武臣虽然生气，但想想自己这个赵王当得也是名不正言不顺，人家有样学样，也不能算卑鄙，他按捺下火气，也假装很高兴，而且不久之后派人把韩广的家属送到了燕国。

不过武臣等人最后想来想去，还是有些不甘心。本来想向北方扩大革命根据地的，结果反而变出一个燕国。如果自己地盘不扩大，兵源不够多，将来怎么去对付楚国？所以想来想去，他们还是决定发兵，把燕国边境的残余地方打扫一下，能搞到多少土地是多少。有一天武臣发了雅兴，微服在边境线上巡游，结果碰上燕国边境巡逻队，认出是武臣，当即捕了去。

燕将听说捕到了赵王武臣，很高兴。这可是个大人质啊，要好好利用，于是告诉赵国，要赎回武臣，拿土地来换。赵国当然不愿，屡次派使者去请求，说尽了好话，不但没作用，使者一个没回来，都被燕将杀了。赵国上下一筹莫展，这时有个毫不起眼的厮养卒（炊事兵）自告奋勇请缨，要去面见燕将，把赵王弄回来。

他见到燕将，问：“将军知道张耳、陈余两个有什么愿望吗？”

燕将说：“当然是想要回你们的赵王。”

厮养卒道：“大错特错。张耳、陈余是闻名天下的豪杰，他们岂肯甘心屈居在武臣手下？只是现在时机不成熟，现在你们捕获了武臣，他们表面上很着急，其实日夜盼望你们将武臣杀掉，他们就可以名正言顺地瓜分赵国，再名正言顺地来讨伐你。武臣为赵王，你们已经很难对付。如果张耳、陈余两人瓜分了赵国，以他们的才干，互相联合，发兵责问你们杀赵王之罪，你们还能抵挡吗？”

燕将觉得很有道理，马上放了武臣。厮养卒救了武臣，估计回去后很快会得到提拔。

五、武臣之死

武臣派出的第一支军队就这样脱离了他自己的掌控，现在讲他派出的第二支军队。

这支军队的领导人李良，原先是秦国的降将，他打仗也很行，很快攻下了恒山郡，派人回去报告武臣，请求下一步的计划。武臣很高兴，命令李良继续进攻太原郡。如果成功，赵国就可以和秦国本土接壤，对秦国本土将构成另一个巨大威胁。

李良的军队要进入太原，首先要跨越过太行山。太行山南北连绵千里，通过它的道路只有八条，每条都极为狭窄，两岸高山壁立，这些道路宛如峡谷，当时称为“陉”，从恒山郡通往太行郡的峡谷名叫“井陉”。井陉最窄处只有五米，仅能容一辆单车通过。恒山郡进入井陉的道路在石邑县（今河北石家庄市西南），李良的军队才走到石邑，就发现了大批秦军。有学者认为，守御的秦将就是接替蒙恬的边防军司令王离。

王离出身世家，他的爷爷王翦，父亲王贲，都是秦国的名将。王离自然也不是一介武夫，颇懂得一点谋略，他派人给李良送了封信，说是二世皇帝亲笔写的。有趣的是这封信竟然没有封口，李良打开一看，见上面写着：

李良君，你当初因为侍奉我，让我很满意，所以我很快地提拔你上位。

现在你走上了迷途，如果能及时地改邪归正，我不但既往不咎，而且依旧给你富贵。

李良看完书信，颇为狐疑，又担心这封信没有封口，只怕会被人偷看去。他想，只有攻下井陉，才能证明自己的清白，于是亲自率人赶回邯郸，准备向武臣面陈困难，要求增兵。一行人走了几天，邯郸遥遥在望，谁知就在这时，遭遇了一个大大的麻烦。

在邯郸城外，他看见前面远远驰来一个车队，排场不俗，光两边保护的骑士就有上百人，肯定是赵王武臣出巡。李良心里这么想，赶忙在路边跪下拜谒。

按理说，像李良这种身份的将军跪拜，就算是赵王武臣本人，也该下车慰劳一番。可是这车上坐的并不是武臣，而是武臣的姐姐。这位姐姐今天出城饮酒作乐，喝得醉醺醺的，没认出是李良，以为是一般的将军，就让一个骑士代表自己去答谢。

如果是一般人，肯定会受宠若惊。这不是别人，是赵王的姐姐啊！可李良不同，他一向受二世皇帝宠幸，从小无数人巴结他，富贵无比，赵王的姐姐派一个小小骑士来应付自己，这面子往哪搁？身边那么多随从都看着呢。他的脸顿时羞成了一块红布，手脚发抖，不知所措。

身边一个从官看出来了，马上激他："将军，天下大乱，谁的拳头大，谁就可以称王。赵王算什么东西，搁在以前，为将军擦鞋都不配。现在他姐姐竟然这么傲慢，臣请带几个兄弟追上去，干掉她。"

李良想起了那封署名为二世皇帝的信，心想，皇帝那么宠信我，说不定会容许我改邪归正，既往不咎。况且与其在这受羞辱，不如赌一把，于是怒道："就这么办。"

从官立刻率人狂追，不多时顺利斩了赵王姐姐的首级回来。李良一不做，二不休，率军顺势袭击邯郸。邯郸的防卫系统似乎很不济，竟然一下子就被李良攻破，武臣、邵骚大概还在睡梦中，就稀里糊涂地掉了脑袋。但张耳、陈余两人确实不凡，眼线多，早就得到消息，逃之夭夭了。

他们一口气跑到了邯郸北面的信都（今河北邢台市）才惊魂稍定，一路上召集同盟，总共搜罗了数万人，又派人向新建立的齐国求救。有人劝他们："您两位都不是赵国人，如果想在赵国当王，只怕百姓不会依附。不如寻找赵国王室的后代，立之为赵王，一定会得到天下人称赞。您两位辅佐，虽无赵王之名，却有其实，成功的希望大些。"

张耳、陈余想想也是，很快就找到一个赵国以前的王族子弟名叫赵歇的，立为赵王。

李良很快打听到了张耳、陈余的下落，当即进兵信都，想把赵国一举攻克，向二世献礼。谁知张耳、陈余这时已经得到了齐国起义军援助的给养装备，巴不得找李良报仇，当即倾巢而出迎战。李良兵败，带着一些残兵仓皇南逃，投奔章邯去了。

见到章邯，李良就一把鼻涕一把泪地哭诉，要章邯为他报仇。但章邯那时像一只勤劳的蜜蜂，四处乱飞，忙得不可开交，哪有时间理李良？这里我们就回溯一下章邯这些日子在忙什么。

六、章邯的非凡战绩

二世元年的十一月，准备充分的章邯打开了函谷关的关门，一声令下，穿着冬装的秦国士兵如泥石流似的涌出关口，向曹阳倾泻而去。周文率军仓促迎战，但不是对手，再次溃败，像两个月前一样抱头鼠窜，一路向东逃到渑池。在渑池，周文决定和章邯拼个你死我活，下令停下反击。但鏖战的结果依旧，周文兵败如山倒，他绝望了，在寒风中拔剑一挥，割断了自己的脖子，强大的张楚国周文军就此全军覆没。

张楚国的另一支主力，由吴广率领，此刻依旧围着荥阳城。三个月过去了，荥阳依旧不动如山。吴广手下一个叫田臧的将军受不了了，召集自己几个心腹，商量道："周文已经全军覆没，秦军很快就会扑来，如果他们和荥阳城内的秦兵内外夹攻，我们也会完蛋。不如让老弱病残继续围荥阳，我们挑选所有的精兵去主动寻歼秦兵，怎么样？"

心腹们担心吴广不会答应。田臧道："吴广这人太骄傲，不懂用兵，跟他商量没有结果，不如假借陈王的命令干掉他。"

说干就干，几颗脑袋像车辐一样凑在一起，很快伪造了一封王令，将吴广收捕，当场斩首，将首级装好送到陈县。

此刻坐镇陈县的陈胜，也笼罩在一片骄傲当中。他大模大样地先过上了诸侯王的奢侈日子。自称王以来，亲朋故旧都纷纷跑来投奔，其中还包括他的岳父。岳父满以为现在女婿出息了，自己可以得到照顾，兴高采烈。谁知陈胜见了他，并没有格外地礼遇，反而让岳父和其他来投奔的普通宾客站在一起，以便集体接见。岳父站在人群中，气得心潮起伏，这什么人啊，简直是个白眼狼，才发达就忘了自己吃几碗饭，于是当即怒道："陈胜，你做人怎么能这样？是的，你行，当上陈王了，但那不过是趁着天下大乱，找着了机会而已。如果你继续礼贤下士，敬爱长者，只怕还能建立一些功业。可你看看你刚才那样子……我看啊，只怕你很难笑到最后。"说完转身就走了。

气走了岳父，陈胜并不醒悟。有一天，陈胜当年佣耕时的好友也风尘仆仆地赶来了，他到了王宫，拍门就说要见陈胜。宫门令大怒，随便一个人就敢叫陈王的名讳，太不像话了，下令将这客人绑了起来。客人见势不妙，赶忙辩解，自述和陈胜当年在一起工作的细节，宫门令这才放了他，但不肯为他通告。他不甘心，天天在附近转悠，终于有一天等到陈胜的车驾出门，赶忙拦住车驾大叫。

陈胜一听，很耳熟，一看认得，很高兴。让熟人看到自己的富贵排场，比面对陌生人显然要舒服很多。他想起自己当初对这哥们儿说"苟富贵，无相忘"时，还遭到轻蔑应对，当时自己虽然很气愤，但也只能慨叹一声："燕雀安知鸿鹄之志哉。"现在能让他亲眼看看自己富贵，岂不美哉？陈胜当即命令载客人上车，一起带回王宫。

这位客人毕竟只有钟点工的眼界，一进王宫，看到宫室华丽高大，不由得大呼小叫："夥颐，涉之为王沉沉者。""夥"是楚国方言，相当于今天的"伙"，意思是众多。"沉沉"是指宫室阔大深邃的样子。

陈胜听了，非常受用。不过他没想到，客人的赞美很快传了出去，尤其是带有楚国特点的方音词"夥颐"，更是让人过耳不忘，乃至天下人纷纷笑谈"夥涉称王了"。而且这人变本加厉，到处宣扬陈胜没发迹之前的故事，陈胜身边的人开始坐不住了，进谏道：“大王，您的这位好友口没遮拦，有损您的威望啊！”陈胜一想，确实如此，下令将这位佣耕好友斩首。其他故旧一听，吓得要命，原来陈胜是这样的人啊，富贵了就翻脸不认人了，纷纷作鸟兽散。从此陈胜身边再也没有真正亲近的人了。陈胜还任命心腹朱房为中正，胡武为司过，专门纠察将吏的过错。这两个家伙喜欢公报私仇，凡是不合他们意思的，就打入死牢。陈胜觉得他们很卖力，很忠心，时时嘉奖。但诸将因此觉得心灰意冷，对陈胜也不再亲附。

得到吴广的首级，陈胜并没有难过，反而立刻加封田臧为令尹，拜为上将。田臧很高兴，让部将李归继续围攻荥阳，自己挑选出所有精兵西进，迎击章邯。两军在敖仓附近相遇，当即大战，章邯军很轻松地全歼了田臧军，一路来到荥阳城下，将围困荥阳的李归军也一口吞下。陈胜派出的两支大军就此灰飞烟灭。

章邯没有罢手，旌旗继续东指，南下颍川郡，派偏将率兵进攻驻扎在郏县（今河南郏县）的邓说军，邓说战败，逃奔陈县。陈胜大怒，将邓说斩首。

章邯连连战胜，二世也非常高兴，派长史司马欣和董翳继续运兵前线，佐助章邯，在章邯的努力下，命运的天平确实正在向秦王朝一边倾斜。

七、陈胜殒命

接下来，章邯亲自率主力进攻张楚国的都城陈县，张楚政权的柱国（楚国官名，仅次于丞相）房君（可能是当年封在房县的封君）蔡赐率军队迎击，同样不是章邯对手，被章邯军击破，蔡赐战死。

噩耗传来，陈县城内一片悲伤，陈胜这才哀叹没有听孔鲋的话，过于轻敌，现在也没别的办法，只好最后一拼了。他手头还剩最后一支军队驻扎在陈县西郊，由张贺领导。陈胜亲自出城，监护张贺军和章邯军大战，结果可想而知。迄今为止，章邯还没打过一场败仗，他的军队一如既往，对陈胜的卫戍军进行屠杀，张贺很快战死。

陈胜一看不妙，果断撤退，沿着颍水一路逃窜，逃到汝阴（今安徽阜阳）。因为想起淮北究竟是自己的根据地，以前派出去攻城略地的几位将领估计还在，不如跑去投奔，于是折而北上，逃到下城父（今安徽涡阳），一路颠簸下来，他的车夫庄贾开始产生了悲观情绪，张楚国都城都没了，就剩下这么几十个残兵，还能折腾出什么花样？他决定干掉车里的这个家伙，把他的脑袋献给章邯，说不定还能封个官做做。

由于陈胜以前肃反，搞得众叛亲离，没有一个真正的心腹。庄贾下手非常轻松，没有遭到任何抵抗。他手起刀落，割下了陈胜的脑袋，然后开动马车，以最快的速度跑回陈县，向章邯投降。

章邯很高兴，他相继破周文，斩田臧，擒陈胜，现在张楚军只剩下最后一支主力，那就是彷徨在南阳的宋留军，这支军队自派出以来，虽然不能迅速占领全郡，向武关挺进，也颇取得了一些战果。但是很快各种不利的消息相继传来，宋留害怕了，知道孤军再向武关，将被秦军包围全歼，于是果断率军回撤，想回陈县勤王。走到半路听到陈县已经陷落，陈胜逃往汝水下游的消息，改向汝阴方向进发，想和陈胜会师，但是才到新蔡（今河南新蔡），就遇到章邯军，宋留知道打不过，又听说陈胜已死，于是举兵投降。

自此，张楚国的军队全部覆没。

章邯下令将宋留押送到咸阳请功，二世大喜，下令将宋留押到市场上，用五根绳子分别绑住他的脖子和四肢，一声令下，五匹马发足狂奔，宋留一下被拉成了湿淋淋的五块。官吏们上去捡起，悬挂在城门上示众，说："这就是造反的下场。"

陈胜由七月起兵，五个月后就兵败身亡，政权覆灭。但兵势之猛，让二世胆战心惊。但他并没有反省自己的所作所为，而是把李斯召去，说："我听韩非有言，尧当君主的时候，吃穿住用都很简朴寒酸，禹开凿龙门，疏通九河，手足长满了茧子，面色晒得乌黑。难道所谓有天下的人，应该过这种日子吗？这是不肖的人所干的，不是贤人所追求的。有天下的贤人，应当是让天下侍候自己一个，这才叫有天下。贤人，一定能安天下，治万民。如果自己身都不能安，怎么能治天下呢？所以，我想随心所欲地长享天下，而不会带来祸患，你说怎么办？"

由此看出，二世并不想因为天下造反就节制自己的嗜欲，反而想出一个奇怪的理论来为自己辩护，他询问李斯，就是想让李斯支持自己的理论，甚至完善它，发展它。

八、无耻的李斯

作为纵横家和法家合为一体的李斯，虽然才华横溢，却有着可怕的弱点，那就是贪图禄位。为了禄位，可以丝毫不讲原则，可以把道德践踏到脚底。本来山东造反，他也想劝谏二世稍微改善一下民生，但这时他自己也陷入了麻烦。因为他的儿子李由作为三川太守，没有尽到守卫之责，竟让起义军从他的眼皮底下横冲直撞，攻入函谷关，这件事，李斯多少有些担心。何况李斯作为丞相，本来有治政之责，二世也曾经指责他“居三公位，如何令盗如此”。

在这种情况下，李斯首先想的，就是不能让这得来不易的丞相之位飞掉，而要做到这一点，把二世哄好是关键所在。于是他写了一封长篇奏书，这封奏书的关键词是“督责”二字，所以一般称之为《行督责书》。说实话，这封奏书让我当初大吃了一惊，无法想象文采飞扬的李斯竟有如此强烈的反人类倾向，谓予不信，我们将它翻译如下：

世上最贤明的君主，一定是懂得行使督责之术的人，则臣下就不敢不尽忠竭能侍奉君主，天下人也不敢不竭尽全力让君主快活。这样一来，君主就可以独制天下，而无人可以制约他。能够随心所欲享受安乐的君主，才是最贤明的君主。

申不害先生说：“有了天下而不胡作非为，反而使天下成了自己的牢笼。”这是为什么呢？就在于不懂得督责啊。不能督责，就会使自己忧心劳神去为百姓服务，好像尧、禹那样，那当然像坐牢。这样的君主，当得有什么意思？让别人为自己服务，则自己贵，别人贱；自己为别人服务，则自己贱，别人贵。古代所以尊崇贤人，因为他贵；所以鄙弃不肖，因为他贱。尧、禹为别人服务，古代的人也尊敬他们，这是搞错了对象。

韩非先生说过：“慈母才会养出败家子，家教严，绝不会有强悍不驯的奴仆。”这是为什么呢？因为后者知道，刑罚一定会应声而至。所以商君当年制定法律，规定：凡是把灰尘丢在道路上的，都要受刑。这好像做得太过分，但只有明主才懂得深督轻罪。百姓知道轻罪重罚，则重罪更不会含糊，就不敢不听话。韩非还说过：“八尺长的布，庸人都会抢；二百四十两金子，连大盗都不敢觊觎。”这不是说庸人太贪心，八尺布也舍不得放弃；而大盗欲望浅，二百四十两金子也不放在眼里。而是因为抢金子是大罪，一定会被捉；偷八尺长的布，则官府不会在意。这就是实施严刑峻法与否的差异啊。所以明主圣王之所以能长处尊位，长执权柄而独擅天下之利者，没有别的诀窍，就在于能独断而审督责，必深罚，故天下不敢违犯。如果不严刑峻法，而采取慈母溺爱的手段，则离圣人之道就太远了。夫不能行圣人之术，而让自己成为天下的奴仆，这不是太悲哀了吗？

朝中有俭节仁义之臣，君主就不能荒淫纵乐；朝中有谏说论理之臣，君主就不能胡作非为；朝中有烈士死节之臣，君主则不能花天酒地。贤明的君主能远离这三种臣子，独操权柄以制约听话的大臣，严明法律，则身尊势重。凡是贤明的君主，一定能移风易俗，废弃他讨厌的，树立他喜欢的。所以生有尊重之势，死有贤明之谥。总之，明君能独断，臣子则夺不走权力。这样才能消灭仁义，钳制舆论。别人不能用仁义烈士的标准去要求他，也就无法用劝谏去改变他的意志。他才能胡作非为，没有人敢违抗。

这才算懂得申、韩之术和商君之法。只要法术严明，而天下乱者，未之闻也，所以说“王道约而易操”，只有明主才能做得到。这样的话，则臣无邪心，臣无邪心，则天下安定，天下安定，则君主尊贵，君主尊贵则督责必行，督责必行则所求得，所求得则国家富，国家富则君主安乐，财富丰盛。所以督责之术设，则什么欲望都能够达到。这时群臣百姓天天担忧自己有什么罪责，哪有心情想到造反？如此则君主之道大备，就算申不害、韩非复生，也不过如此。

大凡世界上最坏的政权，它的理论一般也会自称有利于百姓的，像李斯这样赤裸裸地劝告君主要胡作非为、钳制舆论的文章，可以说是绝无仅有。他教诲二世，要毫不犹豫地杀掉一切敢于反抗的人，却不知道，一旦一个人有力量杀掉一切敢于反抗的人，则不反抗的人他杀起来也会毫不犹豫。这些苦果，李斯自己将很快尝到。

在李斯的理论指导下，二世皇帝变本加厉，制定了一些新的严刑峻法，提拔了一大批更残酷的官吏，考核标准也以两条为旨归，谁收的税多就是良吏，要收多税免不了要杀人，二世进一步认为，谁杀的人多，谁就是忠臣。于是在二世的统治下，大秦帝国的罪犯比秦始皇在世时还多，走到街上，半条街的人都是穿着赭色囚服和剃光了鬓发的罪犯。市场上几乎每天都要杀人。关中是秦国的本土，本来可以作为秦国的最后屏障，就算丢了关东，也可以自保，结果被二世这么一弄，也开始人心思乱，巴不得起义军打过来了。

第五章

沛公刘邦

一、伏窜山林

陈胜在大泽乡起兵的时候，刘邦已经四十四岁了，年近半百，正在家乡附近的芒砀山密林里当土匪。这是怎么回事？他不是泗水亭亭长吗？怎么如此不要求进步，竟然沦落成了土匪？

这跟秦始皇的陵墓有关。

古时候一般老百姓死了，很好办，雇辆板车，叫上两三个亲戚拉到山上挖个坑埋掉，半个下午就能解决问题。但秦始皇不行，我们已经说了，他的陵墓在骊山，从他即位为秦王那年起，整整修建了三十九年，民工数量最盛时达到八十万，陵园占地近五十六平方公里，相当于一座城市。这么大的工程，当然需要庞大的人力资源，秦政府一直是从天下郡县轮流征发的，反正黔首的劳动免费，不用白不用。

除了骊山苦役之外，其他徭役也不少。刘邦自己就曾经去咸阳服过徭役，还曾经亲眼目击了秦始皇在咸阳街上巡视的巨大排场。当时他羡慕得涎水滴答，长叹了一声，说："大丈夫当如此也！"这个桥段向来被当成刘邦自小胸有大志的证据，其实没什么说服力，因为再不济的人，看见了好东西，也可能发出如此感叹。这一年，刘邦大概四十岁，在那个时代，任何一个四十多岁的亭长，都想不到自己将来会当上皇帝，并不意味着他开始有了帝王梦，他只是过过嘴瘾罢了。我敢打包票，后来他获得的一切，都是他做梦也想不到的。

有一天，征调民工去骊山服役的命令再次下到沛县，县令不敢怠慢，派刘邦押送一伙民工出发。众所周知，一旦被押赴骊山，就有回不来的危险。因为工作强度太大，伙食太差，还随时会遭受难以预料的凌辱，死亡率之高，几乎可以和上战场媲美。所以才出发不久，民工们就像兔子一样纷纷逃亡。刘邦找支笔计算了一下，得出来的结果吓了他一跳，以这种逃亡速度，只怕这支民工队伍还没出泗水郡，自己就会成光杆司令。他略作考虑，立刻做出了一个明智的决定。

队伍磨磨蹭蹭地来到了丰西泽的一个乡野小亭，正是夕阳西下，转眼新月当空，湖边芦苇密布，草虫喓喓。刘邦下令停下来歇息，他要了一坛酒，大碗大碗地喝，直喝得半醺，一拍桌子，对剩下的民工说："诸君，跑了这么多人，我就算到咸阳也交不了差，干脆你们一起逃走，我也落草为寇算了！"

有十来个民工很感动，说："大哥，我们就算逃了，也不敢回家。不如干脆跟您走。"

刘邦大喜："好，那我们就上山干一番事业。"

既然要造反，当然不能再住官方驿站，于是连夜出发，披着月色往西走，因为西边的砀郡境内有一片地方山高林密，适合落草。路上要穿过丰西泽，芦苇丛中是一条小路。因为夜深，刘邦怕前面有什么不测，命令一个人开路，这人去了不久，又上气不接下气地跑回来："大哥，前面当道有条大白蛇，我们还是另找一条路吧。"

刘邦醉醺醺的，本来就有些不清醒，也不想在民工面前丢脸，当即骂道："壮士走路，怕什么蛇？"摇摇晃晃提着剑上前，一剑下去，蛇断为两截。

道路畅通了，一行人继续往前走，走了几里地，还没走出湖区，他们又累又困，躺倒就睡。这时大约是八月，据竺可桢先生的研究，西汉气候比较温暖，华北应该仍旧很热，露天睡觉也没有什么关系。他们睡得正酣，刚才斩蛇的地方却发生了一件怪事。

据《史记》记载，这件怪事是这样的：在刘邦斩蛇走后，又来了几个走夜路的，他们看见一个老太婆坐在蛇断处哭泣。走夜路的人问：“这么晚了，在这哭什么？”

老太婆抽噎着说：“我的儿子被人杀了。”

大家都有些同情，想问个详细，以便让自己的同情更具体：“请问您老人家的儿子是被谁杀的？”

老太婆说：“我的儿子是白帝的儿子，化身为一条白蛇，卧在这条道上。刚才他被赤帝的儿子杀了，所以我在这哭。”

原来是个疯婆子，大家恍然。有的人更是不忿，觉得自己刚才的同情被滥用了，想打老太婆几下出出气。手还没伸出去，老太婆却倏忽一下，变得无影无踪。于是他们相信，果然碰上了神仙。

见到刘邦，他们七嘴八舌地说起这件古怪的事。刘邦欣喜若狂：“真的啊，实话告诉你，那条蛇是我杀的。”

这个故事显然也是瞎编的，不可当真。所谓赤帝子、白帝子之类的说法，来自当时盛行的五德终始说。古人认为西方代表白色，由白帝少昊统治，而秦国位于西方，早在秦襄公的时候，就开始祠祀白帝；而南方代表赤色，由赤帝神农统治，据说上古帝王尧就是赤帝的子孙。汉朝皇室自吹是尧的后代，但据顾颉刚先生考证，汉称火德是很晚的事，汉初是自以为水德的，武帝时改为土德。所谓火德，是王莽为了篡位，编出来的。这个故事虽然在司马迁时的《史记》中已经记载了，但我们现在看到的《史记》远不是司马迁当初的原本，而是东汉时期改定的。所以，《史记》里这段故事有可能是后人加上去的。

《史记》上还说，从此以后，刘邦身边的人都吓得要死，认定刘邦一定是真命天子，跟着他有肉吃，个个痛下决心，对刘邦不离不弃。我们也只能姑妄听之。

刘邦放跑农民工，自己遁入山中落草的事，自然很快就传到了沛县县廷。没什么好说的，按照秦朝法律，妻子儿女都要受牵连。吕雉被链子一套，关进了牢房。换了一般人，只怕很快会被发配。但吕雉没有，甚至她在牢房里过得还不错。刘邦的人脉真不一般，官府中能护着都尽量护着。有一回某个狱吏不吃这套，像对其他囚犯一样，对吕雉也搞了点虐待，结果被另一个叫任敖的狱吏打了个臭死。按理说，这问题很严重，任敖明目张胆地袒护反贼的家小，完全可能被一起收押。但从史书上来看，他似乎也没什么事，而且特别奇怪的是，吕雉没多久还被放了出来。也许有人会认为，吕雉肯定在狱中写了悔过书，决心和刘邦划清界限，从而得到了政府的宽大处理。但这是根本不可能的，一则秦朝法律没有这种规定，二则从史书上来看，吕雉非但没有和丈夫划清界限，反而死不悔改，经常偷偷去芒砀山中探望刘邦。而且就这件事，司马迁又趁机对刘邦进行了可怕的神化。

司马迁说，刘邦之所以躲进深深的芒砀山中，是因为听说秦始皇要亲自巡视东南。而秦始皇之所以要巡视东南，又是因为听方士说，东南一带有天子气，决定亲自跑一趟来响应这个事。但刘邦却怀疑，秦始皇这么做是针对自己，因此它就顺理成章地被后世史家看成刘邦素有大志的表现。鉴于刘邦最后获得了成功，我们也不好特别反对。不过司马迁说的另一件事，我们就实在很难相信了。他说，刘邦躲进山中，一般人都找他不到，只有吕雉去的时候，一找一个准。刘邦很奇怪，问吕雉怎么回事。吕雉说：“你不知道啊，你所在的地方上空常常有五彩的云气，所以我找你不费吹灰之力。”

很显然，这是刘邦和吕雉等人合谋编出来骗老百姓的，目的是让大家坚信刘邦是真命天子。总之，这么一来，沛县的子弟们越发崇拜刘邦，都想跟着他，为他卖命。

其实即便这样，刘邦做山贼，也没做出什么出息。如果陈胜晚起义十年，以刘邦的年纪，只怕再也折腾不出什么大浪来了。好在这一年刘邦才四十四岁，不算太老。

二、沛县起义

沛县离陈胜起义的大泽乡很近，如果陈胜认识刘邦，想邀请他参加革命，发个快递第二天就能到。当然陈胜没有邀请他，邀请他的，竟然是沛县的秦朝县令，沛县县令。

这封邀请书是樊哙带到芒砀山中来的，山寇刘邦从此可以出头了。沛县县令为什么也想参加革命呢？

因为革命浪潮已经风起云涌，各地百姓纷纷走上街头，围攻当地官府，杀掉他们的领导，举起了造反的大旗。沛县县令见势不妙，也想出头搞个“咸与维新”。他手下的两个得力下属萧何和曹参别有用心地劝他：“您是秦国的官吏，如今想背叛秦朝，率领沛县百姓干一番事业，只怕百姓不肯听从。臣建议您召回本县逃亡在外的流氓，可以聚集数百人，以他们胁迫百姓，百姓则不敢不听。”

逃亡在外敢反抗政府的人，显然都有一定的胆略。况且他们都是本地人，在地方上有很深的人脉。县令知道，不依靠他们不行，于是派人四处通知，其中樊哙被遣去召刘邦进城，共商大事。

樊哙是沛县屠狗出身，属于刘邦的死党。刘邦蛰伏芒砀山中的时候，樊哙也一直跟从。他经常秘密往来于沛县、芒砀山两地，担负传递消息的任务。刘邦这时手下已经有上百人，听了樊哙带来的书信，大喜，当即带着众人赶往沛县。

谁知这时沛县县令突然后悔，大约是担心自己的位置会被刘邦取代，他下令紧闭城门，不放刘邦等人进城，并立即派人逮捕萧何、曹参。谁知这两个家伙是地道的土豪劣绅，眼线极多，早翻墙爬出了城门，一溜烟儿投奔刘邦去了。刘邦一看不妙，在帛上写了一封书信，用箭射了进城，信上说：

> 天下苦秦久矣。今父老虽为沛令守，诸侯并起，今屠沛。沛今共诛令，择子弟可立者立之，以应诸侯，则家室完。不然，父子俱屠，无为也。

貌似关心乡亲，语气中其实充满了恐吓。不过当时形势确如刘邦所言，沛县父老也很清楚，要保全性命，只有杀掉沛令，响应刘邦。至于到时秦兵反扑回来怎么办，那还顾不上，先保全自己性命再说，反正有刘邦等人顶缸。他们当即发起暴动，一起进攻县廷，顺利地干掉了县令，大开城门迎接刘邦，并推举刘邦为沛令。

刘邦假装谦虚："如今天下大乱，诸侯并起，如果选的领导不对，将一败涂地。我不是顾惜性命，而是怕能力不够，害了大家。希望大家再想想，挑选一个更合适的人选。"

乡亲们于是把眼光投向萧何、曹参，这两个也是有名的土豪，尤其萧何，本来就是沛县县廷第一掾吏。谁知两人也都坚决推辞，说自己能力更差，还是刘邦最合适。其实他们担心将来秦兵万一平息暴乱，自己作为主犯会遭到族诛的命运。如果仅是从犯，顶多个人掉脑袋，家里人还可以活命。

乡亲们无奈，又都来劝刘邦："以前听说过您不少神迹，只有您才能担当大任。"

刘邦又假装推辞了多次，但他当年编造那么多神迹，就是要骗得老百姓景仰的，推辞并不诚恳。好在其他人或者威望不够，或者顾虑重重，没有一个像刘邦这么泼皮，最后刘邦还是接受了推举，上任为沛公。楚国县令称“公”，这是恢复楚国的官职。他下令祭祀黄帝和蚩尤，把旌旗全部染成赤色，征召到沛县青壮共三千人，蜂拥冲出沛县，进攻北面不远的城邑胡陵（今山东鱼台东）和方与（今山东鱼台西）。

他的军队战斗力不强，在两地遭到了秦军的迎击，没有胜利，只好撤兵，回守丰邑。十月，秦朝泗水郡的监御史名叫平的，听说刘邦造反，立刻率兵围住了丰邑。两天后，刘邦率兵鼓噪出城迎击，竟然击破秦军。十一月，刘邦让雍齿守卫丰邑，自己率兵进击东北方向的薛（今山东藤县南）。秦朝泗水郡的太守叫壮的，在薛县和刘邦激战，竟然不敌，大败逃到戚县（今山东藤县南），碰到刘邦的部下左司马得，两军交锋，左司马得军大败秦军，斩太守壮，秦朝在泗水郡的行政机构就此瘫痪。刘邦亲自率军到亢父（今山东济宁南），再次进击方与，还没攻下，却听说后院起火，他的老巢丰邑被雍齿出卖了。

三、雍齿投魏

雍齿，原先也是沛县的富豪，沛县一霸。当年刘邦在沛县街上打天下，和雍齿为首的团伙发生冲突，从来没占过便宜。史书上写雍齿“数窘辱”刘邦，很可能他认为自己的才干远超刘邦，凭什么刘邦当沛公，他雍齿当不上？雍齿很想自力更生，艰苦奋斗，便自己拉起了一支队伍单干，至少不依靠曾被自己羞辱的刘邦。正在这时，一个叫周市的人向他伸来了一双帮助的臂膀。

周市，魏国人，被陈胜派去进攻魏地后，干得精神抖擞，很快战果丰硕。这时陈胜的部下武臣攻下赵地，已经自立为赵王；武臣的部下韩广攻下燕地后，也自立为燕王。周市的部下不服气，也劝上司效法武臣和韩广。谁知周市很热爱故国，坚定不移地拒绝了这个无父无君的建议。他找了一个故魏王族叫魏咎的人，拥立为魏王，自己当丞相。魏咎这时人在陈县，无法回国。齐、赵两国都表示，愿意拥护周市为魏王，周市却不离不弃，坚决虚位以待魏咎。同时他并没有闲着，制定了快速抢地盘、扩展魏国实力的国策方针。但他微不足道的军队在东方狄县遭到了故田齐王族田儋的抵抗，灰溜溜地撤出了齐地，只好改向南方发展。听说雍齿守丰，他派人对雍齿说：“丰邑很早的时候是魏国的地盘，后来才被楚国霸占了去。如今魏国复国，想收回丰邑，你要是肯投降，封你为侯，仍旧当丰邑长官；如果不肯，我们发兵就要屠城。”

雍齿二话不说，答应了周市的建议。

消息传到刘邦耳朵里，刘邦立刻率兵回击丰邑。但丰邑城池坚固，仓促间攻不下。刘邦悻悻地撤到沛县，对雍齿恨得咬牙切齿。

连个丰邑都打不下来，还能有什么前途？刘邦心情晦暗，这时他听说有个叫秦嘉的人，在附近的留县（今江苏沛县东南）建立了楚国政权，立了一个叫景驹的旧楚贵族为楚王，决定去投奔，想借点兵回来继续攻打雍齿。

秦嘉，凌县（今江苏泗阳）人，出身不详，总之很有胆略。陈胜起兵后，他和符离（今安徽宿州市东）人朱鸡石、取虑（今江苏睢宁西）人郑布、徐（今江苏泗洪南）人丁疾等一起，也揭起了革命的大旗，首先进攻所在东海郡的郡治郯县（今山东郯城）。陈胜听说后，觉得自己作为首义领袖，应当担起领导全国革命的责任。他拜一个封号为武平君、名字叫畔的人为将军，要他火速赶到郯城去接管秦嘉的军队。

对武平君的到来，秦嘉虽然不愿意，但又不敢明目张胆地反对，毕竟陈胜有首义之功。他想了想，决定自立为大司马，给自己的军吏打招呼："武平君年纪轻轻，乳臭未干，根本不懂得打仗，大家都别听他的。"过了一段时间，他终于忍不住，耍了一个诡计，假传陈胜的命令，把武平君干掉了。

很快，秦嘉听到了陈胜战败、生死不知的消息，感觉不妙。现在诸侯并立，楚国也不可一日无君，于是秦嘉找到了一个叫景驹的人，立之为假王（毕竟真正的楚王陈胜生死不知，还需谨慎）。我们知道，景氏是楚国的三大姓氏之一，祖先是败家子楚平景王，说起来也算王族。找个姓景的做楚王，虽然不能说非常嫡系，但绝对是根正苗红。

立了景驹之后，秦嘉他们决定建都留县（今江苏沛县南），于是引兵到方与（今山东鱼台县西），想和秦军在定陶决战，同时派公孙庆出使齐国，要求齐国发援兵，一起并力击秦。齐王田儋见到公孙庆，有些诧异，说："陈王战败，还不一定就死了呢，你们怎么不和我们商量一下，就新立了楚王，这样不大好吧。”公孙庆很倔强，反驳道：“你立为齐王，也没和我们商量啊。况且起义是我们楚国发起的，我们有领导天下义军的资格。”田儋大怒，当即吩咐：“将这人推出斩首。”

景驹、秦嘉听说后懊恼不已，单靠自己的力量，攻打秦国是不够的。没人帮忙，只好暂时驻扎在留县观望，个个焦急万分，因为秦兵已经逐渐逼近。

四、初遇张良

这时刘邦正走在去留县的路上，他发现前面有一支稀稀拉拉的队伍，大约三四百人，首领长得白白嫩嫩的，一看就是养尊处优的公子哥。

这个公子哥不是凡人，而是故韩贵族世家子弟，名叫张良，表字子房。

张良，祖父张开地，当过韩昭侯、韩宣惠王、韩襄哀王三朝的丞相；父亲张平，当过韩釐王、韩悼惠王的丞相，家族几代为相，可谓富贵无比。韩国灭亡之时，张良家里还蓄养有家僮三百人。对秦王朝，张良怀着刻骨的仇恨，弟弟死了，他连下葬都舍不得花钱，把钱全用在结交朋友、寻找刺客上。他在陈县拜过老师学礼学，认识了一个叫仓海君的人，这家伙交游广，认识不少江湖人物。张良求他帮忙找能用的刺客，他想刺杀秦始皇。仓海君介绍了一个铁锥力士，力大无穷，六十斤的铁锥挥舞如飞。

秦始皇二十九年，秦始皇东游的车队经过博浪沙（今河南原阳东），当时天气不好，风沙遮天蔽日，能见度极低。张良一声令下，铁锥力士呼啸冲出，拦住了秦始皇坐的大车，大铁锤一挥，轰然一声，大车散架。

蛮以为这回砸死了秦始皇，谁知砸中的只是副车。秦兵当即围了上来，张良命好，靠着恶劣天气的掩护，顺利逃出。秦始皇气得要死，下令大索天下，通缉刺客。张良逃到下邳（今江苏睢宁北），隐姓埋名躲藏了起来。

和张耳、陈余相似，在下邳，张良整整躲藏了十年，其间还发生了一件堪称奇异的事情，很难让人相信。由于这件事不但对张良影响很大，甚至对整个秦末战争的结局都有影响，所以不得不略微介绍一下。

说是刚到下邳不久，有一天，张良在桥上散步，一个穿着麻布的老头子走到张良身边，突然把鞋子掉到桥下，回头对张良说：“喂，小家伙，下去帮我捡下鞋子。”

张良很错愕，老头子和他非亲非故，还叫自己小家伙，要自己为他捡鞋，太不礼貌了，他以为自己是谁？张良的第一反应是揍他。史书上说，“为其老，强忍，下取履，因跪进”，说是见老头子太老，不忍心揍，跑下桥帮他把鞋子捡回来。老头子得寸进尺：“给我穿上。”张良想，捡都捡来了，干脆好人做到底，于是跪下恭敬地为老头子穿上。老头子脚一伸，穿了鞋，大笑着扬长而去。张良“殊大惊”，老头子走了两百多米，又回来了，说：“孺子可教。五天后的凌晨，在此碰面。”

大概是觉得有本事的人一定行为怪异，张良不由自主跪下了：“好的。”

五天后的凌晨，张良赶到桥上，老头子已经在那里。见了张良，怒气冲冲地说：“和老人约会，竟然迟到，五天后再见。”

张良羞惭地回去了，五天后，鸡刚刚打鸣，张良就赶到桥上，却发现老头子依旧先到了。他对张良怒道：“又迟到，怎么回事？五天后再见吧。”

张良憋着一肚子气回去，又过了五天，他干脆不睡觉，半夜就到桥上等着，这回倒还真赶在老头子前面，老头子高兴道：“这就对了。”掏出一卷书：“把这个读熟了，就可以当帝王师，十年后就能兑现。之后再过十三年，我们将再会于济北的谷城山（今山东平阴西南）下，那里有一块黄石头，就是我。”说完就不见了。等到太阳出来，张良把书翻开一看，原来是一本《太公兵法》。太公者，西周开国功臣姜子牙是也。原来是他传下来的宝贝，张良越发敬畏，天天诵读。

从此，张良躲在下邳，一边苦读《太公兵法》，一边照常结交各地豪杰。项氏家族的项伯杀了人，就逃到下邳投靠过他，受到他的热情招待，最后在鸿门宴帮了他大忙，这个以后再加详述。

转眼间十年过去了，终于等到了陈胜起义。张良也听说秦嘉立了景驹为楚王，驻扎在一步之遥的留县，就带着三四百人去投奔景驹。正巧，在路上碰到了刘邦。

两人一番交流，刘邦觉得大开眼界，觉得张良非常有水平，足智多谋。张良也很奇怪，以前他给别人讲自己的《太公兵法》，别人都听不懂，刘邦却听得津津有味，很快就掌握了精髓。张良暗想，这家伙厉害，有天分，跟他混不会错。于是决定一直待在刘邦身边，不投靠景驹了。刘邦拜张良为厩将，一起去见景驹，想搞一点兵马去进攻丰邑。

景驹接见了刘邦，刘邦的借兵要求，他当然不能答应。因为这时秦将章邯和部下司马夷，自击破陈胜后，一路狼奔豕突，平定楚地。他们屠完相县（今安徽淮北西）之后，到了砀县（今河南夏邑东），离留县相当之近。摆在面前的迫切任务，不是干掉雍齿，而是抵挡秦兵。景驹要刘邦一起去抵御秦兵。

于是，刘邦跟随留县景驹政权的另一个领导人东阳宁君，一起引兵西进，到了萧县（今安徽萧县西北）西，和司马夷率领的秦军相遇，双方鏖战。楚军不利，退回到留县，刘邦转而领兵攻砀，三天后，占领砀县。在砀县，刘邦又收罗了六千士卒，加上原先的三千，共九千人，北上进攻下邑（今河南砀山），也顺利攻拔。又继续向东北进发，进攻丰邑。正在高兴的时候，突然一个坏消息传来，说秦嘉被一个江东来的名叫项梁的人杀死了，故主假楚王景驹逃亡去了魏国。

第六章

秦军主力的覆亡

一、项氏叔侄

项梁到底是什么人？他为什么要杀死秦嘉，我们也必须追溯一下。

和陈胜这种泥腿子、旧军队中的小军官不同，项梁出身不凡，是故楚的军事贵族世家，有楚国王室血统，祖先因为有功被封到项地（今河南项城东），所以一家子人都以项为姓氏，他老爸就是陈胜假以起兵的楚将项燕。项燕很擅长用兵，在战国末年秦楚决战时，担任楚国大将，曾创造过三天三夜追赶秦军不停脚步，最后破其壁垒，斩七都尉的伟大功绩。可惜楚国综合国力不如秦国，最后仍旧战败自杀。

楚国灭亡后，项氏家族大多龟缩在老家下相（今江苏宿迁）。项梁有个侄子叫项羽，自小肌肉发达，成年后身长八尺，力能扛鼎。但学习没有恒心，读书击剑都只是浅尝辄止，半途而废。项梁开始很气愤，项羽辩解道："读那么多书干啥，会写自己的名字就行了。学击剑，不过是匹夫之勇，意思也不大。我想学万人难敌的功夫。"

项梁大喜，觉得这个侄子志向太高远了，于是教项羽兵法布阵。项羽起初也很兴奋，但照样只是三分钟热情，史书上说他"略知其意，又不肯竟学"，总之是没学完，按照现在的话来说，只看了个概论。联想到项羽在战场上叱咤风云的战绩，我有点发凉。这家伙真是天才，还好没学完，要是真学完了，不知该多厉害呢。

后来项梁犯了点事，遭到秦朝溧阳县政府的追捕，眼看就要吃官司。但他门路广，请好朋友曹咎写了封信给溧阳县狱掾司马欣，要他帮忙搞定这件事。曹咎这个人当时官任蕲县狱掾，和司马欣交好。所谓官官相护，司马欣不负嘱托，果然把项梁的官司摆平了。后来项梁项羽叔侄发迹，让司马欣和曹咎都当上了大官，这是后事不提。

项梁逃过了一劫，但没本分几天，又杀了个人，他不敢在家乡待了，怕对方会上门报仇，于是带着项羽跑路，一溜烟儿逃到了吴中（今江苏苏州一带）。由于他颇有些名气，吴中当地的贤士大夫也都对他很敬服。每次秦朝政府征发徭役和办丧事，都让项梁主持分派。项梁很高兴，按照兵法打仗的方法，部署人干这干那，把一切搞得井井有条，同时也知道了哪些人能干，哪些人不行。

秦始皇三十七年十月癸丑，开始了他一生中最后一次巡游，冬日的一天，来到了钱塘，船队正渡浙江。项梁听说后，带着项羽跑去观看，只见旌旗蔽日，卫士如云，江上船队如长龙一般，两岸观看的泥腿子几曾见过这样的排场，一个个都看呆了。二十二岁的青年项羽站在人群中，心潮澎湃，情不自禁地抒发胸襟：“彼可取而代也！”

这句话和我们上面提到的刘邦那句“大丈夫当如此也”，经常被人引用，作为他们自小就想称帝的证据，我觉得都是马后炮，当不得真。不过司马迁写项羽用“彼可取而代也”，对照刘邦的“大丈夫当如此也”，确实颇为微妙。很显然，项羽的话更粗暴，更直接，似乎想一脚把秦始皇从皇帝宝座上踹下来，自己拍拍屁股坐上去。而刘邦的话就显得委婉多了。这似乎预示了项羽的悲剧结局，一个行事粗暴，而不知掩饰的人，是很难笑到最后的。

项羽话音刚落，嘴巴就被项梁死死捂住，项羽看见叔叔的脸吓得青白，嘴里呵斥道：“别胡说八道，会被灭族的。”

这件事过后，史书上说，“梁以是奇籍”，也就是说，听了项羽这句话，项梁开始对侄子另眼相看。显然这有点假，项梁和侄子天天在一起，不可能到现在才发现侄子的远大志向，但司马迁必须这么写，这是小说做法。小说不能采用纯叙述的语言，说项梁通过项羽的言行举止，很早就发现了项羽志向不凡云云，这样枯燥，谁还愿看？如果真这么写，只能把他那部书永远藏之名山，不可能传之后世。小说必须通过描绘场景讲故事，必须把项羽放在一个观看秦始皇出游的场景中，让他说出那句名言，才能让人经久难忘。

我们知道，秦始皇出游会稽后，在回去的路上就死了。第二年七月，陈胜在大泽乡揭竿，两个月后，项梁叔侄也上蹿下跳，举起了造反的旗帜。

他们造反的过程是这样的。

二世元年九月的一天，距离陈胜造反已经两个月了，会稽县政府的一个使者来找项梁，说是陈胜造反了，会稽太守殷通派他来请项梁去商量大事。

和刘邦的遭遇很相像，由此可见秦朝地方官吏的虚弱，平时耀武扬威，遇到了问题，首先想到的却是和当地流氓勾结，以求自保。这也难怪，和有采邑的贵族不同，秦朝地方官吏所掌握的兵力有限，在战争中很难组织起像样的武装，必定要向当地的豪杰妥协。

项梁立刻叫上项羽，赶到会稽郡政府。太守殷通今天格外客气，问他："陈胜造反，长江以西都纷纷响应，我看秦朝是活不长了，也想顺应民势，发兵起义。这事要尽快，晚了只怕很被动。我想拜你和桓楚两个人为大将，怎么样？"

桓楚这个人大概也是个豪杰头领，当时不知道犯了什么罪，被官府追捕，躲起来了。

但殷通低估了项梁的野心，项梁这时候根本就不想带殷通玩。秦朝都要完蛋了，说明属于我的时代已经到来，要你殷通干什么，这不多事吗？杀了你，才算充分跟旧政权决裂，才能建立属于我自己的新政权。项梁就是这么想的，也马上要这么做。

于是他立刻回答："桓楚躲的地方，谁也不知道，只有我的侄子项羽知道。"

殷通傻乎乎地说："那就麻烦你去把项羽找来一起商量。"

项梁点点头，他走出大门，和项羽在墙角一阵交头接耳："侄儿，你把武器带好，站在这等，我到里面一唤，你就进来准备杀人。看我的眼色行事！"

项羽拔出剑，眯眼看着剑上闪烁的光芒，回答道："叔叔请放心，今天不服我们叔侄的，都得死。"

项梁赞许地笑了笑，转身回去对殷通说："项羽到了。请您召他进来吧。"

殷通爽快地答应："好。"

项羽凶神恶煞地进来，连个寒暄都没演完，项梁就对他眨了眨眼睛，急不可耐地说："可以了！"项羽会意，闪电般拔剑，几步跃上，一剑将殷通砍翻，利索地切下首级，扔给项梁："叔叔，接住。"

项梁捧着首级，还不忘把殷通的官印解下来，系在自己的身上。中国古人都很有官瘾，无数思想家总结过这点，这倒不能说是天生的，而是因为做官的好处太大，吴敬梓的归纳说可以"坐堂，撒签，打人"，其实这远不够全面，当了官还有尊严，有薪俸，有官官相卫的组织，还有琳琅满目的优厚待遇。除了某些"高士""隐士""畸人"，绝对无人能抵抗当官的诱惑。项梁也不例外，官印是做官的象征，只有系上了殷通的官印，项梁才觉得踏实，算是接管了权力。他提着殷通的首级走到院子里，殷通手下的掾属们大惊，乱成一团。项梁看着很心烦，对项羽说："都杀了。"

项羽像只巨兽一样冲下去，挥剑乱砍，一下子就"击杀数十百人"，无人能挡。其他的吓得瘫倒在地，一动也不能动。

项梁在太守府也有不少故交。他把那些人都找来商议，宣布反秦起义。那些人都纷纷说："敬闻命。"项梁很开心，以郡府的名义征发全县的精壮男子，经过严格考核，选拔了精兵八千人。项梁给这八千人派长官，比如校尉、候、司马什么的，都用自己当年的熟人。有一个人没得到任用，很失意地找到项梁询问。项梁大笑：“你水平还不够当军官呢。你记得吗，某年某月某日，某丧家请我去主持丧事，当时我给你派了一件活，你竟然办得乱七八糟。你说说，你连个丧事都办不好，还能带兵？”

大家一听，都怔住了，原来项梁真是早有预谋，连办丧事都没忘了选拔人才啊。

于是项梁自封为会稽太守兼大将，项羽为裨将，进攻附近尚为秦政府管辖地县邑，目的是扩大自己的根据地。陈胜的几支军队和章邯决战之时，项氏叔侄一直在会稽周围活动，攻占了不少县邑，基本平定了江东。

二、初破章邯

一连几个月，项梁都在孜孜不倦地进行平定江东的工作，没心思把忙碌的目光投向江北。这天，他迎来了一个江北的使者，该使者是一个叫召平的人派来的。使者宣称，他带来了陈胜的命令，宣布拜项梁为上柱国。

召平，广陵（今江苏扬州）人，很早就受陈胜的命令进攻广陵，却战斗不利，久攻不下。一直拖到腊月，周文、吴广、田臧、陈胜这些人都相继名登鬼录，他的军队还在广陵徘徊。眼看章邯的大军就要光临，他感觉不妙，听说会稽的项梁也已经反秦，并且统一了江东，觉得可以引为同志，于是派人渡过长江和项梁接洽。他伪造了陈王的命令，给项梁加官晋爵，目的是要他立刻率兵北渡长江，进攻秦军。

上柱国是故楚的官名，地位很高。项梁一听激动万分，很久没听到久违的故国官名了，简直让他潸然泪下。他当即拍板，立刻率领八千精兵渡江，西伐秦国。路上他听说附近的东阳（今江苏盱眙东南）也发生了起义，抱着人多力量大的心理，派人去联系起义军的首领陈婴，要求两军会师，一起西进。

陈婴原先是秦朝东阳县政府的令史，为人忠厚，很得当地百姓爱戴。陈胜一起兵，东阳当地少年就杀掉县令，聚集了两万人，要求拥立陈婴为王。陈婴的母亲很有见识，对儿子说："自从我嫁到陈家以来，从来没听说陈家出过大人物，今暴得大名，不祥。不如找个主君投奔，事成犹得封侯，不成也可以逃亡，不当头领就没人认识。”陈婴听从自己母亲的劝告，对百姓们说：“我威望不够，江南的项梁世代都是楚国名将，倘要成大业，非尊奉他不可。”大家觉得有道理，就决定投靠项梁。

项梁大喜，率领他们全部渡过淮河，一路上又碰到了不少游荡的起义军，项梁毫不客气，像磁铁似的一一吸纳，其中有两支军队比较重要，一支由原秦国刑徒英布率领，一支是不知所自的蒲将军集团。他们和陈婴一起，将成为日后项羽麾下的三支重要力量，尤其是英布，极为骁勇善战，常常作为项羽军的先锋，斩将搴旗，立下了赫赫战功，但他后来不幸与项羽产生隔阂，被刘邦成功离间，投奔到刘邦的怀抱，最后也没得好死，这是后话，暂且不提。

总之，项梁的八千精兵，就此发展到了六七万人，他们浩浩荡荡地行进到下邳（今江苏睢宁西北），驻扎了下来。

此刻在下邳北部的城邑彭城，驻扎着秦嘉的军队，他们是阻挡项梁北上的。按理说，两家都自称是楚国军队，应当勠力同心，共同抗秦才对。但秦嘉早先不听陈胜的命令，矫诏杀了武平君，而且又擅立景驹为王，把陈胜抛到一边，项梁估计也不高兴。有学者说，项梁想和齐王田儋搞好关系。干掉秦嘉，就可以缓和与齐国的关系，有利于结成抗秦统一战线。这种可能性不是不存在，但只怕有些牵强。我们认为，项梁这么做，主要还是对景驹不满。陈胜首倡义兵，在那时威望之高，无与伦比，诸侯们都应该对他很敬服。项梁虽然桀骜，对陈胜也应该是服气的。而田儋杀了公孙庆，显然也是对秦嘉背叛陈胜不满。所以，项梁决定北上，主要还是想干掉秦嘉，而且还可以并其军，扩大自己的实力。他号召道：“陈王有首义之功，如今战败不利，死活不知，秦嘉就背叛陈王而立景驹，大逆不道。”

接下来项梁和秦嘉的军队在彭城大战，项梁一方，由猛将英布充当先锋，势如疯虎，秦嘉不是对手，大败，率领残部沿泗水向上游逃窜。项梁马不停蹄在后追赶，一直追赶到胡陵（今山东鱼台县东），秦嘉不得已，回身再进行决战。双方血战了一整天，秦嘉战死，他的革命战友朱鸡石等率残军投降了项梁。景驹则独自逃往魏国，后来死在魏地。

项梁击败了秦嘉军，兵力大盛，达到十多万人。他继续西进，意欲寻击秦军。这时章邯军驻扎在栗（今河南夏邑县），项梁派朱鸡石和余樊君两人去打章邯，派项羽去攻打襄城。朱鸡石和余樊君哪是章邯的对手，一战之下，余樊君战死，朱鸡石仓皇逃回胡陵，项梁将军队开拔到薛（今山东微山县北），将朱鸡石捉来斩首。而项羽军却很顺利攻拔襄城，大概是因为襄城抵抗顽固，城破后项羽下令将城中人全部坑杀，第一次展露了他暴虐的本性。

三、项梁败亡

二世二年四月，在丰县围攻雍齿的刘邦听说了项梁的战绩，很识时务，当即亲自率领一百多骑兵赶赴薛县，向项梁输诚。项梁很大度，丝毫没有因为刘邦曾是景驹的人而耿耿于怀，相反，他对刘邦印象不错，给了刘邦五千人，还有十个爵位为五大夫的带兵首领。

一下子多了五千兵马，刘邦大喜，迫不及待地再去进攻丰邑。雍齿没想到刘邦这么锲而不舍，心理终于崩溃了，弃城而逃，跑到魏国去了。不过他迟早还是要回来的，因为魏王咎已经自身难保，两个月后，他驻扎的城池临济就被章邯军击破，不得已自杀。

两个月后，也就是二世二年的六月，项梁征召各地将领到薛县开会，刘邦也赶回薛县。这时陈胜的死讯已经确定，一个叫范增的居巢（今安徽安庆市北）人风尘仆仆赶到薛县，劝项梁道："陈胜战败，是合乎情理的，因为他太贪心，竟迫不及待地自立为楚王。昔秦灭六国，楚最无罪。秦王狡诈不义，当年骗楚怀王到秦国，扣留不放，要求割地。怀王宁死不从，最后死在秦国，我们楚国人闻之莫不伤心。楚国南公说：'楚虽三户，亡秦必楚。'现在您起兵江东，楚地的将领之所以纷纷投奔您，是因为您世代为楚将。您一定要吸取陈胜的教训，立楚王后裔为王，才可以灭亡秦国。"

范增的说法很有意思，什么"秦灭六国，楚最无罪"，谁又最有罪呢？其实六国都没罪，谈不上要排序。楚国之所以最觉得委屈，是因为它的王傻得可爱，竟会被拐骗到秦国，至死都不得归。在战国时代，像楚怀王死得那么窝囊的王，绝无仅有。虽说也怪怀王自己贪婪，他当初可是想去秦国接受赠地的，但秦国确实也够无耻，楚国人对之恨得咬牙切齿，倒不是虚的。

项梁听从了范增的劝谏，于是在民间找到一个楚王后裔叫熊心的，现在已经沦落为放牛娃，将之拥立为楚怀王。建都盱眙（今江苏盱眙东北），拜陈婴为上柱国，项梁则自号为武信君。

眼看楚、齐、魏、赵、燕都复国了，张良当然也想兴复自己的韩国，他对项梁说："我们韩国公子中，横阳君韩成非常贤良，希望您能立他为韩王，这样也可以扩大义军的力量。"项梁答应了，又拜张良为司徒，给了他上千兵，让他辅佐韩成去攻取原先的韩地。张良带着韩成出发了，但他们兵少，打仗实在不行，偶尔能攻取几个城池，但很快又被秦兵夺去，最终堕落成了一支游击队，在颍川郡也就是故韩国境内神出鬼没地活动。

在薛县休整了几个月，项梁亲自率领大军攻打亢父（今山东济宁南），亢父未下，却听说齐王田儋的弟弟田荣被章邯围困在东阿。原来章邯此前一直百战百胜，击灭陈胜之后，就进攻魏国。魏王魏咎派周市去向齐、楚求救，齐王田儋和楚将项他一起去救魏国，却在临济被章邯杀得大败。齐王田儋和周市竟战死，魏王咎自杀，魏国投降。魏咎的弟弟魏豹逃奔楚国，得到了楚怀王一千兵的资助，组成还乡团，回去继续进攻魏地。

田儋的弟弟田荣则收集了哥哥剩下的残部，逃奔东阿，被章邯追上，包围在东阿城中。

已是七月，北方进入雨季，去年的七月，就是因为一场该死的大雨，逼迫戍卒陈胜铤而走险，揭起了革命的大旗。转眼就过去一年了。今年的雨季尤其漫长，总共持续了三个月，每天都是淅淅沥沥，史书上说，一连三个月都见不到天上的星星。正在泥泞中围攻亢父的项梁听到了田荣的悲惨境遇，他确实是个热心人，决定放弃亢父，北上东阿，与章邯决战。

项梁打仗确实有两下子，他带着军队在雨中急行军，赶到东阿，八月，秦、楚两军在东阿交手，章邯军大败，向西撤退。田荣围解，率残兵回国，却听说另一田齐贵族田假已经在国内称王，大怒，发兵进攻田假。他那些残兵在章邯面前像羔羊见恶狼一样，对付田假却绰绰有余，田假吓得逃往楚国。项梁派刘邦和项羽去攻打城阳（今山东菏泽东北），自己亲自率军追赶章邯，一直追至濮阳。两军再次在濮阳城东大战，章邯军大败，躲进濮阳城中不出。项梁围住了濮阳城，章邯则抓紧机会在城外挖了一条环城壕沟，引黄河水入沟，坚拒项梁。项梁无奈，知道短期攻不下，只好引兵转攻定陶。定陶秦守军负隅顽抗，项梁攻城不利，暂时在城外驻扎。

与此同时，项羽和刘邦却战功显赫。他们率领另一支军队转攻雍丘，不但攻拔了雍丘，而且斩杀了秦三川太守李由，可谓一次巨大的胜利。而在定陶城外的项梁因为刚刚两次击败章邯，又听说侄子斩了李由，不由得骄傲起来，原来秦军这么不堪一击啊！他手下有个谋士宋义觉得不妙，劝他道："打了胜仗而主将骄傲者必定失败。如今秦兵源源不断东出函谷关，臣实在为将军担心啊！"

项梁哪里听得进去，觉得宋义在身边很聒噪，派他出使齐国。宋义在路上碰见齐国的使者高陵君显，对他说："你要去拜见武信君吗？臣以为武信君即将败亡，您走慢点，走快了会给他陪葬。"

宋义猜得很准。章邯得到了秦国输送的大批援兵，夤夜发兵，衔枚袭击驻扎在定陶的项梁，大破项梁军。项梁战死。

项羽和刘邦斩李由后，继续进攻外黄，外黄秦军坚守不降。因为三个月来一直淫雨霏霏，实在不是打仗的好季节，所以楚军战事不利。项羽和刘邦一商量，决定放弃外黄，把队伍拉走转攻陈留，但也徒劳无功。正在这时，项梁战死定陶的噩耗传来了。

这个噩耗给了楚军一个沉重的打击，士卒大为惊恐，城哪里还攻得下去？项羽和另一个将军吕臣带兵撤退到彭城。吕臣是原先陈胜手下的将军，庄贾杀了陈胜之后，吕臣率兵攻占陈县，把庄贾杀了，为陈胜报仇，还把陈胜安葬在砀县，之后投奔了项梁。

项羽和吕臣到彭城后，把楚怀王从盱眙迁到彭城，改以彭城为都。吕臣屯兵到彭城东，项梁屯兵到彭城西，刘邦则屯兵到砀（今河南永城县北），准备一起抵御章邯。项梁的死，对楚怀王来说毋宁是件好事，他觉得有机会可以真正掌握权力了。两个月后，也就是秦二世二年的后九月，他把吕臣和项羽的军队都收归自己领导，拜刘邦为砀郡长，封武安侯；项羽为长安侯，封鲁县为食邑；以吕臣为司徒，吕臣的父亲吕青为令尹。静候时机，再图西进。

四、腰斩李斯

章邯擒周文，破陈胜，斩项梁，节节胜利，似乎秦王朝有稳定下来的希望。如果咸阳的政策能保持一个良好的态势，这种希望确实是存在的。但是二世皇帝的师傅赵高正在加紧他的夺权工作，郎中令这个职位他并不满足，他想当丞相。要达成所愿，就必须干掉李斯。

赵高对二世说："当皇帝，就不能经常抛头露面，这样才能给群臣一定的神秘感，使他们害怕。您不如端居深宫，大臣有奏章来，先和我们这些习律令的近侍商量，这样就能有效地打发他们。他们也不敢随便来麻烦您，您这个圣主名号就拿定了。"二世很开心，点点头，于是大臣有奏事都通过赵高传达，凡事都由赵高处置。

李斯觉得二世这样不行，想劝谏。赵高故意对李斯说："丞相啊，现在前线紧张。按理说应该停止徭役，可是陛下仍然大治阿房宫工程，到处搜集狗马玩物，我本来想劝谏，但想想自己地位低。您是丞相，只有您说话才能管用，为何不劝谏呢？"

李斯昏了头，马上说："我一直想劝谏皇帝，可是皇帝很久没听朝了，我找不到机会啊。"

赵高马上接话："您如果真想劝谏，臣为您寻找机会。"

李斯很高兴。这天二世正抱着新来的美女取乐，赵高马上通知李斯："皇帝现在有空，快来。”

李斯立刻赶到宫门，要求面见。二世不高兴了，对赵高说：“我平时多的是闲空，他偏偏在这时来，是不是故意跟我过不去？”

赵高赶忙进谗言：“当年沙丘的阴谋，丞相也参与了。如今陛下立为皇帝，丞相却没有升官。他也希望裂地封王呢。而且陛下不问臣倒也罢了，现在既然开口，臣不敢不直言。丞相的长子李由为三川守，楚地强盗陈胜都是丞相的老乡，所以楚盗横行过三川，李由听之任之。臣曾经听说他们有文书往来，只是不知详细情况，不敢乱说。况且丞相居外，权重于陛下，臣也有些忌惮啊。”

二世一听，大怒，当即派使者赶赴三川，暗查李由通盗的情况。

李斯很快知道自己上了帝国不可靠分子的黑名单，他气愤难平，知道被赵高耍了，也赶忙写了一封奏书，趁着二世在甘泉宫玩角抵游戏之时，通过内线秘密送到了二世跟前。这说明他到底有些人脉，可以躲过赵高的拦截。他的奏书是这么写的：

> 臣听说，大臣如果享受的待遇和君主一样，国就完蛋了；小妾如果享受的待遇和丈夫一样，家就完蛋了。现在有大臣把自己摆在和陛下一样的地位，所有的奏书都要他看完才能给您，这等于把您架空了。当年田常架空了齐简公，最后把齐简公杀了，篡夺了齐国政权，这是三岁小孩都知道的。现在赵高家里的财物比田常还多，却还不满足，到处收取贿赂，只怕将来也会干那种篡弑的事情，陛下千万要多长几个心眼，防备一点啊！

从奏书来看，他和赵高的斗争已经是你死我活，唯一的解决方法就是看二世怎么裁断。

谁知二世看完这封奏书，惊讶地说：“丞相是不是吃错药了？我老师很早就在皇宫中当差，勤勤恳恳，不因为官位稳就为所欲为，不因为有危难就作壁上观。洁行修善，才到今天的位置，我非常信任他，你却跟我唱反调，为什么？何况赵君为人精廉强力，和我天生合得来，比你强得多，你还是收起你的怀疑吧。”

二世怕李斯偷偷把赵高干掉。因为秦汉时候丞相的地位比较高，李斯又当了几十年的官，朝廷上下毕竟有一定的人脉，真要下决心做成这件事，未必办不到。于是偷偷把奏书给赵高过目，显然他把赵高当成了自己的精神领袖，没有赵高，他的灵魂就孤苦无依。

赵高一看，知道皇帝心中的天平无可置疑地偏向自己一方，只要再说几句坏话，李斯就死定了。他立刻加紧攻势：“其实是丞相自己想当田常，篡夺陛下的帝位，但又怕臣作梗，所以想先除了臣。”

二世不置可否，但接下来的一件事促成了赵高的心愿。这天，二世接到李斯和右丞相冯去疾、将军冯劫联合签名的奏书，奏书上说：

关东的强盗们越来越多，陛下发兵镇压，虽然歼灭了不少，但依旧有风起云涌的迹象。臣等以为强盗之所以这么多，都在于兵役徭役太频繁，赋税重。希望陛下停止阿房宫工程，简省兵役徭役。

二世看了奏书，大怒，要我简省兵役徭役和赋税，那我这个皇帝还当得有什么劲？他当即回复道：

当皇帝就该恣情淫乐，古时候的尧舜，名义上是天子，吃喝水准却等同于一个普通老百姓，有什么值得效仿的？先帝当年平一天下，花天酒地，什么事都没有，你们还拼命颂功。怎么我即位才两年，就盗贼并起了呢，是不是当大臣的没有用？你们不能禁止盗贼，又想改掉先帝的章法，上无以报先帝，次不为我尽忠，还当什么官？

下令将上奏者全部下狱。冯去疾和冯劫两个人知道现在的主子已经不可理喻，不堪受辱，当即自杀。李斯舍不得性命，乖乖地去了监狱，二世余怒未息，说："让郎中令去审问。"

李斯为什么如此惜命呢？除了他是个小人，不在乎名节之外，还有就是他觉得自己文采好。当年秦始皇想驱逐外国人，李斯就写过一篇《谏逐客书》，成功地让秦始皇打消了念头。现在自己被关进牢房，再写这么一篇，把二世说动也不是不可能。他再也想不到二世不是秦始皇，对秦始皇能做成功的事，对二世一点没用。何况以前上书，也要通过密线，现在关进牢了，谁还肯给你做密线？

但李斯死马当作活马医，仍躺在草席上冥思苦想炮制了一篇情深义重的文章，文章列举了自己七大功劳，但都假模假式地称之为"罪"。比如开篇就说：臣帮助先王绞尽脑汁离间六国君臣，使秦得并天下，即位为天子，"罪一也"。这一套是纵横家、辩士的看家本领，李斯早年靠游说起家，对他来说，当然是老本行。但这封书信不出意外首先被送到了赵高手里，赵高轻蔑地说："囚犯哪有资格上书，烧了。"

不过这时情况似乎发生了一点转机，因为二世派往前线追查李由和群盗勾结情况的使者突然回来了，结论是，李由没有谋反，相反他一直死守荥阳，配合章邯打仗。没有他的死守，敖仓早已落入群盗之手，贼酋吴广不会在内讧中被杀，周文和吴广联军据守敖仓，只怕能挡住章邯的进攻。李由应该是大大的忠臣，而且最重要的是，李由先生刚刚在雍丘成了大秦帝国的烈士，牺牲了，凶手就是楚国群盗首领项梁的侄子项羽。

按理说二世稍微心智正常点，就应该马上放出李斯。可是二世没有，他仍旧由着赵高乱来。史书上说，“高皆妄为反辞以相附会”，也就是说，赵高胡编乱造了一些证据，愣是一口咬定李斯谋反。于是李斯三族的人被牵到市场上夷灭三族。赵高如愿以偿地当上了丞相。

李斯不愧是文学家，临刑前还为汉语创造了一个耐人寻味的典故。长子已经死在雍丘，他和中子首先被牵出来斩头，他望着中子惊恐的脸庞，既内疚又伤心，哭道：“我想和你再牵黄犬，同出上蔡东门追逐狡兔，岂可得乎？”中子也号啕大哭，父子相对号泣，然后相继被牵上行刑台断头。后世文人经常用这个典故抒发归隐的心情，比如苏轼《雨中过舒教授》：“飞鸢悔前笑，黄犬悲晚悟。”李斯临死也算是发挥了余热，以一句悲凉的告别辞丰富了中国传统文学的宝库。

五、项羽斩宋义

北方战场继续出现有利于秦军的巨大转变。章邯击破项梁军，认为已经将楚军主力消灭，无后顾之忧，转而北上进攻赵国，大破赵兵，长驱直入至邯郸，夷其城郭，将百姓迁徙到河内。张耳、陈余也在乱军中失散，张耳带着赵王赵歇北逃进巨鹿（今河北鸡泽县东北）城，陈余则逃往恒山郡，一路收兵，又网罗了几万人，回到巨鹿，驻扎在巨鹿城北。同时派人去其他诸侯国求救。

这时，王离的秦国边防军已经从太行山麓东下，和章邯胜利会师。双方立刻分工，王离率主力围住了巨鹿城，章邯则到巨鹿城南面的棘原扎营，令军队迅速修筑甬道，从巨鹿一直连通到黄河岸边的荥阳敖仓。所谓“甬道”，就是两边筑有墙壁的通道，相当于一条巷子，人在甬道中走，外面的人看不见。那时没有大炮，一般来说，不完全占领这块区域，是无法击毁甬道的。从敖仓到巨鹿，光直线距离就有二百五十公里，当年要修筑这条甬道，工程量有多大可以想见。

齐国自从齐王田儋之弟田荣被章邯围在东阿，齐国国内改立田假为王。田假才即位，就收到了张耳的求救信，当即派部下田间率兵救赵。田间前脚走，田荣后脚回，赶跑了田假。田间当然也不敢回国，干脆一门心思奔赵。田荣这时立田儋的儿子田市为齐王，自立为丞相，拜田横为将军。因为楚国收留了田假，赵国收留了田间，田荣不肯发兵帮助赵国。田荣的一个部将叫田都的，不大赞同田荣的做法。都什么时候了，还赌气，难道又要重蹈覆辙，让秦军一个个蚕食，于是偷偷带着兵自己跑去救赵了。但是到了巨鹿，和秦接战不利，又赶忙逃到远处修建壁垒，不敢出来。

张耳的求救信到达楚国的时候，楚国正在制定它的伐秦战略。楚怀王和诸将商量对策，决定兵分两路，派刘邦入关伐秦，而拜宋义为上将军，项羽为次将，范增为末将，率兵前去救赵，并和诸将约定，“先入定关中者王之”。众所周知，函谷关易守难攻，当时怀王身边的将军都不愿意入关伐秦，只有项羽和秦有国仇家恨，不共戴天。他向怀王请求，自己不想北上救赵，而愿意和刘邦一起西入关，直捣秦国的老巢。但怀王身边的老将纷纷表示反对，他们的理由是项羽为人悍勇残暴，上次进攻襄城，攻下后将对方全部坑杀。他率兵走过的地方，像被蝗虫清扫过一样，几乎不留活口。而且楚国自陈胜、项梁以来，进取心太重，反而遭到失败。不如这次派一个忠厚长者去，以仁义晓谕秦国父老。秦国父老本来也苦于受秦朝廷压迫，如果有仁厚之人去，一定愿意投降。项羽残暴，绝不可派；刘邦仁厚，是合适人选。

于是楚怀王拒绝了项羽的请求，他不知道，这个决策给项羽心中埋下了仇恨的种子，最后这位可怜的王不但自己的命没能保住，而且项羽也因此不理会他“先入定关中者王之”的盟约，楚汉战争也将由此展开。

二世三年的十月，宋义带兵走到安阳（今山东曹县东），下令驻扎下来，这不是暂驻，而是一口气驻扎了整整四十六天，非常莫名其妙。整天都是饮酒高会，此刻北方已经进入隆冬，气候十分寒冷，间或冻雨洒尘，士卒痛苦不堪。项羽劝他：“我们应该赶快渡过黄河，和赵国里应外合，击灭秦军。”

宋义说：“能制服牛的牛氓，却对付不了虮虱。尺有所短，寸有所长。如今秦兵围困巨鹿，倘若它赢了，自己也会筋疲力尽，那时我们再渔翁得利；如果它输了，我们则以精力充沛的兵马，一路西进，谁敢跟我们争锋？所以，不如让他们先打个你死我活。项将军啊，不是我抬高自己，论披坚执锐地打仗，我是远不如你；但若运筹帷幄，你就不如我了。”不听项羽的劝告，反而下令军中：“有敢于凶猛如虎、固执如羊、贪婪如狼的，马上斩首。”

很显然这是宋义的托词，对章邯，他其实怀着深深的恐惧，根本不敢去巨鹿救赵。他的虚弱本质被项羽一眼看出来了，项羽心里窝着一团火，暗暗起下了杀机。而正在这时，齐国使者到了，说是请宋义的儿子宋襄去齐国当丞相。宋义高兴坏了，自己是楚国上将，二儿子是齐国丞相，天底下还有几个比他宋义更幸福的家庭？他兴高采烈，亲自给儿子送别，一直送到无盐（今山东东平县东）。从安阳到无盐起码有几百公里，他还真有闲心。古代兵法，将不能擅离军队，就此一项，宋义这个上将军就当得很不合格。

当时项羽似乎还陪他一起去送儿子，在无盐，宋义迟迟舍不得跟儿子告别，天天大摆酒席，饯不完的行。天下着冻雨，普通士兵缺衣少食，挨饿受冻，难过得要命。项羽气坏了，又劝宋义：“本来奉令去救赵的，却一直没有动作。如今军粮不够，士卒每天的伙食一半蔬菜一半豆子，你却天天酒足饭饱。如果现在引兵渡河，还可以吃赵国的粮食，和赵国一起打仗。你却说要等他们两败俱伤，你来坐享其利。以秦之强，攻新建国之赵，易如反掌，何弊可乘？我楚国新败，大王天天寝不安席，这次扫空国内的青壮，都交给你指挥，国家安危，托于一人。现在你置国家安危于不顾，只想着自己的儿子，实在不像个社稷之臣。”

宋义依旧没有理会。十一月的某天，项羽再也忍不住了，他决定用对付殷通的办法对付宋义，这天早上，他照常去朝见宋义，进入帐中就开杀戒。宋义哪里是他的对手，被他轻松将首级斩下。项羽提着首级出来，号令道：“我奉楚王的命令诛杀宋义。宋义和齐国勾结，阴谋背叛我们楚国。”

诸将知道项羽有前科，一口气杀百十人不成问题，都不敢反对，说："说哪里话，楚国是将军家所立，将军诛灭叛乱，应当。"纷纷拥立项羽为假上将。项羽决定斩草除根，派人去追杀宋襄，又派桓楚去向楚怀王报告，然后劳军，准备出征。很快楚怀王的使者来了，拜项羽为真上将，立刻救赵。

六、巨鹿之战

项羽令当阳君英布、蒲将军率两万人先北渡黄河进攻王离，试探一下秦军的实力。英布和蒲将军确实勇猛，竟打了好几个小胜仗，切断了章邯苦心修筑的甬道，王离的军队开始吃不饱，士气大降。项羽大喜，秦军真的不过如此，叔叔之死，仅是因为疏忽，于是信心大增。十二月，项羽下令兵马悉数渡过黄河，然后把船凿沉，锅碗瓢盆砸了个稀烂，帐篷烧了个精光，只带着三天的军粮，就是历史上赫赫有名的“破釜沉舟”，不成功，便成仁。

主将如此凶悍，士兵自然也豪情万丈，项羽一声令下，他们都呼啸着冲击王离的壁垒。王离军奋勇迎战，可是楚兵实在厉害，个个红了眼不要命，以一当十。其他诸侯的兵作壁上观，个个吓得两腿发抖。楚军和秦军连续九次合战，王离军再也支撑不住，壁垒崩溃，大败。其兵败之惨烈，使得章邯竟和他的秦兵在旁边参观，如在梦里，不敢上去救援。诸侯一看有利可图，这才上前围攻王离。二世三年端月（一月），王离被活捉，副将涉间不肯投降，自焚而死，另一副将苏角被杀。

在黄河两岸嚣张一时的王离军就这样被彻底消失了，宛如外星人军团离开了地球。这曾经是一支“却匈奴七百余里”，使“胡人不敢南下而牧马”的军队，如今折戟沉沙于巨鹿城外，让人不由得叹息历史的俶诡。

经此一战，项羽的威望达到了人生的顶峰，诸侯将纷纷到他的营帐中来拜见，走到辕门的时候，个个膝盖发软，不由自主就跪下了，史书上是说他们“膝行而前”，实在抛掉了一切尊严。他们一起拥立项羽为“诸侯上将军”，军队都听他调遣。

王离军被全歼，章邯驻军巨鹿南的棘原，项羽驻军漳河南，在漳水两岸，双方进入相持阶段，其间章邯屡次撤退，秦军士气低落，日子艰难，转眼四个月过去了。这天，二世的使者来到了军中，责备章邯作战不利。

章邯很惊恐，派自己的长史司马欣星夜入关，赶赴咸阳，请求面见二世陈说利害，请求增兵。

但二世早就不见任何人，万事都由赵高处理。得知司马欣求见，赵高吩咐让他在皇宫司马门外等候，一连等了三天。赵高为什么要这么做，很让人费解。因为司马欣不是为了维护个人权益来上访的，人家是为了军事，为了维护秦政权来找你的，你为什么不见呢？你是这个政权的丞相，保卫这个政权就是保护你啊。总之这么一拖，司马欣害怕了，知道自己凶多吉少，连夜从小路逃回章邯军中。赵高听说后，果然派人追杀司马欣，但是没追到。

五月，司马欣回到军中，对章邯说：“赵高独揽朝纲，如果我们战胜，他会嫉妒我们的功劳；不胜，必死。将军，怎么办？”

章邯这时接到了一封陈余派人送来的劝降信，信中也分析了赵高嫉贤妒能的问题。如今见司马欣沮丧地回来，章邯顿起投降之心。六月，他派遣手下的一个叫始成的侯，出使项羽营寨，想和项羽订约。还没谈成，项羽指使蒲将军在三户津渡漳水，进攻章邯。章邯连战连败，继续后撤。项羽又亲自率兵追击，在漳水北的一条支流汙水边大破章邯。在这凌厉的军事压力下，章邯绝望了，派人紧急约见项羽，要求投降。因为粮草不足，项羽召集军吏商议，决定接受章邯投降。七月，双方约定在洹水南面的殷墟见面，签订和约。

见面时章邯痛哭流涕，大骂赵高。项羽也被感动了，盟誓后，宣布立章邯为雍王，大概这时候，项羽已经决定把楚怀王甩到一边。楚怀王当时约定说，谁先入关中，谁做王。而雍地在关中，这等于把刘邦的期望先斩断了，矛盾必然在项羽和刘邦两人之间爆发。

第七章

刘邦入关中

一、彭越和郦食其

项羽在巨鹿威风八面的时候，刘邦也没闲着，正加紧西进，想抢得秦王的宝座。

二世三年的九月，刘邦竞标夺得进攻秦本土的权力之后，立刻率兵开拔，他首先到了自己的根据地砀，从砀北攻城阳（今山东菏泽东北）和杠里（具体地址待考），和秦将王离属下的别军作战，破其壁垒；十月，又转而南下，进攻秦兵于成武（今山东成武县）。成武是东郡都尉的治所，刘邦大败东郡尉，十二月，引兵继续南下，至栗（今河南夏邑），碰到了一个爵号为刚武侯的人，大概是当时的一支游击队。刘邦夺其军四千人，又遇到魏将皇欣、武满，两家联合起来大破秦军，占领了栗县。

二世三年的春二月，占领了栗县的刘邦继续引兵北上，进攻昌邑（今山东金乡西），在这里他碰到了一个将来的亲密战友——彭越。

彭越就是昌邑本地人，史书上称他字为“仲”，不算正式的字。彭越家里穷得叮当响，估计也没有正式名字，和刘邦一样，大概人们也叫他“彭老二”。清代学者桂馥在他的学术笔记《札樸》中认为，“彭越”也不是他的真名，而是“蟛蚏”的音讹，“蟛蚏”则是一种很小的螃蟹之名，也就是说，这个所谓“彭越”原来是个绰号，他究竟是不是姓彭，也很值得怀疑。

昌邑附近有个大湖，名叫巨野泽。彭越从小给人帮佣，后来躲进巨野泽中做湖盗，当地的少年慕其名，纷纷缠着他，劝他起兵响应诸侯。

彭越不肯，说要坐观时变。一年过去了，天下越发混乱，彭越感觉秦朝再也扑灭不了起义，这才率领一帮少年出了大泽，一路收兵，聚集了上千人，正好碰见刘邦进攻昌邑。

都是造反的，当然互相帮助。于是两人合兵，一起进攻昌邑。但昌邑城高大坚固，进攻不利。当时义军的战略都是打得下就打，打不下就换地方，除非那个城邑太重要，非攻拔不可。刘邦决定放弃昌邑，继续引兵西进；彭越也带着自己的兵重新躲到巨野泽中，招兵买马，继续发展革命根据地。

刘邦一路走到雍丘，雍丘有个附邑叫高阳，在这里，他又碰到了一个奇人——高阳酒徒郦食其。

郦食其穷得要命，在一个闾里当监门，喜欢饮酒，饮足了就读儒家经典，自我陶醉。刘邦军队来高阳后，一些高阳籍的士卒纷纷回家探亲，有一个骑士和郦食其同里。郦食其对他说："路过高阳的军队也不少了，但那些主将个个都喜欢讲究繁文缛节，还刚愎自用，听不进别人的话。我听说沛公不同，这人对人轻慢无礼，但有大略，我很想在他手下干，你给我引荐一下吧，就这么说：'我们闾里有个郦生，六十多了，身长八尺，大家都称之为狂生，但他自己说他不是狂生。'怎么样？"看来老郦生怕刘邦认为他是个狂妄不中用的人，先要声明自我定位。

那骑士道："沛公不喜欢儒生，有人戴着儒冠来，他必定把人家的儒冠扯下来，往里撒尿。说话的时候，时不时就破口大骂，你就别去自取其辱了。"

但郦食其坚持要士卒介绍，骑士只好答应。

刘邦来到高阳城外，住进传舍，吩咐召见郦食其。郦食其兴冲冲跑来，发现刘邦正挽起裤脚泡脚，两个美女在旁边侍候着。儒生都是讲究尊严的，郦食其也不例外，见状很不高兴，于是只作了个揖："足下是想率诸侯破秦呢，还是想帮秦打诸侯呢？”这都是些什么话，刘邦当即破口大骂：“竖儒，天下苦秦久矣，诸侯相率而攻秦，我当然也不例外。”郦食其道：“既然想诛无道之秦，就不应该如此傲慢地接见我这样的长者。”

没有一定的优点，一定当不了皇帝。刘邦果然明智，立刻吩咐停止泡脚，穿戴整齐，请郦食其上座，诚恳地请教高见。

郦食其也有点纵横家的口才，他滔滔不绝，把秦始皇统一前六国纵横之策说得头头是道。刘邦大喜，干脆留下他来吃饭，继续问计。郦食其道：“足下纠集乌合之众，不满万人，欲入关中，简直是羊入虎口。我们陈留位居天下要冲，四通八达，而且城中有巨大的官家粮库。臣与陈留县令相熟，可以游说他投降足下。如果他不听，足下就从外面夹攻，臣做内应。”

刘邦于是派郦食其出行，自己率兵随后，很快就攻下了陈留，夺得大批军粮，喜笑颜开。于是刘邦封郦食其为“广野君”。郦食其有个弟弟叫郦商，和郦食其不同，这个弟弟也早聚集了一帮少年打天下，总共有四千人之多，这时也来投奔刘邦。

二、下南阳

于是刘邦的军队又增加了四千人，继续西进，烟花三月，来到启封（今河南开封南），和秦将赵贲相遇，大战。赵贲不敌，躲进城中固守。刘邦围住城邑，但启封城坚，攻不下来。他又只好放弃，率军北上，和秦将杨熊相逢于白马（今河南滑县东），双方大战，杨熊败逃。刘邦率兵紧追，又和杨熊大战于曲遇（今河南中牟东），再次大破杨熊军。杨熊逃到荥阳，后来被二世派去的使者按律斩首示众。

在人间四月天的时候，刘邦开始西攻颍川郡治阳翟，大概阳翟守军抵抗也很厉害，攻下之后他下令屠城。从阳翟北上不远就是洛阳。刘邦的路线很明确，沿洛阳、新安、渑池一线西进函谷关，入关中，成王业。谁知这时赵将司马卬突然南渡黄河，准备也效法刘邦，抢占秦王之位。刘邦听到消息，星夜兼程赶赴黄河岸边的平阴津（今河南孟津北），将渡口封死，不让司马卬渡江，司马卬悻悻撤退。接着刘邦又和尾随而来的秦军在洛阳东大战，不利，向南撤退。这时他悟到了，洛阳、新安、渑池一线秦兵犹自众多，想从这条路线西进，不大现实；加上友军时时趁火打劫，函谷关本身又易守难攻，凡此种种，都让人灰心失望；不如改走南面的武关，照样可以攻入关中。怀王可没有规定入关必走函谷关一线，于是刘邦边打边南下撤退，撤到镮辕（今河南登封西）的时候，再次和张良相遇。

本来就很谈得来，此刻重逢，当然欣喜。两人协力再次击破在这一带游弋的杨熊军，刘邦让韩王成据守阳翟，自己带着张良撤往阳城。六月，他们和秦南阳太守名叫齮的在犨县（今河南叶县）东大战，破其军，一路南下。太守齮撤退到南阳郡治宛县（今河南南阳市），婴城固守，刘邦眼看攻不下，决定采取老战略，打算放过宛县，从县城西边经过，沿丹水杀向武关。

张良及时制止了刘邦的这个决策，说："依照怀王之约，我知道您急欲入关，成为秦王。如果在其他地方采取这种战略，那倒也没什么，因为到处都是诸侯游兵，秦兵也都是小股，对我们构不成威胁。但如今南阳秦兵甚众，如果您到了武关，武关秦兵据险抵抗，南阳守军再从后夹击，我们就全完了。"

刘邦一向从善如流，立即下令把旗帜全部收起来，夤夜从另外一条道路潜回宛县。南阳守齮看见刘邦走了，正高兴呢，一早到城楼上视察，发现城下密密麻麻都是楚兵。突然心生绝望，拔剑就想自杀。

他的舍人陈恢抢过剑："何必呢，我去见刘邦订和约，不行的话再死也不迟。"

太守齮道："那你试试。"

看来秦国的官吏也都很活泛，知道朝廷无可救药了，谁也不肯为他殉葬。一向法令严明的秦国，为什么会变成这个样子，只能说明所谓的严苛暴政不得人心，平时好像铁桶一样坚固，危机一来就各自奔逃。一向崇拜强秦的青年们看到这些，可能会失望的。

于是陈恢去见刘邦，说："臣听说足下曾经订约，先入咸阳者为秦王。现在足下停下来进攻宛，宛县周围城邑众多，他们都不肯投降，足下知道是什么原因吗？"

刘邦说："你说说看。"

陈恢道："是怕被足下屠杀啊。窃闻足下在城阳屠了一回城，在阳翟又屠了一回城，谁敢投降足下？足下留下强攻，未必奏效；赶去武关，我们也不会作壁上观。足下现在走也不是，不走也不是。臣以为不如我们签订和约，我们归顺足下，为足下守城，足下给我们封官，带走我们的甲士去进攻武关，沿路的城邑听说投降可以不死，一定争先归降，足下看如何？”

这年七月，刘邦封南阳守齮为殷侯，封陈恢为千户。

陈恢的建议很管用，沿途守城的秦吏听说投降不但可以活命，还能封侯，纷纷起义响应刘邦。刘邦之所以能够最后成功，出手大方是一个重要因素，谁要跟他干，动不动就是一个侯爵，反正就是一纸委任状而已，也不用他自己掏钱发工资。根据张家山汉简，西汉刚建立的时候，普通士兵的爵位都很高，随随便便可能就是大庶长。大庶长是秦二十等爵制中的第十八级，仅次于关内侯和列侯，非常高贵。刘邦得天下之后曾在诏书中提到，秦朝老百姓的爵位在第七级公大夫以上，就可以和县令分庭抗礼，何况大庶长。而项羽则不同，打下城池，舍不得封赏。要说刘邦出身低，是混江湖的，懂得和人分享好处才能带来更大的好处；但项氏叔侄的贵族身份也只是个空头，楚国被灭后，他们不也混迹江湖吗？怎么拉拢结交朋友，他们也应该是清楚的。项羽的悭吝，只可能是性格因素。有人说，性格决定成败，确实很有道理。

就这样一路封官拜爵，刘邦再也没有遭受像样的抵抗，有“千里江陵一日还”的架势。在途中又碰到了一个叫梅销的人，是鄱阳湖边一个土著首领番君吴芮的下属，听说北方战乱，也发兵响应诸侯。刘邦邀请梅销一起西进，进攻析（今河南西峡县）和郦（今河南南阳北），皆降之。由于受过郦食其的教育，刘邦知道屠城对自己的声誉不利，开始严禁士兵掳掠地方。百姓闻之都奔走相告：“刘将军这个人不错，要是他当王，我们就有好日子过了。”关那边的秦国本土人也听到了这个风声，也开始盼望义军的到来。

八月的时候，刘邦的军队已经行进到武关，只要入了武关，秦兵就无险可守了，除非再出来一个章邯，再变出一个五万人的精锐首都卫戍军，否则秦朝的灭亡指日可待。武关是楚国的伤心地，一百多年前，楚怀王接到秦昭襄王的邀请信，要求两人在武关会盟，楚怀王答应了，结果刚入武关，就被秦军的伏兵捕获，当作人质带回咸阳，如今它要成为秦国的伤心地了。

三、赵高弑杀二世

此刻关中局势也一日千变，赵高见关东差不多全丢光了，也很害怕，虽然他知道自己是二世的精神导师，但国破家亡之际，二世一时怒起，斩了他这个精神导师也不是没可能。赵高想来想去，开始称病，不再见二世。

二世这时做了一个噩梦，梦见一只白虎吃了他左边的骖马。他找人来占卜，结果是："泾水为祟。"也就是说，是泾河的河神在作祟。秦朝在泾水边有座望夷宫，二世决定在这个宫殿斋戒，以祭祷泾水之神。他将四匹白马沉到河里，给泾伯做礼物，为自己祷福。祭祷完之后，二世有些忧心忡忡，想到关东盗贼越来越多，只怕祭祷也无济于事，就派人去责问赵高。

赵高更害怕了，他把女婿咸阳令阎乐、弟弟郎中令赵成找来商量对策，赵高首先发言："皇帝不听劝谏，如今情况危急，社稷不安，就想拿我来当替罪羊。我看不如干脆换个皇帝，改立子婴，子婴这个人恭俭仁义，在老百姓中间口碑很好。"

子婴的身份，现在还有很多争论，司马迁本人就有几种说法，或者说他是二世兄子，或者说他是始皇的弟弟，或者说他是二世兄，还有学者认为是始皇弟弟的儿子，莫衷一是。但不管怎么样，他是秦国皇室血统是没有问题的。

两人答应了。于是赵成回到望夷宫，派人四处放风，说有盗贼潜入了皇宫，宫中一阵喧哗，赵高趁机以丞相的名义下令："让咸阳令发吏卒入宫追捕盗贼。"

因为对女婿不放心，赵高派人先把阎乐的母亲，也就是自己的亲家母劫持到家里，免除阎乐的“后顾之忧”。阎乐后无退路，率领一千多士卒进了望夷宫。守卫宫门的卫令仆射不让他进去，他当即下令：“给我绑了。”然后煞有介事地拷问：“看见贼人跑进宫，为什么不阻止？”

卫令莫名其妙，争辩道：“哪有什么贼人？我们的卫戍部队沿着宫墙四面驻扎，贼人怎么敢入宫？”

阎乐率兵入宫绑卫令，只是要找借口，凡是很牵强的借口，总要以武力结束。阎乐二话不说，下令斩了卫令，然后挥军直入，士兵们都持满了弓弩，一路过去，看见太监和郎官就射。秦汉制度，当兵的都是普通农民，平常见了宫内的宦者和郎官只怕要点头哈腰，现在能有机会屠杀这些高高在上的人，别提有多快活了。在嗖嗖的乱箭下，宦者太监和郎官们有的像蟑螂一样四散奔逃，有的鼓起勇气上前格斗，格斗的当然都死于非命，总共有几十个，死得很冤，因为他们的上司郎中令赵成跟凶手是一伙的。赵成和阎乐一伙很快就推进到了内殿，吏卒们依旧弯弓乱射，二世所居宫中的华丽帷幔上登时钉满了箭矢，二世本人还蒙在鼓里，大怒，呼叫左右上前抵御。左右见势不妙，依旧像蟑螂般一哄而散，只有一个贴身宦者比较忠心，不离不弃，紧紧跟随。二世躲进内室，心中悲凉，对贴身宦者：“公何不早告诉我，让我到了今天这步田地。”宦者非常委屈：“臣不敢说，才活到今天；若臣早言，早已被陛下诛灭，今天也没机会陪伴陛下。”

他们正在悲叹，阎乐已经进来了，他开门见山：“足下骄恣，诛杀无道，如今天下背叛，足下自己想想，该怎么办吧。”

二世请求见赵高一面，大概以为师生感情深，只要见面，赵高或者不忍，会饶他一命也未可知。但这遭到了阎乐的果断拒绝。二世又提出，自己愿意居一郡为王，阎乐再次摇头；二世无可奈何，说愿意降格为万户侯，只道姿态已经低到尘埃里去了，可迎来的依旧是阎乐拨浪鼓似的脑袋。二世豁出去了，咬牙道："那么我带着妻子出宫，当个黔首百姓总可以吧？"阎乐没想到二世这么不开窍，只好直截了当地说："臣已受命于丞相，为天下诛杀足下。足下虽然话多，臣不敢回去报告。"手一挥，部下举刀上前。

谁都想把性命掌握在自己手里，所以世上很多人受尽凌辱，宁愿自杀也不愿报仇雪恨，因为那样可能连死的自由也没有。二世也是一样，他终于绝望了，饮药自尽，了断了自己愚蠢的一生。

四、子婴投降

阎乐回去报告赵高，赵高把大臣公子都召集起来，宣布二世无道，自己已经将二世给弑了，然后开始分析国际形势："秦国原本是王国，领土只有关中，后来始皇帝统一天下，才号称皇帝。如今六国都已纷纷复国，我们还称皇帝，就有些名不副实了。因此，今后还是恢复称王为便。"

他终于承认关东不是群盗作乱，而是合法复国了。可是他想不到，现在想闭关守住关中称王也已经不可能，关东诸侯和秦国不共戴天，早就约定，谁能先拿下关中，谁就当秦王。自古以来的暴君在自己覆灭之前，总不肯改弦易辙，而是变本加厉地屠杀以维持统治。靠屠杀维持统治的人，统治崩溃后也自然会被人屠杀，这是亘古不变的真理。

赵高下令将二世以黔首的规格安葬，又宣布立公子婴为王。让子婴先斋戒，然后到太庙受秦王玺。子婴斋戒了五天，和他的儿子们商量："赵高杀二世于望夷宫，怕大臣不服，只好按照道义立我为王。我听说赵高已经和楚国的刘邦商量好了，想里应外合，灭掉秦国宗室，然后瓜分秦地为王。现在他要我斋戒庙见，大概是想趁机在庙中杀我。我如果称病不去，他一定亲自来请，到时我就可以杀了他。"

也不知道司马迁怎么知道子婴跟儿子说了这些话，估计是口耳相传的故事，但经不起推敲。赵高大概不会有和刘邦勾结的计划，秦国已经到了末路了刘邦凭什么要和他签约？和赵高瓜分秦地，自己的权益白白出让，傻瓜才干。赵高也不会在宗庙杀子婴，如果要杀，以他的能力，不必这么费事。从后面赵高肯亲自去请子婴入宗庙来看，他对子婴完全没有防备，如果他想杀子婴，这些错误绝不可能犯。

很快到了入宗庙的时间，赵高派了几拨人去请子婴，子婴都说病了，去不了。赵高果然亲自来请，子婴突然拔刀发难，赵高猝不及防，身体顷刻被子婴刺成了一个到处是漏的水桶。曾经不可一世的赵高，就这样可怜巴巴地死了。

赵高一死，族人只能任人宰割，他们三族全被牵到刑场上砍下了脑袋。末世的咸阳，每日变本加厉地释放着血腥之气，而此刻，刘邦的军队都已经击破武关，沿丹水上溯到峣关了。

峣关位于霸水之源的峣山旁，在今蓝田县（今陕西蓝田东北）东南，距咸阳的里程屈指可数。子婴当时的心情一定很绝望，在长达三年的战争中，帝国的精锐部队早已消耗殆尽，更可怕的是，关中的民心也被赵高的倒行逆施损伤殆尽。如果能早半年杀掉赵高，放弃关东，紧缩战线，让章邯撤退守关，尽发国内百姓增援章邯，秦国可能还有保住关中的希望。但现在一切都晚了，子婴只能死马当作活马医地派遣一支军队急速堵住峣关，这支军队大概是他的最后一点家当，它由谁来统领，史书上没有记载，从那个统领肯收受刘邦的贿赂来看，显然是个没有操守的人。看来秦国的人才也被赵高杀得精光，乃至只能让这么个竖子统兵。

听说峣关已经布满了守军，刘邦决定立刻进攻，秦王的冠冕已经触手可及，他等不及了。张良拦住了他，说："秦兵一向善战，不可轻敌，峣关两旁都是高山，不如派人爬到山上去鼓噪，摇晃旗帜，显示我们有伏兵。同时派遣郦食其、陆贾两个带着重金去游说秦将，诱惑他投降。"

正如张良所料，秦将见了金灿灿的财物，马上丧失了理智，搓着手嚷道：

“什么也别说了，连和。”消息反馈回来，刘邦大喜，下令杀猪宰羊，犒赏三军以为庆贺。结果张良又反对：“仗还是要打，因为我们只说到了秦将，他的士兵不一定服从。不如趁他们懈怠之时发兵奇袭。”

刘邦对张良真是言听计从，打消了庆贺的想法，当即派人绕道峣关，越过蒉山袭击秦军。两军在蓝田县南郊大战，秦军仓促不及，大败而逃；在蓝田县北又打了一场，秦军依旧溃不成军。九月，峣关正式失陷，咸阳外围再也没有藩护，一丝不挂地暴露在刘邦面前。

这时已经是十月，距离陈胜首义已经有三年零三个月，战斗也可谓艰苦。十月是秦朝的新年，可是咸阳没有一点新年的气氛，城中充满了愁苦。如果还以秦二世来纪年，今年则是二世四年；但显然不可能，《史记》的记载是汉元年，也就是说，以刘邦来纪年了。这其实跟《项羽本纪》有矛盾，毕竟这时主宰天下的是项羽，至少名义上也是“诸侯尊怀王为义帝”，应该以义帝来纪年，但谁叫刘邦最后胜出了呢？

刘邦驻军到霸水边上，离咸阳大概只有几十公里，不用急行军也就是一天的路程。

子婴绝望了，王位才坐了一个多月，屁股还没坐热，就要马上让出去，不甘心啊。可是不甘心又能怎样？他想了半天，决定素车白马去投降刘邦，这是当时出丧时才乘坐的车马，子婴坐这种车马，意思无外乎自己的命已经掌握在刘邦手里。子婴在脖子上还挂了一环组带，把皇帝的传国玉玺和象征皇帝权力的符节，都封好装箱，悲悲切切地出了咸阳。一行人走到离咸阳东南二十公里左右的轵道这个地方，恭恭敬敬地跪着，向刘邦投降。要是秦国的众先王还活着，看到自己的子孙这么落魄，恐怕会羞得抬不起头来；至于一代雄主秦始皇，如果知道自己想传之万世的帝位只传了二代，就被自己的奴隶们砸烂，更会气得七窍生烟。

曾经不可一世的秦帝国就这样被一伙泥腿子推翻了。

对子婴的投降，刘邦身边的那些泥腿子将领觉得很出气，他们想宰了子婴。刘邦却摇头："怀王之所以让我进攻关中，就是看我善良仁厚，现在子婴投降了，我还杀人家，这有悖天道，不祥。"下令把子婴等人交付下面的官吏看管，等诸侯都入关后再商量处置。

军队浩浩荡荡开进咸阳，刘邦的泥腿子将军们都两眼放光，前半辈子一直在田里流汗，吃的是糟糠，住的是茅棚，几曾见过这样的奢华？他们狼奔豕突，闯进秦朝的各离宫别馆，大肆抢掠。人人都疯狂了，只有萧何保持一副酒色不沾的样子，他径直带着人赶往丞相府，把府中的图书、公文簿全部装箱收藏。我们千万不要以为萧何这个人清高，视钱财如粪土，只喜欢读书识字。其实作为故秦高级掾史的萧何，熟谙秦朝行政程序，他清楚地知道，掌握了天下郡国的各种资料，包括户口、赋税、关塞、地形等，将来打天下治天下，就比别人占据了根本优势。因为资料中记载的关塞地形，可以帮助排兵布阵；户口赋税，可以帮助征发给养，这些资料可是用钱都买不来的。在中国最重要的不是抢钱，而是取得政权，只要取得了政权，钱要多少有多少。别人抢去的那些钱，到时还得乖乖奉上来。

五、还军霸上

刘邦也喜得抓耳挠腮，他已经把自己当成了秦王，既然是秦王，那么秦宫廷中的这一切理所当然是自己的，闹起义不就是为了这些吗？倒是他的连襟樊哙志向更为远大，赶忙劝他："沛公，您是想夺天下呢，还是想当富翁呢？要知道，秦朝之所以灭亡，就是因为国君贪图这些奢华享受啊。臣看还是赶快离开这里，还军霸上。"

樊哙显然看出来了，一旦刘邦留在宫中享受，就会迅速腐化，失去民心。贪图享受本来不算大错，只要不像二世那么过分，中国的老百姓都能忍受。关键是现在还不到享受的时候，其他义军还在关外，他们绝不会容许咸阳这一珍宝之府所藏的全部财货都归刘邦。共同目标已灭，火并的计划应该提上日程。而以刘邦的实力，绝对无法对付以项羽为首的诸侯军队。只能暂时示弱，等诸侯入关后进行利益均分。

但巨大的财宝蒙蔽了刘邦的双眼，他死活不肯。这时只有靠张良上场了，他对刘邦说："秦朝就是因为奢华暴虐，才有机会让您打到这里。我们起兵，号称是为天下除掉暴君，这时应当穿着孝服慰问那些被暴君害得家破人亡的百姓。现在您刚来，就想住在宫殿里享受，这不是助纣为虐吗？忠言逆耳利于行，希望您采纳樊哙的建议。"

刘邦还真对张良百依百顺，立刻下令还军霸上。

倏忽就过去了一个月，刘邦在霸上也没闲着，十一月，他召集关中诸县的父老豪杰，做了一个报告。他说：“父老们苦秦苛法久矣，我和楚怀王有个约定，谁先进入关中，谁就当秦王。按照约定，我应当成为秦王。我现在也和父老订约，摒弃秦朝的苛法，只立法三章：杀人者死，伤人和盗窃的，承担相应的罪责。诸位财产田宅一切如旧。我这次来到关中，就是要为父老们除残去秽，不敢有丝毫侵扰，诸君不必害怕。我之所以不进咸阳，而驻扎到霸上，就是想等诸侯来了，一起商量天下大计。”

为了使自己这番报告落实到位，刘邦还专门派人和秦吏一起巡视各县、乡、邑，挨家挨户地宣告政策。关中父老本来怕义军烧杀抢掠，听到这个好消息，家家欢天喜地，纷纷牵着牛、羊，带着酒食到霸上劳军。刘邦的政治头脑更清醒了，对父老的馈赠一概拒绝，说：“我现在军粮足够，不缺乏，谢谢父老，心意领了，东西绝对不能要。”老百姓回去互相转告，家家户户更是像过节一样庆祝，唯恐出了什么漏子，让刘邦当不成秦王。

就在刘邦不遗余力博取秦民欢心的时候，项羽已经率领诸侯四十万大军朝函谷关飞驰而来。但走至新安，他干了一件巨大的蠢事：把章邯的士兵全部活埋了。

章邯投降时，军队还足足有二十万之多，现在当了楚兵俘虏，章邯本人和几个高级将领倒没什么，普通士兵可就都倒霉了。义军中的士兵都把投降的秦兵当奴仆般看待，动辄打骂，讽刺嘲笑算是轻的。这也难怪，当年秦初并天下，关东的民工到关中去应差，也经常被秦人羞辱。现在秦人成了被征服者，虐待当然要轮流来。

秦士卒开始不满了，私下里抱怨道：“章邯将军骗我们投降，这次入关，能顺利攻破秦国还好；要是不能，诸侯们押着我们撤退，秦皇帝又按照户口簿把我们的家属杀个精光，这日子可怎么过啊？”

这些话当然会被各部曲的小头目听去，报告到项羽的耳朵里。项羽陷入了沉思，他找来自己的两员心腹大将英布和蒲将军，对他们说：“秦吏卒人数这么多，虽然随主将一起投降，其实内心不服。如果到了函谷关口，他们闹起哗变，事情就麻烦了。不如把他们杀光，只带着章邯、长史司马欣、都尉董翳三人入关。”

作为老大，他的建议得到了拥护，于是命令立刻下达，由当阳君英布负责具体执行。十一月，当队伍行进到新安县（今河南渑池东）的时候，屠杀开始了，二十万秦降卒像猪狗一样被赶到新安城南的大坑里，一阵箭雨过去，“猪狗们”纷纷倒入大坑，没死的就活埋。项羽就这样轻松地完成了秦汉之交最大的一次集体屠杀任务，同时也给自己掘下了一座崭新的坟墓。因为，他的这一残暴行径毁灭了关中二十万个家庭的幸福，假如每个家庭是秦汉时代标准的五口之家，那么项羽就为自己凭空找来了一百万个仇敌。关中不可能再欢迎他，他后来把章邯等三人全部封在关中做王，抵御刘邦，注定也将失败。关中百姓不会拥护三位使他们的亲友丧生的故秦将领。

当然，项羽最后的失败，并不仅仅因为他的这次残暴。当年秦昭襄王的军队坑杀了四十万赵国降卒，也没有妨碍秦国最终完成消灭赵国的计划。只要有足够的武力，是可以罔顾民心、达成所愿的。但项羽的政权新建，本身就不稳固，关键时候的一着错棋，就可能让自己跌入万劫不复的深渊。

这支屠杀完的刽子手军队继续浩浩荡荡往东走。走到函谷关下，却发现关门依旧紧闭，项羽听说现在驻守的已经是刘邦的部曲，当即大怒：“谁给我拿下它？”当阳君英布又马上跳出来说：“我。”

函谷关太险峻了，就算是英布，也不敢正面强攻，只好从小道绕到关后，才把刘邦的守军收拾了。函谷关就这样拿下了，十二月寒冬凛冽的时候，项羽带着军队前进到了戏，也就是周文的军队第一次大败的地方，估计章邯重游故地会颇有感慨，出关剿匪三年了，如果他熟悉《诗经》，大概会把那首《东山》改写一下，以抒发自己的心情：

我徂关东，慆慆不归。
我来自东，零雨其蒙。
故乡望远，长路连绵。
自我不见，于今三年。

可是离故乡越近，越高兴不起来，遥想三年前的那个冬天，也是十二月，寒风呼啸，自己带着浩浩荡荡的秦国子弟出关，本来是去剿匪的，结果回来时，那些军队或者死在征战之途，或者殒身于新安的土堆之下，只剩下三人孤零零地为“匪兵”打前锋，怎能不感慨系之？

六、鸿门宴

在戏地，项羽命令停下来安营扎寨，由于军队太多，营寨一直延伸到骊邑，也就是离秦始皇的坟墓不远了，南距刘邦的霸上招待所大概只有现在的十公里（《史记》说四十里）。项羽自己的驻所在骊邑东一个叫鸿门的地方，在这里，他接到了一封新鲜出炉的书信，书信来自刘邦的军营，写信人名叫曹无伤。信上是这么写的：

项将军左右：

刘邦准备在关中称王，让故伪秦王子婴当丞相，收藏了无以计数的珍宝和美女，准备过好日子了，诸侯来，只怕什么也得不到。

左司马曹无伤顿首

曹无伤是刘邦军中的一个司马，大概他看出了项羽势力更大，投奔项羽的话可能更有出息。项羽见信果然大怒："来人，吩咐下去，杀猪宰羊犒赏士卒，明天一早就给我进攻刘邦。"

项羽身边的老谋士范增很赞赏这个决定，赶忙添油加醋地劝项羽："刘邦当年在沛县时候，既贪财又好色，现在入关了，看见财物美女竟然无动于衷，这不正常啊，可见他的志向不一般。我令人眺望云气，发现他所驻地上空有五彩云，成龙虎之状，此天子之气也。请赶快发动进攻，万勿让他跑掉。”

眼看刘邦的寿数就要到头了，然而仿佛上天要搞公平竞争似的，项羽身边也出了一个内奸，导致了刘邦的获救，这个人还是项羽的叔叔，名叫项伯。

应该说，项羽是非常讲究亲亲之道的，他得势之后，凡是姓项的，基本都得了重用，项伯也不例外。他这时候官拜左尹，按照楚国官制，左尹在现在相当于最高法院院长，在故楚如果不是出身王族，一般和这个官职沾不到边。他听见侄子说明天要打刘邦，很担心。倒不是担心刘邦，他和刘邦没任何交情。他担心的是自己的救命恩人，而这个救命恩人此刻正在刘邦的营中，他的名字我们很熟悉，就是张良。

张良怎么会成为项伯的救命恩人呢？原来秦朝时代，项伯也一度在江湖上胡混。自古以来，浪迹江湖都免不了杀人，或者被人杀。项伯有一次就杀了一个人，他怕苦主寻仇，撒腿逃到下邳。那时张良正躲在下邳当寓公，日子过得很滋润。项伯得知投奔张良可以有吃有喝，立刻登门拜谒，得到张良的热情接待。想起这些，报恩的渴望像毒蛇一样啮咬着项伯的心，他想，不行，说什么也得救下恩公。

他牵出一匹骏马，连夜就奔刘邦的军营而去。虽然说两地相距不过十公里，但那时正是寒冬腊月，北风呼啸，道路不仅坎坷，也没有路灯，但项伯全然不顾，恨不得插翅飞到霸上。终于他到了目的地，上气不接下气跳下马，拉起张良就要对方跟他走，仿佛去教堂里抢别人的新娘，他说：“不要给刘邦陪葬。”

张良立刻寻找托词：“我奉韩王的命令送沛公，沛公现在有难，我不能不辞而别，否则太不仗义了。”

他脸上义气的光辉把项伯镇住了，毕竟自己当年就靠着对方的义气活到现在，项伯也不能太不讲情理，于是让张良去报告刘邦。

刘邦听了这个惊天噩耗，目瞪口呆，说：“这可怎么办？”

张良问："项羽的理由就是您派兵擅自封住函谷关，这是谁给您出的馊主意？"

刘邦骂道："一个该死的腐儒，他说，只要封住函谷关，不让诸侯进来，就可以安稳当秦王。"

张良本来想说，这事你怎么不跟我商量一下，但寻思现在不是发火的时候，救灾要紧，就问："您觉得自己打得过项羽？"

刘邦道："当然打不过，为之奈何？"

张良道："那就出去告诉项伯，说您不敢背叛项羽。"

刘邦道："你怎么认识他？"

张良道："我救过他的命。"

刘邦道："你们俩谁年纪大？"

张良说："他大。"

刘邦说："那我也以兄长事之，请帮我叫他进来吧。"

张良出来，劝项伯一起进去见刘邦。刘邦已经准备好酒席，亲自举着大酒杯敬项伯，祝他万寿无疆，又要和项伯结成儿女亲家，说："我自入关以来，秋毫不敢犯，百姓的户口簿和秦朝的府库都封存起来了，就等项将军一来，就马上移交。至于派遣人守卫函谷关，不是为了阻挡项将军，而是怕其他的鸡鸣狗盗搞破坏。我日夜翘首盼望项将军进关，怎么会反叛呢？希望您能为我在项将军面前说说情。"

项伯被刘邦的苦情戏打动了，一口答应："但是，您最好明天一早来我侄儿军营中谢罪。"

刘邦说："好。"

那边项伯回去，立刻在项羽面前为刘邦说情："沛公如果不先破关中，您敢入关吗？现在人家有大功，您却想攻打他，此乃不义也，不如善待他，以免诸侯寒心。”项羽见叔叔也这么说，觉得自己的确做错了，一口答应。

第二天一早，刘邦告别了霸上大军，带着张良、樊哙、夏侯婴、靳强、纪信等几个人和上百骑士，奔赴鸿门，参加历史上赫赫有名的鸿门宴。

在酒宴上，刘邦一味服软：“臣和将军并力攻秦，将军战于河北，臣战于河南，没想到能侥幸率先突破秦军关口，在这里重新和将军相遇。听说有小人从中作梗，让臣与将军有些嫌隙。”

项羽这年才二十六岁，极度的年轻和骄傲使他口无遮拦：“这是你的左司马曹无伤告诉我的，不然，我项籍怎么至于这样？”他轻松地出卖了朋友，或者说，他并不认为这是出卖，反而或许认为，这是一种坦诚。他急于撇清自己，把错误推给别人，丝毫不顾及那个人将因此而落得家破人亡的境地。由此看来，项伯的游说，刘邦的道歉，其成功远远超出了预期。如果不是因为项羽觉得内疚，就算他再不懂得政治斗争，也不至于变得这样弱智。

既然达成了和解，双方开始痛饮。项羽是主人，他坐的位置最高贵，东向；他的掘墓人项伯叔叔也和他一样，东向。那个深谋远虑的老亚父范增则位置次尊，南向；至于两位宾客，刘邦和张良，都坐在卑下的位置，刘邦的座位向北，张良向西。项羽虽然原谅了刘邦，但尊卑秩序不可乱，可以想见在宴会上刘邦有着怎样的屈辱。

坐在南向的范增对项羽的态度大为生气，他举起所佩戴的玉玦，不停地对项羽使眼色。玦者，决也，也就是要项羽痛下决心，当场杀了刘邦，不要被刘邦的可怜相迷惑。项羽却默然不应。这个杀人不眨眼的勇士，大概对所有可怜虫都有难以抑制的同情心，就像他看见受伤的普通士卒，也会对之堕泪一样。

无可奈何的范增只好站起来，把项氏家族的一位年轻人项庄召到外面，语重心长地说：“君王为人不忍，你进去假装举酒祝寿，之后请求舞剑助兴，趁机把刘邦杀于座上。否则我们将来都会死在他手里。”

项庄答应了，他进去举酒祝寿，然后道："君王和沛公欢饮，军中没有什么可以助乐的，臣请以剑舞助兴。"

项羽说："好！"

项庄当即拔剑，舞了起来。也许是项伯发现了其中的端倪，他也当即离座拔剑，要求和项庄合舞。项庄几次想趁机击杀刘邦，却发现项伯像鸟张翼一样，遮住了自己的视线和剑尖。这时张良急得如热锅上的蚂蚁，找了个借口跑出去，和樊哙商量对策，樊哙问："事情怎么样？"张良说："不大好，眼下项庄正在舞剑，其意想借机击杀沛公。"樊哙当场急了："啊，这么紧迫，臣请进去和他们拼了。"

于是樊哙拔剑执盾闯入军门，军门口守卫的执戟卫士想拦住他，他侧盾撞之，力量之大，使得执戟卫士摔了个狗啃屎。樊哙可没有时间扶他们，他大踏步冲了进去，披开帷帐，西向而立，睁大双眼望着项羽，眼眶似乎要迸裂开来，怒发冲冠。他并没有真的脑袋发昏，因为他还保持了西向的位置，显示自己不敢僭越身份。而这种怒发冲冠的姿态，不过是为了充分表现委屈，给项羽更多的心灵愧疚罢了。

项羽起初吓了一跳，本能地握住剑柄，直腰欲起，问："这位客人是谁？"一旦回答不对，霸王就要上去斩人。

张良替樊哙回答："这位是沛公的参乘樊哙。"

那时给主君当参乘的，一定是精选的强壮之士，樊哙也不例外。连武力超群的项羽也不由得赞叹一声："壮士，赐他一卮酒。"

随从上来，赐给樊哙一卮酒，这是一只斗卮，容量是一斗。樊哙跪下拜谢，站起来一饮而尽。项羽又吩咐："赐他一只彘肩。"

随从又递给樊哙一只生的猪肩膀，似乎是偏跟樊哙作对。樊哙也毫不犹豫，置盾覆地，加彘肩于盾上，再拔剑将彘肩切成一块块，塞入嘴里大口吞吃。

项羽对他的豪爽颇为满意，问：“壮士，还能饮酒吗？”

汉代的一斗，等于现在的两升。现在的一升水，有两斤重，樊哙饮的酒，密度不知怎么样，但至少也得有一斤多，普通人喝一斤酒，估计也被灌得差不多了，樊哙为了取悦项羽，豁出去了，说：“一卮酒哪有必要推辞？秦王有虎狼之心，杀人唯恐不尽兴，刑人唯恐不尽力，天下因此背叛。怀王和诸将约定：先破秦入咸阳者当秦王。现在沛公先破秦入咸阳，登记百姓户口，封闭宫室府库，财物丝毫不敢取，还驻军霸上，等大王入关。之所以派人守函谷关，只是为了防备强盗出入及其他非常事变。沛公如此劳苦功高，大王非但没有封侯之赏，反而听从奸细的谗言，意欲加以诛杀，此乃步亡秦之后尘也，窃以为大王做得不对。”

项羽不是个无赖，大多数时候他是讲道理的，这时候要杀刘邦，确实是太没有理由。虽说中国人普遍认为，政治家不用讲诚信，不用讲道义，欲加之罪，何患无辞。但就算是“辞”，也要花时间去罗织，而这超出了青年项羽的能力。如果换了刘邦，只怕不会这么为难。这会儿项羽只好默然无语，岔开话题：“请坐请坐。”

樊哙于是和张良坐在一起，依旧西向。刘邦有些不自在，坐了一会儿，假装说：“我上趟厕所。”举手招樊哙一起出去，他在犹豫要不要立刻逃离，所以两个人在厕所里磨磨蹭蹭。

而在营帐中，项羽见刘邦迟迟不归，就派自己手下一个都尉去召刘邦。这位都尉并非凡人，而是个顶级阴谋家，在不久的将来，他偷偷从项羽军中逃跑，不远千里投奔了刘邦。在楚汉争霸的过程中，他为刘邦打败项羽起了重要作用。他就是赫赫有名的陈平。

陈平这次和刘邦交流了什么，我们不得而知。反正他没有完成项羽的任务，把刘邦带回营帐。

刘邦对樊哙说："刚才没有辞别，只怕不大好。"

樊哙这时显得很有文化，引用当时的谚语劝告："大行不顾细谨，大礼不辞小让。如今人为刀俎，我为鱼肉，还辞什么别。"大概是看项羽虽然被说服，但范增在旁，拖下去迟久生变。

刘邦也不再犹豫，决定火速逃归，让张良留下来解释。张良问："大王你来的时候，带了什么礼物？"刘邦道："带了白璧一双，想献给项王；玉斗一双，想献给亚父。但适逢其怒，不敢献上。你为我代劳吧！"又嘱咐张良："从骊山、芷阳之间的小路赶回军营，路程只有大路的一半。你算算时间，估摸我到了军营，再进去辞谢项王。"

张良答应了。刘邦吓得连车骑也不敢带，只骑了一匹马，带着樊哙、夏侯婴、靳强、纪信四个步行随从，从小路疯狂奔回自己的军营。张良估摸刘邦已经到了，才走进大帐，辞谢项羽道："沛公不胜酒力，醉成一团，不能亲自告辞。谨让臣奉献白璧一双，再拜献给大王足下；玉斗一双，再拜献给大将军足下。"

项羽很奇怪："沛公去哪了？"

张良道："听说大王有意责问他的过错，已经一个人跑回军中了。"

很多年前，我一直想不明白的是，对刘邦这种做贼心虚的逃跑行径，为什么项羽浑不在意。若说"欲加之罪，何患无辞"，这就算"辞"了：你刘邦是到我这来谢罪的，事情还没办完，为什么就鬼鬼祟祟地先跑了，显然是心中有鬼。然而项羽没想得这么复杂，他接受了刘邦的礼物，还把它放在座位上，显得很正式，很讲礼貌；而范增却气得要死，他接过玉斗就扔到地上，又拔剑将它敲得粉碎，骂道："唉！竖子不足与谋，夺走项王天下的，一定是刘邦，我们这些人都会成为他的俘虏。"

刘邦这次能保命，多亏了张良，他给了张良一笔丰厚的赏赐，统共一百镒黄金，两斗珍珠。“镒”是楚国的度量衡单位，相当于秦的“斤”，那时的一斤相当于现在的半斤，也就是说，张良这次得到了二十五公斤黄金。如果折合成现在的黄金价，大约有 700 万人民币。加上两斗珍珠，我不懂珍珠价，不知值多少钱。钱确实不少，但张良从小锦衣玉食，一辈子就没把钱放在眼里，把这批赏赐全部给了项伯。他知道，项伯可以发展为一个重要内线，随时为自己提供消息。当然这个内线和普通内线不同，他并不知道自己在发挥着内线的作用，可以称之为“被动卧底”。

七、项羽分封

在项羽的心里，大概并没有把刘邦当成一回事。如今他志得意满，进军咸阳，首先杀掉了秦降王子婴，又纵容士兵屠杀，四处放火。秦朝经营几百年的宫殿全部坠入火海，大火噼噼啪啪，烧了整整三个月才熄灭，整个城市笼罩在黑烟当中，漫天的灰烬飞舞，不见天日，给冬日惨淡的咸阳更增添了许多寒冷。关中百姓对项羽无不恨之入骨，他们迎来了刘邦，满以为从此结束了战乱，可以过上安稳日子，谁知却跑来了这么个山东莽夫，将他们的家乡折腾成了一片瓦砾。

项羽这么做，当然有他充足的理由，当年秦将白起攻拔楚国故都郢城，把楚国先王的坟墓烧了个精光。而他是楚王族出身，祖父被秦将王翦逼迫自杀，叔父死于秦将章邯的袭击，他对秦王族的怨恨怎么估计都不过分，这种仇恨是布衣出身的刘邦必然缺乏的。

烧掉了咸阳，项羽把珠宝和妇女装箱，满载而东，像强盗打家劫舍。有个姓韩的知识分子劝他："关中四面都是天险，表里山河，土地肥沃，适合称霸，您何必回关东呢？"项羽也有点后悔，但看见宫室都被自己烧光了，又怀念故土，于是说："富贵不回故乡，如锦衣而夜行，谁看得到啊？"韩生摇摇头，回去跟人说："人家都说楚国人像猕猴戴帽子，一时还人模狗样，但久了坐不住，本性就出来了。我起先不信，现在看来，果然不假。"

很快就有人来报告项羽："将军，那个姓韩的说你是猕猴。"项羽气得大叫："把他抓来，给我烹了。"他永远都是这么冲动。

烹掉韩生，项羽派人报告楚怀王："当年的约定怎么办？"言下之意，当初封刘邦为秦王这个约定应该重新考虑。谁知楚怀王不知高低，傻乎乎地回答："那当然要践诺啰。"

项羽大怒，没想到楚怀王这么不识相。这个怀王当年不过是个放牛娃，没有他项氏，哪能出头？谁知他一披上冠冕，就忘了自己的出身。当年不允许自己直接攻秦，已经旧恨难消；现在故意跟我作对，算是新恨又起。项羽当即召集部将，道："天下初起兵反秦时，诸侯并立，那是为了有复国的名号，办起事来方便。但三年来，亲自上阵披甲作战的是众位将军和我项籍。楚怀王一直在后方享福，有何功绩？不过看在道义的分上，我建议尊他为义帝，割给他一块土地，让他当个王过瘾。"

部将们当然赞同，他们跟着项羽打江山，谁不想自己做王，谁愿意当别人的下属？于是这年正月，项羽宣布，尊称楚怀王为义帝，还阴阳怪气地说："古代的帝王，国土都方圆千里，住在河流的上游，我看郴县（今湖南郴州）比较适合他。"要怀王去郴县即位。

郴县在耒水的上游，比衡阳还要靠南，接近南粤了。那时地方越靠南，生活越危险，都是些没开发的地方，居住的大部分是蛮人，还有各种爬行动物和看不见的可怕瘴气，一直到唐宋时代，文人还把流亡到两广视为鬼门关。郴县在战国时代的楚国就是边邑，据《鄂君启节》记载，当时鄂君的商船队伍沿着湖南南部的几条河流航行，走到郴县就再也不肯往南走了，因为太偏僻太落后，没有经商的价值。如今项羽叫怀王住那去，简直是流放，哪里是当义帝看待？

客观地说，项羽这着棋下得太臭，他悍然撕毁楚怀王之约，把楚怀王放逐到南方，在道义上完全落了下风，舆论将对他很不利。而打仗虽然主要靠实力，舆论也相当重要，这也可以说是项羽最后失败的一个重要因素。

接着项羽开始分封天下。当时淮河以北，包括沛、陈、汝南、南郡之地称为西楚，彭城以东今天江浙一带称为东楚，衡山、九江、长沙、豫章，也就是今天安徽南部、湖北南部、湖南北部、江西一带为南楚。项羽选择了西楚九郡之地，自立为西楚霸王。

这时候他对在鸿门放走刘邦有点后悔，他也感觉刘邦是自己的劲敌，但后悔也来不及了，当时没杀，现在翻脸也不好看，况且违背盟约，只怕也让其他诸侯看不起。他和范增商量，得出一个决议：把刘邦封到巴蜀。因为巴蜀也是秦国最初的国土，也是关中，不算违约。

这当然很牵强，巴蜀算什么关中？关中一向指秦岭以北的渭河冲积平原一带，西散关，东函谷，南武关，北萧关，在四关之中，所以才叫关中；而巴蜀是秦国后来攻取的土地，一向用来流放犯人，大商人、丞相吕不韦就曾经充军到那里。这明摆着是欺负人啊！

但项羽拳头大，说了算，没处讲理去。

好在刘邦立刻想起了“被动卧底”项伯的作用，他派张良带着大批金银财宝，送给项伯做谢礼，算是报答鸿门宴上的照顾。前面我们说了，张良把自己那份赏赐，也加在了这份谢礼里面，请求项伯在项羽面前美言，要项羽把汉中地全部赐给他刘邦，不要再搞得支离破碎了。

项伯一下子发了大财，当即跑去找项羽，为刘邦说好话。项羽最怕的就是亲情，碰上姓项的，一点抵御能力都没有，被项伯叔叔这么一说，爽快地答应了。殊不知这给自己留下了祸患。要知道，古人划分地理疆域是很有心计的。汉中是今天陕西省秦岭以南的部分，古代信息交通不发达，如果秦岭以南是个独立的行政区，就可以依山为阻，自立门户，形成独立王国。但如果它的行政权被秦岭以北掌控，造反难度就大得多。因为要发兵没有权力。拿刘邦这种情况来说，如果关中属于章邯等人，刘邦一旦有所举动，就会被章邯发现，不可能轻易地打到关中。正因为秦岭以南刘邦自成王国，章邯对其一无所知，才会被其袭击迅速落败。所以项羽把关中给刘邦，实在是个大大的失策。

总之项羽很快正式宣布，以巴、蜀、汉中封刘邦为汉王，都城南郑（今陕西汉中）。

为了防备刘邦，项羽封章邯为雍王，王咸阳以西，都废丘（今陕西兴平）；封司马欣为塞王，王咸阳以东，一直到黄河，都栎阳（今陕西高陵东）；封董翳为翟王，王上郡，也就是今陕北和内蒙古一部分，都高奴（今陕西延安）。这三人占据的地方才是真正的关中。项羽大概认为，这三员老秦将很能打，曾经把起义军打得落花流水，如果不是赵高，自己也很难将他们收服。让他们三人对付区区一个刘邦，绝对不成问题。但他没想到时移世易，关中百姓都恨透了这三人，他们的战斗力起码要打五折，怎么还能打呢？

项羽共分了十八个王，除了刘邦和三秦王之外，标准有两个：第一，是否有军功；第二，是否革命彻底，跟着他一起进过关中。不符合这两个标准，就要吃点亏。比如原燕王韩广、齐王田市，因为没有跟从他入关，就被迁徙到辽东和胶东做王，原先的地方腾出来，另封别人。而一些地位低的，因为有功，跟得紧，就被破格提拔，比如臧荼和田都，分别封为燕王和齐王，占据了他们老主子的地方。有些人是打下哪儿就封在哪儿，比如瑕丘申阳攻下河南迎接项羽，项羽就封他为河南王；楚怀王柱国共敖率兵收复了南郡的大部分，被封为临江王。

这边刘邦听到分封，当然不服，他气得发抖，这也太欺负人了。头脑一热，当即就想发兵和项羽拼命。周勃、灌婴、樊哙、萧何等人皆劝，萧何说得很直接："大王请息怒，虽然在汉中称王很寒酸，但想想，总比做鬼好吧？"

刘邦还嘴硬："怎么就会做鬼？"

萧何道："咱们兵没人家多，和人家打，那是百战百败，怎么能不做鬼？大丈夫能屈能伸，当年商汤和周文王暂时屈居桀纣之下，后来才扬眉吐气。臣希望大王暂时就职关中，轻徭薄赋，与民休息，招募贤才，收用巴、蜀，将来反攻三秦，定可取天下。"

刘邦无话可说。四月初夏，草木葱茏的季节，他拜萧何为丞相，带着项羽拨给的三万人马去南郑上任。曾经，他积攒了十万兵马，满以为自己能做个响当当的秦王；他把兵马驻扎在霸上，诚心诚意地等候项羽的到来，却不料项羽不但不让他当秦王，反而夺走了他苦心积攒的大部分家当，这叫他心中怎不怨愤？

好在他有不俗的名气，除了项羽拨的三万人，其他楚地和诸侯国的无赖少年有数万人，因为追慕刘邦的名声，偷偷从南越过子午道进入汉中，去投奔刘邦。子午道非常险峻，一般人不愿走，但少年们不在乎。刘邦就像山谷一样，吸引着各种水流向他身边汇集。最可怕的是，这些投奔的人员中，有一个是不世出的军事天才，名叫韩信。我们后面具体会谈到。

张良对刘邦依依不舍，一直把刘邦送到褒中，才不得不洒泪而别，毕竟他是韩国贵族，韩国现在复国了，他得回到故国去。他临走的时候，还给刘邦出了一个计策："汉王，你这一路去，就一路把沿途的栈道烧掉吧，免得有诸侯强盗兵越界攻击，同时也可以迷惑项羽，表明你没有东去的野心。"

所谓"栈"，指架起来悬空的木板。栈道，自然就是悬空的木板道路。因为从关中到汉中，有一条道是横贯秦岭，经过褒斜谷的。它的南口曰褒，在今汉中市褒城附近；北口叫斜，在今陕西眉县西南 15 公里，褒斜谷总长约 235 公里，因褒水和斜水两条河流得名，两水同出一山，但流向不同，斜水北流至渭，褒水南流至汉，两岸都是崇山峻岭，自战国起，就有人在谷中凿石架木，修筑栈道，历代踵继，多次增修，后人就命名为“褒斜道”，也是当时跨越秦岭最方便的一条道，而其他道路都要翻过很高的山岭。烧掉栈道，汉中和关中就相当于隔绝了。

其实项羽已经没有精力关注刘邦，因为他分封的其他诸侯国相继出事了。

第八章

烽烟再起

一、韩信出场

首先出事的是齐地。

项羽把齐王田市迁徙为胶东王，都城即墨（今山东平度东）。改立齐将田都为齐王，都临淄（今山东临淄），因为他跟着自己打仗，攻入关中。又立田安为济北王，都城博阳（今山东泰安东），因为他在巨鹿之战前攻下了济北郡的几个城，率兵归顺了项羽。这三位齐地的诸侯王全是故田齐贵族，按理说肥水没落入外姓手中，大家都应该满足了。

但田荣首先就不高兴，他觉得自己算义军元老，应该有片土地当王，但因为在巨鹿之战的时候，他囿于私怨，不肯发兵帮助楚国和赵国解救巨鹿之围，所以项羽懒得理他。现在田荣听说自己的侄子田市也被项羽迁徙到胶东，齐王另由田都来做，当即就发作了。田荣当即发兵袭击田都，田都不敌，逃到彭城，向项羽哭诉。那边田荣不许侄子田市迁徙到胶东，谁知田市太畏惧项羽了，觉得当胶东王虽然不公平，但总比什么都不是强，于是在一个月黑风高的夜晚，带着亲信偷偷逃到即墨去即位。

田荣听说后大怒，当即发兵赶赴即墨，一战之下，擒获了田市。这回他对自己这个不争气的侄子绝望了，再也不客气，手起刀落，就将田市的首级斩落地上，然后自称齐王，发兵屯守边境，严密提防楚国的进攻。田荣的这番举措，引来了一个人的注意，这个人我们很熟悉，他就是巨野泽畔的大盗彭越。

彭越这时已经有上万人，项羽分封，竟然没有想到他，他当然也不满意。田荣听说了这个消息，觉得可以同仇敌忾，当即和彭越接上了头，给彭越颁发了一块将军的印信，要求他立刻发兵攻打济北国。彭越确实很能打，七月，彭越的军队击破了济北王的军队，斩济北王田安。整块齐地就这样落入了田荣手中，他这个齐王开始当得名副其实。

田荣没想到彭越这么能打，顿时刮目相看，又要求他南下击楚。彭越不知怎么搞的，也满口答应。项羽听说后，派一个叫萧公角的带兵迎击彭越。楚国的县令称公，这位萧公角大概当时官任萧县县令。他打仗不行，碰上彭越，一接战，被杀得大败。

项羽只好盘算着亲自出征，这时一个人像信鸽一样飞了进来，大呼小叫："不好了不好了，大王，刘邦已经攻拔关中，下一个目标就是我们楚国了。"

这时候刘邦确实已经出兵，他从故道（褒斜道以西的一条跨越秦岭的通道）越过秦岭，袭击章邯的雍国。刘邦为何敢于下这么大的决心，原来是一个叫韩信的人在背后给他打气。

韩信在中国可谓妇孺皆知，他是淮阴（今江苏清江西）人，家里穷得揭不开锅，但读了不少书。在当时完全可以走仕途，但秦朝制度，要当官，家产必须达到一定数目。韩信穷得叮当响，品行又不大好，没有这机会。他很懒，穷得没饭吃，到处蹭饭，惹得人人生厌。他有一个熟人，是下乡的南昌亭亭长，在这位亭长家，他老是不客气，一口气蹭了几个月饭，把人家家里当成了免费食堂。亭长倒没说什么，但亭长的妻子不干了。又不是自己儿子，凭什么养着他？但硬赶也不大好，这位妻子急中生智，想了一个办法。有一天凌晨，天还没亮，亭长夫人就咬牙爬出暖乎乎的被窝，打着呵欠把饭烧好，喊老公孩子起床吃了。等韩信踏着往日的钟点过来，掀开锅盖一看，空空如也。他知道怎么回事了，人家不喜欢他。他恼羞成怒，拔腿就走，从此和亭长绝交。但人又不能空着肚子，于是他跑到城郊去钓鱼吃，旁边一个浣纱老妪见他饿得不行，递给他几个饭团。他几口吞下，高兴地说："大娘，将来我发迹了，一定好好报答您。"

老太婆怒了："王孙（一种敬称），你长得高高大大，竟连自己肚子都混不饱。我看你可怜才施舍你，谁稀罕你报答？"

韩信满脸羞惭，掩面走了。他虽穷，但总不忘带着剑，这天走到市集上，一个少年屠夫讽刺他："竖子，你长得虽然高大，又剑不离身，其实是个窝囊废。"他对众人大喊："这竖子要是不怕死，就刺我；要怕死，就从我裤裆下钻过去。"

韩信盯着小屠夫看了半天，突然俯下身子，像条蛆虫一样袅袅蠕动，从小屠夫胯下爬了过去。市集上的人乐得前仰后合，于是更加看不起韩信。

项梁杀了会稽守殷通之后，不久北渡淮河作战，韩信跑去投奔，直到项梁战死，也没崭露头角。项梁死后，项羽拜他为郎中。他屡次给项羽出谋划策，项羽都无动于衷，因此觉得所遇非人，听说刘邦爱惜人才，当即逃出项羽军营，跟着其他恶少年一道，越过子午道去投奔了刘邦。

刘邦起初也没当他是一回事，只拜他为连敖，这也是一种楚国的官职，具体什么级别，史家失考。有人认为"连"读为"辇"，"连敖"就是专门掌管君主辇车的官职，也有人认为是近卫队，总之没有确论。这应该是刘邦最后一次采用楚国官制了，很快出现在史书上的，就是清一色的秦式官名，这标志着刘邦彻底"脱楚入秦"，准备效仿秦始皇，再干一番统一天下的伟业。刘邦采用秦国制度，对他战胜项羽有没有帮助，我想肯定是有帮助的。秦国当年之所以能够吞并六国，一统天下，并不因为它武器多么先进，士兵多么强壮，而在于它的制度。秦国基本可以说是战国七雄中比较贫穷的国家，老百姓过得很苦，每次战后，战败国的老百姓都往东边跑，不想当秦国的子民，这点秦国自己也承认。秦国的兵器质量大概也是七国中最差的。当东方六国都普遍使用铁制兵器的时候，秦国的兵器大部分还是铜制。但在冷兵器时代，决定战争胜负的，主要是国家动员能力。秦国靠着其野蛮专制的政体特征，获得了空前巨大的国家动员能力，能集中力量办大事，驱民如犬羊，最终战胜了六国。由于六国普遍比秦国富，所以秦国每占领一地，相当于获得了富庶的财力和兵员。六国的土地也适合耕种，生活方式相仿，可以融合，可以固守，所以秦国越战越强，相当于抢劫致富。

秦国的政体到底和东方六国有什么不同呢？有人说，秦朝自商鞅变法之后开始强大，因为它的改革很彻底，而东方六国改革不够彻底，所以不强，其实这是错误的。秦国的文化背景和东方六国一开始就有所不同，它本身就是建立在野蛮的基座上，带有浓厚的戎狄色彩。这种戎狄文化特征的国家，一向就有君主独断一切的传统。近几十年来，考古学家对春秋战国时代各国墓葬进行发掘分析，发现了一个惊人的现象：东方六国的墓葬等级呈多阶层、小间隔分布，相邻级别的墓葬，规模差距很小。而秦国则不然，秦墓的国君和卿大夫之间墓葬规模存在着惊人的落差。

举例来说，春秋战国时代，其他诸侯国卿大夫的墓葬中经常陪葬金石玉器，而秦国卿大夫的随葬品却和普通百姓的几乎没什么区别，见不到金石玉器，而秦国国君墓的陪葬品却异常豪华丰富。今天的陕西凤翔，曾是秦国的故都雍城，发掘过春秋时期的秦国王陵，整个陵区占地面积达 21 平方公里，在当时，一个大城也不过如此规模。而其中的秦公一号大墓，墓主被认为是秦景公，公元前 577 年即位，在位 40 年，陵园总面积达 5334 平方米，比河南安阳侯家庄商代国王陵大 10 倍，殉葬的活人就达 184 个，声势之大，远远超过东方六国诸侯王的墓葬。这说明秦国在商鞅变法之前，国君就一家独大，和东方六国分权的贵族体制有着本质的不同。各国的变法，之所以能在秦国取得最大的成功，和秦国的国情是密切相关的。也就是说，秦国具有培育专制的优良土壤。在具有绝对权力的秦王面前，万民都是他的臣仆。一人为主，万人为奴，这种政治架构，在秦统一后被施加到全国，成为两千多年来中国政治的常态。

在这种专制力量下，秦国为所欲为，集中力量干大事。它可以禁绝一切和打仗无关的事务，处罚一切不从事粮食生产、不会打仗的人，把他们称为“蠹虫”。只要听从政府的号召，积极上战场杀人，就可以改变命运。封官赐爵一切以实际战功为准，李斯为丞相，可谓劳苦功高，可始终没有封侯，得到封侯的都是王翦、王贲等一些亲自率兵打仗的人。普通士兵则按照“首级俱乐部”制来犒赏，也就是根据战场上斩获首级的多少计算功劳。无论是谁，都必须在战场上斩到足够的人头，才能获得这个俱乐部的高级会员资格，才有望封侯。虽然残酷，但对秦国那一眼望不到边的穷人来说，非常有吸引力。他们都渴望通过杀人改变贫穷命运，所以每次战争一起，六国的百姓都互相吊问，非常悲伤，害怕死在战场上；而秦国的百姓则张灯结彩，互相庆贺，等着杀人提干升官。在这种情况下，六国怎么可能是秦的对手？所以，秦国最后能够统一天下，并不说明它有多先进，只能证明它有多野蛮。现在刘邦必须采用这种制度，才能像当年的秦国一样，集中力量办大事，击败项羽。当年国民党为什么能战胜北洋军阀，也是因为吸收了苏联体制，组织严密，和秦国类似，再加上理想主义信仰的优势，极其悍勇，所以那些北洋军阀一触即溃。

回到我们的故事中来。韩信被封的连敖一职虽然具体无可考，但应该不算低，至少也该相当于现在的营长。按说韩信混得算不错了，但他仍不开心，因为他觉得自己是当王的料，营长算个什么。既然感觉怀才不遇，做起事来就不会尽心，就这样马马虎虎地耗着，谁知不但没有升迁，反而不小心犯下了杀头的罪。具体什么罪，史书上也没说，只是描绘了行刑的情况。当时死刑犯一溜斩头的有十几个，韩信排在第十四。前面十三枚人头都骨碌碌滚落到地下，下一个就轮到他了。他苟延残喘地号了一嗓子："大王想不想打天下啊，怎么杀我这样的壮士？"

当时的监斩官是夏侯婴，众所周知，他是刘邦阵营中为人最宽厚的一个。发现韩信相貌不凡，他立即下令停斩。把韩信叫过来聊了几句，夏侯婴大为惊奇，发现这人确实见识不凡，于是向刘邦力荐，刘邦仍旧没在意，只拜韩信做了个治粟都尉。

治粟都尉官职不小，掌管军粮生产事宜，地位非常重要。可韩信觉得自己的特长在杀人，不在农业生产。他经常去找萧何聊天，和夏侯婴一样，萧何也相当惊奇，这家伙怎么这么厉害，见解犀利不凡，和他相比，其他将领都不值一提。萧何也屡次找刘邦，大力推荐韩信。但刘邦这时心情很不好，在去南郑当王的路上，他手下就有不少将军开小差逃亡了。因为都是山东人，谁也不想窝在大西北扎根一辈子。刘邦很痛苦，哪有心情理会韩信？直到有一天士兵来报告："大王，不好了，萧丞相也跑了。"

刘邦气得跳了起来，别人跑了没关系，萧何擅长烦琐的行政工作，自己可离不开他啊。我们前面讲过，萧何是当时一等一的行政人才，当年在沛县当主吏掾（人事处长）的时候，就因为行政才干卓异，而被泗水郡的监察官举荐到朝廷。只是萧何当时发现秦王朝要完，婉拒不就。后来他随着刘邦进了关中，又专门收集秦朝各级官府中的图书和档案，所以对全国各郡的贫富、地形、户口等情况了如指掌，萧何这个人，绝对是丞相之才，和周恩来类似。没有萧何，刘邦的前景绝对黯淡。所以他感到自己像断了左右手，魂不守舍，茶饭不思。谁知过了一两天，又有人来报告："大王，太好了，萧丞相回来了。"

刘邦喜怒交加，萧何一露面，他就破口大骂："你为什么逃走？气得老子好苦。"

萧何解释："臣不敢逃亡，而是帮大王追逃跑的人去了。"

“谁值得你这个丞相卖力去追？”刘邦奇怪。

萧何道：“治粟都尉韩信。”

刘邦觉得被耍，当即又破口大骂：“胡说，十多个将军跑了，你不追，却去追韩信，骗谁？”

萧何道：“那些将军，不值一钱。但像韩信这样的，国士无双啊。如果您想在这当个安稳王，韩信这人跑也就跑了，不影响什么；但是，如果你想打天下，少了韩信就绝对不行。就看您的志向了。”

刘邦道：“废话，老子当然想出去打天下，你以为我就想扎根大西北？”

萧何道：“那还等什么？赶快重用韩信。不重用他，他终究会跑掉。”

刘邦道：“好吧。看你的面子，我拜他为将军。”

萧何摇摇头：“他还是会跑。”

刘邦诧异：“难道拜他为大将？”

萧何说：“这样再好不过。”

刘邦怕惹萧何生气：“好吧好吧，叫他来，马上拜。”

萧何摇摇头：“不行，您向来满嘴脏话，傲慢无礼。现在拜大将，像呼儿子似的，有尊严的人谁受得了？韩信不是一般人，您要是对他这么呼来喝去，他还是会跑。您如果真有诚意，就先挑个黄道吉日，斋戒几天，然后设置坛场，备上猪头三牲，召集众将观礼，再宣布拜韩信为大将。”

刘邦满口答应：“好。”

刘邦要拜大将的消息立刻像春风一样传遍了军营，史书上说：“诸将皆喜，人人自以为得大将。”估计自我期望值最高的是曹参、周勃、樊哙等几位，毕竟很早就在丰沛街上紧跟刘邦混，膂力也不错，无论比功劳还是友谊，都非他们莫属。

然而他们想错了，当韩信被赞礼官宣上台接受大将印信时，他们一个个都张大了嘴巴，怎么回事？这不是那个治粟都尉吗，这竖子凭什么就当上了大将？

虽然心中有疑问，但毕竟是军营，不是开玩笑的，众将都不敢说话。韩信接受了大将印信，礼毕，大剌剌地坐在上座。刘邦假装文明起来：“丞相屡次向寡人推荐将军，将军有什么可以教导寡人的？”

韩信谦虚了两句，开门见山：“现在和您争天下的，不就是项羽吗？”

刘邦道：“嗯。”

韩信道：“大王您自己掂量一下，要比勇猛、彪悍、仁义、威强，比得过项羽吗？”

刘邦默然，心想，这家伙也太直接了，非要人当场承认自己不行，但现在不是吹牛皮的时候，你说自己样样都强，还要人家辅佐干什么？于是老实承认：“不如也。”

韩信再拜夸奖道：“祝贺大王，肯承认自己的不足。臣也觉得大王比他不上。不过，臣侍奉过项王，可以讲讲项王的为人。他确实勇力非凡，一声大吼，能把上千壮士吓得两腿打战，连逃跑的力气都没有。但他不能任用贤人，这点匹夫之勇，终不足以成大事。他为人虽然残暴，但对手下士卒那可是真好，恭敬慈爱，不停地唠叨抚慰，像老太婆一样。看见人生病，会流着眼泪把好吃的全部拿出来跟人分享；但在有些方面却小气得要命，人家有了功劳，印信拿在手上把玩，角都磨圆了，还舍不得颁赐，这就是所谓妇人之仁，怎么能驱使真正有野心有才华的人为他卖命呢？巨鹿一战，他威震天下，诸侯皆受其驱使，却不知道占据关中这么好的形胜之地为王，而跑回彭城那种四战之地，未免有些愚蠢；他封自己的亲信为王，又把原先的诸侯王驱逐，很不公平；还把义帝放逐到郴州，大兵到处，城邑无不惨灭，让百姓失望。他虽然号称霸王，其实不得民心。如果大王能够重用天下勇将，谁能抵挡？按功行赏，不吝啬，功臣谁人不服？凭借士卒想东归故乡的心情作战，敌国之兵谁不惊惧？尤其如今统治三秦的将军章邯等人，起先率领关中子弟东出函谷关镇压义军，战死者不可胜数；又投降项羽，被项羽坑杀关中兵二十万，虽然项羽强行任命他们为三秦之王，关中百姓却对他们恨得咬牙切齿。大王在关中的时候，秋毫无所犯，百姓日夜盼望大王能够回到关中做王。按照义帝之约，关中本来就该是大王的，大王没有得到关中，关中百姓无不深深遗憾。只要大王肯下决心，发兵收复故土，关中很快就会望风归附。”

刘邦大喜，开始调兵遣将，做好进攻关中的准备。他留萧何在南郑搞后勤，把巴、蜀的粮食全部调拨到前线。这年八月，就从原路去出击雍国了，不过才走了一半路程，就听到探马来报：“大王，谷口有章邯派出的大兵防守。”

刘邦很沮丧，这时旁边一个谒者赵衍站了出来：“大王，我知道一条道路，一样可以到关中，走的人不多，章邯肯定防守不严密。”

赵衍建议的道路叫故道。这条道在褒斜道的西边，它北面是陈仓（今陕西宝鸡市东）。但大军行进，总免不了走漏风声，章邯也很快得到刘邦军改走故道的消息，立刻率兵到陈仓堵截刘邦，不出所料，他原先骁勇的战斗力消失得无影无踪，被刘邦杀得大败，逃到好畤（今陕西乾县东），停下来和刘邦再战，又败；继续逃往国都废丘（今陕西兴平）。刘邦率军把废丘团团围住，同时派樊哙和周勃去进攻西县（今甘肃天水西南）。两人不负期望，在雍县大破章邯的轻车骑兵，在好畤击破章邯弟弟章平的军队，又击破章邯部将赵贲军，攻下郿（今陕西眉县东）。其他将领略定陇西、北地、上郡。

雍王主力一破，塞王司马欣和翟王董翳很快投降，果然如韩信所料，刘邦不费吹灰之力就攻下了关中。

二、齐赵联兵抗项羽

除了关中之外，刘邦还派了薛欧、王吸率兵出武关。这两位进入故南阳郡，也一路顺利，南阳全郡大部分落到了刘邦手中。而且，他们在南阳还和刘邦的一个旧友接上了联系，这位旧友名叫王陵。

王陵，沛县大族，在当地也是一霸，刘邦当年对他以兄长事之。所以，当刘邦起兵称沛公后，王陵和雍齿一样，有些不服气，自己拉了一支军队，四处游击，但没搞出什么名堂。刘邦当了汉王，他也没有得到什么名分，只带着几千人在南阳地界观望。如今看到刘邦的部下出关，要和项羽争天下，他终于想通了，不能老揣着以前的资历不放啊，于是宣布归附刘邦。刘邦很得意，以前的大哥终于想通了，他命令王陵去沛县把自己的父母和家小接出来。从此我们可以发现一个真相，刘邦确实是个“干大事的人”，这样的人为了事业，绝不在乎家小。沛县那时在项羽的势力范围，刘邦没把家小接到汉中，就敢举兵反叛，说明他从来没把亲人的安危当一回事。

在刘邦的东进压力下，项羽总算回过神来了，发兵屯守阳夏（今河南太康）。他的军队可不是吃素的，刘邦的步伐终止了。与此同时，项羽还将王陵的老妈捕获，当王陵的使者到项羽军中时，项羽让王陵的母亲东向坐，表示很尊重，希望由此引诱王陵归顺。使者告别时，王陵母亲借口说要送别使者，偷偷对使者哭泣：“帮老妾传个话给王陵：一定要好好侍奉汉王，汉王是个忠厚的人，夺取天下是必然的，不要因为老妾的缘故三心二意。”说罢当即自刎而死。项羽大怒，可惜人已死，只好把她的尸体烹了一遍。

项羽又封原先的吴县县令郑昌为韩王，原先的韩王成因为没有功劳，项羽虽然名义上还封他为韩王，实际上没有准许他到国上任，一直留在自己身边，废为穰侯。这时张良给项羽写了一封信，说刘邦并没有无止境东进的意思，他只想得到关中，因为按照怀王的约定，这是他应得的。他还同时寄给项羽一些齐国和魏国来往的书信，渲染说齐国想和赵国联合起来吞并楚国。

齐国的田荣和他的联盟彭越确实把项羽搞得有点狼狈，但在赵国，是谁想搞定项羽呢？原来是陈余。

这里还必须回溯一下陈余和张耳在巨鹿之战时的事情。

我们知道，陈余和张耳是刎颈之交。巨鹿之战时，张耳被王离军围在巨鹿城内，其他诸侯国的兵鉴于秦兵的凶悍，都远远作壁上观，不敢前去救援，这其中就包括陈余和张耳的儿子张敖。

张耳对自己的儿子比较宽容，对陈余就不同了。对陈余的作壁上观，他非常悲愤。做了几十年的朋友，不说别的，光两人隐居在陈县相依为命就有十年，如今自己有难，他竟然不肯救。可见在张耳的心目中，朋友比儿子更亲。他宽于责子，严于待朋。在旧时有些豪杰确实是这样的，这似乎违背了人天然的伦理亲情，和儒家的五伦排序也颇相违背。但在中国，却并不难理解。因为朋友进可以帮助自己欺男霸女，退可以帮助自己喋血复仇，而柔妻弱子有什么用呢？不但不能帮忙，只怕还是个累赘。

不过人家陈余可不这么认为，要说朋友割头换颈，你要是死了，家产却只会传给你儿子，我能得到什么？况且我确实不是不肯救，而是没能力救。张耳曾经派出心腹张黡、陈泽到陈余军中催发救兵，陈余咬咬牙，从自己不多的家当中拨出了五千人，交给他们指挥。但这五千人一入王离军中，立刻像一块石头扔进了池塘，只冒了个水花，就平静如故。然而这些，躲在巨鹿城中的张耳并不知道。陈余后来又一再给项羽写信，请求项羽赶快进兵。项羽这才破釜沉舟，和王离大战，将王离军全部剿灭，解了巨鹿之围。而张耳却因此深恨陈余，见到陈余就伸出愤怒的手掌，要他交出自己的两位心腹张黡、陈泽。陈余有苦说不出，张黡、陈泽两人早就被秦兵杀死了，还附带了自己五千人做殉葬，自己去哪交人？无奈任凭陈余磨破了嘴皮子解释，张耳都不相信，认为肯定被陈余杀了。

陈余最后也急了："没想到您对臣的怨恨如此之深，臣之所以留在城外，想着就算您遭受不幸，臣也可以为您报仇。难道您以为臣只是为了保存实力吗？臣今日把军队全给您，这总行了吧？"说完解下自己腰间的印绶，推给张耳。

陈余这个举动颇反映性格，他读儒家书多，很讲究砥砺节义。他的性格中，还不仅仅是流氓的江湖道义一套。他对张耳的兄弟之情，也是很真实的，要不然不会一怒之下，连军队也不要了。要知道在乱世中，军队就是性命啊！

张耳一时很错愕，本能地推辞。本来这件事可能会和平解决，可是千不该万不该，陈余这时有点内急，想上厕所。他把印绶扔在案上，径直出去了。而这时张耳的一个门客立刻劝谏："臣听说'天与不取，反受其咎'，现在陈将军把官印送给您，您却不肯要，此乃违天意，不祥莫大焉。赶快把印拿着。"

当时的人自有一大套立身格言，每个人都遵循这套，倚之行事。"天与不取，反受其咎"就是一个例子，张耳立刻被说动了，把那印绶死死抓在手里，给自己佩戴上了。陈余出来一看，气得呼吸沉重，自己让一让官印，以为能感化他，消除误会，谁知他还真就"当仁不让"，自己真是瞎了眼，怎么结交了这样一个利欲熏心的人。陈余当即跑到院子里，召集自己几百个铁杆哥们，跑到黄河岸边南皮县某湖泽边找了块清净地方，过起了渔猎生活，静观世变。后来还曾写了一封信给章邯，劝他向项羽投降。可以说，陈余虽然身在江湖，心存魏阙，对推翻秦朝还是有一定功劳的。

张耳靠着那官印，将陈余的军队收归己有，仍是当他的赵国丞相，之后又跟着项羽入关，算是有些功劳。他结交的朋友多，那些朋友都在项羽面前说张耳的好话。项羽也早听过张耳的名气，毕竟是江湖前辈啊，于是把赵王歇迁徙到代地，而封张耳为恒山王。

陈余也听说项羽在咸阳分封，早派了自己的门客去项羽身边游说："对于赵国来说，陈余先生和张耳的功劳是相等的，不宜厚此薄彼啊。"

可项羽不吃这套，他认为陈余虽然先前不错，但最后因为儒家知识分子的局限性，脱离了革命队伍，没有跟着自己入关，所以不肯封陈余为王。听说陈余如今在南皮，于是随便划了南皮周围三个县给陈余，顶多算是个列侯吧。

陈余接到消息，气得发疯："张耳和我的功一样，现在他当王，我只封侯，项羽啊项羽，你还懂得什么叫公平吗？"恨是恨，但自己势单力孤，毕竟不能跟项羽叫板，仍旧把侯位接受了。他日夜等候，希望能等到天下重新大乱，自己能有报仇的机会。没想到很快就听到田荣在和项羽叫板，自己的机会来了。

他派自己的心腹张同、夏说去游说齐王田荣："项羽宰割天下，太不公正了。把他的亲信将领都封到膏壤之地，旧诸侯王都迁徙到穷山恶水。比如人家赵王歇，一世贵胄，却被赶到代地去，太让人气愤了。我听说大王已经起兵讨伐项羽的不义行径，希望大王能资助我一点兵马，让我进攻伪恒山国张耳，把原先的赵王请回来。赵国一旦复国，就可以和大王共同抵御项羽的疯狂反扑，请大王三思。"

而田荣这时正想团结一切可以团结的人，当然很高兴，立刻拨了一些兵马给陈余。陈余大喜，将自己管辖的三县青壮全部征发，加上齐国的援兵，突袭恒山国。张耳率兵迎击，打不过，大败而走，向西一路投奔刘邦去了。刘邦刚刚把章邯围困在废丘，在废丘城外隆重接待了他，都是老朋友，刘邦殷勤劝慰自己这位昔日的大哥，许诺一定帮他复国。张耳于是死心塌地待在刘邦军中。

那边陈余则迎回代王歇，重新立为赵王。赵歇很感动，把代地封给陈余，让他也过过做王的瘾。陈余接受了，但觉得赵国新立，基础未稳，留下来辅佐赵歇，而让夏说代替自己去代国，以代相国的身份守卫代国。

张良的信中所说的齐、赵联兵，就是这个情况。项羽对张良虽然也许并不相信，但鉴于田荣和陈余确实闹得轰轰烈烈，他不能不强迫自己相信：刘邦确实没有多大野心。在这种局势下，自己没有必要亲征刘邦，先把齐、赵搞定是正经。他决定首先亲征齐国。与此同时，他还命令义帝赶快去郴州上任，又密令自己分封的九江王英布、衡山王吴芮、临江王共敖在路上将义帝劫杀。

很快就到了正月，离秦朝灭亡已经一年多了，项羽的兵力部署完毕，开始全力北上进攻齐国，在城阳（今山东菏泽东北）和田荣军接战。田荣哪打得过项羽，大败，逃往平原（今山东平原南）。大概田荣也不得民心，当地百姓把他杀了。项羽于是立田假为齐王，继续进兵到北海。如果这时项羽理智一点，就应该趁势抚慰齐国百姓，将局势稳定下来。可他屠夫心态发作，竟然一路烧杀抢掠，城郭全部夷为丘墟，田荣的降卒全部坑杀，老弱妇女全部被掳掠。齐国百姓大为失望，纷纷相聚组成游击队反抗项羽，项羽陷入战争的泥沼，无法立刻平定齐国，以腾出手来对付更大的敌人——刘邦。

与此同时，刘邦在西边一日接一日地扩大其战果，他进攻北地，俘虏了雍王章邯的弟弟章平，彻底断绝了废丘城中章邯的内援，又从临晋（今陕西大荔东）渡过黄河，进攻魏国，魏王豹举手投降，率国内兵跟从刘邦征伐，再南下进攻河内的殷王司马卬。而大约在此前，司马卬听说刘邦欲东，早就识相地宣布反楚，项羽听说了这个消息，问：“谁帮我去把殷国收复？”

帐下有一个人主动请缨：“大王，臣愿意去。”项羽一看，原来是自己的都尉陈平，也就是当年在鸿门宴上和刘邦有过接触的那个人。

三、阴谋家陈平

陈平是阳武县户牖乡人，战国时属魏国，他家里有田三十亩，还有一个哥哥。兄弟俩感情很好，陈平从小喜欢读书，哥哥就不让他干活，让他到处游学。他长得又白又壮，很帅，有人很嫉妒，问："小陈，你家穷得老鼠都不愿光顾，你吃什么了，长得这样肥白？"他嫂子没好气地代答："还不是吃糠咽菜。有这样的小叔子啊，还不如没有。"她大约是恨陈平懒，不干活只花钱，把家里搞得赤贫，搞得她只能天天吃糠咽菜。

大嫂为这话付出了巨大的代价，她的话撒开两腿，很快跑到陈平大哥耳朵里去了。陈平的大哥勃然大怒，仗着自己生活在幸福的男权时代，二话不说，挥挥手把老婆赶回娘家，好好反省吧。

陈平很快到了娶妻的年纪。他想找个有钱人家，能继续供他游学，但"富人莫肯与者，贫者平亦耻之"，他还看不起穷人家的女儿。后来他瞄准了一个目标，本乡富家张负的孙女。这个孙女五次许嫁给人，但每次正要过门，未婚夫就准时死掉，最后搞得没人敢下聘。陈平不怕，他觉得自己命硬，决定非那女孩不娶。有一天，邑中有人家办丧事，陈平也跑去帮忙，很积极，每天披星戴月，早出晚归。恰巧张负也去了，发现陈平长得确实帅，是个做孙女婿的人才。于是等傍晚陈平回家时，就一直尾随，他发现自己不知不觉走到了一个背靠外城的棚户区。陈平家穷得别说防盗门，连普通门板都没有一块，只用一张破席子挂起来遮挡。但张负没有心凉，细心的他发现了一个极其重要的信息，这个信息让他暗暗下了决心：非把孙女嫁给陈平不可。

那是一个什么信息呢，怎么会如此重要？

原来陈平家虽然一贫如洗，门口却有横七竖八的车辙。史书上说的是“多长者车辙”，那时的长者，都是有身份的人，他们肯来拜访陈平，说明什么？说明陈平不是一般人，将来一定会有出息。

陈平就这样成了富家女婿，从此再也不穷了，“赀用益饶，游道日广”，也就是说，因为有了钱，结交的酒肉朋友越发多。有一次小区祭祀社神，父老还推举陈平当社宰，给大家分祭肉。他不负众望，分得相当平均，没有一个不满意。大家都夸他：“阿平真能干！”他也大发幽叹：“唉！要让我陈平来宰割天下，肯定也像分肉一样均匀。”

不久陈胜起兵反秦，派周市收复魏地，周市立魏咎为魏王，在临济（今河南封丘东）和秦军大战。陈平听说后，立即带着一帮志同道合的少年渡河去投奔魏咎。魏咎对他很青睐，拜他为太仆（交通部长），官职很不小，引起了大家的嫉妒，在魏咎面前说他的坏话。陈平一看不好，怕出事，连夜逃回了家乡。这倒是好事，因为不久后章邯攻破临济，周市战死，魏咎自杀，陈平捡回了一条命。

很快，项羽的军队打到黄河边，陈平又去投奔，一直跟着项羽东征西讨，打入了关中。项羽赐他爵为卿，官为都尉，应该说已经很高了。但陈平和韩信一样并不满足，他还想再升，但再升就得引起领导注意，现在项羽询问谁能去收复殷国，他怎么能放弃这个好机会呢？

项羽很高兴，当即赐陈平为信武君，因为陈平就是魏国人，所以让他率领故魏王咎的宾客，以魏国的名义去讨伐殷王司马卬。司马卬很无能，抵挡不住陈平，很快就投降了，大概承认了自己的错误之后，项羽没有拿掉他，仍旧让他当殷王。项羽又派项悍去奖励陈平为都尉，赐给他二十镒黄金，可是陈平还没来得及高兴，那边报告说刘邦攻下了殷国，殷王司马印又投降了。项羽一听，觉得陈平这帮人毫无用处，声言要诛杀他们。陈平听到消息，赶紧把黄金和自己的官印封存，派人送给项羽，自己只带着一把剑，跑到黄河边上，打定主意要去投奔刘邦。

他来到黄河渡口，碰到一艘船，艄公怀疑他是逃亡的将军，肯定随身携带有贵重物品，决定到河中心时实施抢劫。谁知陈平看到艄公诡谲的目光，早猜到了他的意图，三下五除二，就把自己脱得赤条条的。其时正是暮春，纵眼望去，四围姹紫嫣红开遍。陈平忍住心中悲哀，热情地去帮艄公摇船。艄公马上悟到了，这家伙原来一文不名啊！蛰伏的人性立刻在他身上复苏，像花木被春风吹醒了一样，他打消了杀人越货的念头。

陈平捡了一条命，赶往修武（今河南新乡西），在那里找到一个熟人叫魏无知的，请求拜见刘邦。和对待韩信一样，刘邦开始也浑不在意，随便把他安排在另外十七个新投奔者中间集体接待了一下，就想回家睡觉。陈平不高兴了，当场慷慨激昂地请求："请大王赐给臣一点时间，让臣展露一下胸中的才学。"

刘邦答应了。陈平于是滔滔不绝地发表演讲，他具体说了什么，史书上没有记载，总之让刘邦听得热血沸腾，兴奋地问："你在项羽身边，他给你什么官职？"

"都尉。"陈平道。

刘邦爽快地说："我也给你都尉。"怕陈平不满意，还当场让他跟自己同乘一辆车，出去巡视一下，告诉诸将："这位是新的典护军，以后你们要多向他请教。"诸将一听哗然，集体请愿："陈平他不过是一个楚国的逃兵，为啥这么优待？还让他监护我们这些德高望重的宿将，只怕有些不妥吧。"

刘邦不理，只是表现得更加宠信陈平，诸将一看傻了，一言不发。

刘邦带着陈平继续东进，准备进攻项羽的老巢——彭城。

四、彭城大败

首先，刘邦挥军南渡平阴津（今河南孟津北），这是当年他阻挡司马卬南渡的地方，现在司马卬已经投降，无人能阻挡他。他顺利到达洛阳新城（今河南伊川），当地的三老董公拦住他的马头，进谏道：“臣听说‘顺德者昌，逆德者亡’‘兵出无名，事故不成’，所以说‘明其为贼，敌乃可服’。项羽无道，杀了自己的君王，乃天下之贼也。所谓明王征服天下以仁德而不以勇猛，以道义而不以力气。大王应该立即让三军之士都穿上丧服，昭告天下，征伐无道，则四海之内无不群起响应，此乃三代明王能够成功的秘诀啊！”

这位董公的话，也是满口立身格言，看似没有什么新意，其实非常重要，概括起来就是，如果你要打垮敌人，就要先把他从名声上搞臭，所谓“明其为贼，敌乃可服”，就是把自己打扮得很正义，把对手诋毁成土匪，这样起码能够增加一半的战斗力。可别小看董公这些道理啊，二十世纪德国纳粹宣传部长戈培尔的一切举措，其实都不出中国汉代一个普通乡官董公同志的见解。

刘邦凭着他几十年混江湖的本能，立刻体会到了董公计策的精髓。他挑了一个好日子为义帝发丧，打了个赤膊，呼天抢地地大哭，铆足劲儿一连表演了三天，最后派遣使者去各个诸侯国宣告说：“当年天下共立义帝，讨伐暴秦，北面事之。项羽却放逐杀害义帝于江南，大逆不道。寡人实在义愤难忍，乃悉发关中兵，收缉三河士，从长江、汉江顺流而下，跟从诸位击杀大逆不道的贼人项羽。”

大军浩浩荡荡先出临晋，攻下修武（今河南新乡市西），从围津渡过黄河，等待诸侯国的军队来从。使者在赵国却碰了壁，赵国丞相陈余的回答是：“要我帮忙也可以，但听说张耳投靠你们去了，只要把张耳的人头送来，我就立刻发兵。”

刘邦当然不会杀张耳，倒不是他多仁慈，而是杀了张耳，对自己的声誉不好，谁还敢来投奔？当今用人之际，必须团结一切可以团结的人，不可只顾小利而忘大利。但拒绝陈余的帮忙，也划不来，刘邦想了想，找了一个长得像张耳的人斩了，将首级送去欺骗陈余。枉陈余和张耳做了那么多年的兄弟，硬没发觉有假，当即发兵宣布支持刘邦。

几天后，赵国军队南下，对楚国本土发动进攻。刘邦的军队则相继屠戮了煮枣（今山东东明县南），攻下外黄。在外黄，他又遇到了老朋友彭越，这时彭越已经有三万人了。刘邦拜彭越为魏相国，一起东进。汉军数目庞大，号称五十六万，浩浩荡荡，横无际涯，但在定陶南遭到项羽的将军龙且和魏相项他军队的联合阻击，曹参、灌婴挑选精兵迅速出战，龙且、项他不敌，撤守彭城。刘邦继续进军到巨野，又遭到项羽大将钟离昧的阻击，但照样没有挡住刘邦前进的脚步。刘邦亲率主力进兵砀、萧，在彭城与龙且大战，击破龙且军，龙且败逃，刘邦顺利攻进彭城。别部如樊哙的军队一直进攻到邹、鲁、瑕丘、薛，楚国的老巢几乎全被刘邦一锅端了。

项羽虽然已经获悉刘邦继续东进，苦于抽不出身来对付。田荣是死了，田荣的弟弟田横却又在城阳纠集了数万散卒，对楚军负隅顽抗。田横还立田荣的儿子田广为齐王，以展示自己的抗楚决心。项羽感觉自己如果不能彻底干掉齐国，就咽不下这口气，在拉锯战中，项羽眼睁睁看着刘邦率领五十六万军队攻占了自己的老巢彭城。

不利的消息继续如雪片般飞来：说刘邦进驻楚王宫了，刘邦把宫中的金银珠宝洗劫一空了，刘邦把后宫美女一网打尽供自己享用了。项羽火冒三丈，他终于忍不住了，决定亲自带兵去教训教训那个蔑视自己的刘邦。

他迅速做了安排，让其他将领继续待在齐国巩固战果，亲自挑选了三万精锐南下，从鲁县（今山东曲阜）出胡陵至萧。在某一天清晨，他带领三万精锐出现在萧县，攻击当地驻扎的刘邦军，风卷残云，将其杀得鸟兽乱窜，一路高歌猛进，直追到彭城西门。这时，太阳仍旧悬在东方，其兵势之猛，速度之快，让人血管发凉。接着，楚、汉军队开始决战，这场战事依旧是楚方摧枯拉朽，当太阳照到头顶的时候，汉兵已被击破，无数蚂蚁般的汉军士卒四散奔逃，而彭城城东的泗水、城北的瀔水挡住了他们的逃跑之路，在楚兵的追赶下，他们丧失了理智，连推带挤，争先恐后地跳入了水中。河面上溅起一朵朵密集的水花，起码有十多万人被河水吞噬。也有些头脑清醒的向南边的山坡狂奔，宛如岩羊。楚兵依旧紧紧追奔十多里，把"岩羊们"一路驱赶到灵璧（今安徽淮北市）东的濉水边。这回没路可逃了，南北横贯的濉水不动声色地挡住了"岩羊们"的道路，"岩羊们"前挤后压，就算想停住脚步也不可能，十多万头"岩羊"像雪团一样滚入濉水，个个张开大嘴，把河水吸入自己的肚子，然而他们不是夸父，很快他们的尸体便载沉载浮。刚才还浩浩荡荡的濉水无奈地停住了东流的脚步，变成了一个堰塞湖。

刘邦本人的命运也并没有好多少，他绝望地站在夏侯婴驾驶的马车上，被楚兵围了三重，已经插翅难飞。这时他肯定很后悔，不该来惹可怕的西楚霸王。就在昨天，他还以为项羽不过尔尔，往后的事就应该像一场循规蹈矩的故事片，平铺直叙到结束，不可能有一丝波澜。谁知一夜工夫，剧情突然急速逆转，自己五十六万的军队一天不到就崩塌如山，二十多万还化成了鱼鳖。他闭着眼睛，准备等死了。

然而这时，竟然出现了一个通常在神话中才会出现的场面，一阵狂风突然从西北方向席卷而来。

当时已经是夏天，不像是春天才有的沙尘暴，这风如剪刀一样，将彭城城外的树木齐刷刷地剪断；又如剃刀，将农民的茅草屋顶剃得四处乱飞。乌云随后就到，遮天蔽日，伸手不见五指。正在合围的楚国精兵正流着涎水，准备将刘邦绑回去请功，被这阵突如其来的大风一吹，涎水咽了回去，两眼迷蒙，阵脚大乱，溃不成队。刘邦喜出望外，命令夏侯婴火速突围。因为满嘴是沙，他的声音显得支离破碎，但充溢着欢喜。

夏侯婴不愧是熟练的驭手，找准了缺口，迅疾冲出了重围。也有一些楚兵在后紧紧追赶，刘邦回头吩咐手下的将军缯贺："给我断后，将来封你为王。"缯贺见领导这么赏识自己，热血沸腾，抹了一把臭汗，反身疯狂杀入敌阵。但刘邦没有践行诺言，平定天下后，只把这位勇猛的小伙子封了祁侯，没有封王。

这是刘邦继鸿门宴后第二次逃过大劫，这时他才想起自己的家小。虽然之前他已经派了自己的大舅子吕泽回家照顾父亲和岳父，战争一开始，又派了王陵去丰沛守卫，但现在兵败，谁知道情况究竟如何？想到正好顺路，决定去把家小接出来。

他们当然去晚了，项羽并不傻，早已派了军队去沛县捉刘邦的家人。好在家人听到消息，提前逃亡，在途中碰到乱兵，又相互失散。比戏剧还巧合的是，刘邦没有白来，竟然在路上遇到了自己的一双儿女，原来他们和爷爷、奶奶、妈妈和审食其叔叔在乱军中失散了。

刘邦带上两个孩子继续逃跑，没多久，隐约发现后面有楚国追兵，刘邦的专车因为多坐了两个小孩，马力不足，速度渐渐降低。而追兵的呐喊声越来越近，刘邦急了，一甩膀子，将一对儿女推到了车下，马车绝尘而去，只留下一片啼声。刘邦看着马车速度加快，心中略安。但是他很快发现有些不对，他的驭手夏侯婴不干了，猛地拉转马头，朝原路奔去，驰到那对儿女摔倒的地方，跳下车，将两个孩子抱上，随后又猛挥一鞭，回归原路，朝前奔驰。

夏侯婴这个人不简单，他是刘邦阵营中心灵最纯善的人。他和刘邦是老乡，早年在沛县政府掌管养马驾车，还是临时工，负责接送来往重要的官吏，每次驾车送完人，经过泗水亭刘邦的办公室，都要找刘邦去聊大半天，舍不得走。有一次，两人打闹着玩，刘邦误伤了他，被人告到官府。按照法律，刘邦作为官吏，伤人要从重惩处，夏侯婴就帮刘邦遮掩，使刘邦免罪。但他自己因此被定为诬告，挨了一顿板子，还坐了一年牢，对刘邦可谓忠心耿耿。也只有他，才能做出这样的举动，要是换了别人，刘邦的这个儿子就彻底完了，吕雉估计也当不到太后，所以吕后一辈子都感恩夏侯婴。无论哪次宫斗，夏侯婴都安然无恙，这就是好人品带来的好处。

但这时的刘邦，可并不感激夏侯婴，他眼睁睁看着速度急降，忍不住又是一甩膀子，将两个孩子再次踢到车下。

夏侯婴赶忙又是一个急刹车，再次跳下，将他们抱上马车，刘邦大怒："夏侯婴，老子斩了你，你还听不听军令了？"

夏侯婴道："情况虽然紧急，但马反正累得也跑不动，干吗把孩子扔下？"这次他跑也不跑了，扬鞭徐行。

刘邦急得发狂，第三次一挥手臂，将儿女踢下马车，警告夏侯婴："再不听话，老子真的斩了你。"

然而夏侯婴置若罔闻，第三次急刹车。刘邦拔出剑，气哼哼地说："夏侯婴，你真以为老子不敢杀你。"

夏侯婴默不作声，这回干脆让两个孩子面朝自己，坐在自己怀里，然后继续徐行。刘邦气得发狂，有十多次想一剑将夏侯婴斩于马下，但想来想去，最终觉得不妥，一则没有夏侯婴，一下子找不到这么好的驭手；二则人家夏侯婴毕竟是为了救自己的孩子，不到万不得已，自己也下不了手杀他。刘邦终于把剑收回，而夏侯婴靠着良好的驾驶技术，也最终载着刘邦父子三人脱离了危险。

他们一口气跑到下邑（今安徽砀山县），吕后的哥哥吕释之率领的一支军队驻扎在那儿，刘邦进入戒备森严的军营，顿时像一摊烂泥一样躺倒在床上："这次真是一败涂地。"

五、荥阳拒楚

这倒也罢了，坏消息这次变了方向，从项羽那里转投刘邦。本来诸侯们都跟着刘邦干，如今大败，都偷偷跑去投奔项羽了。这也很正常，这世上谁不趋炎附势？而且这还不仅仅是趋炎附势的问题，而是立场问题，站错了队，全家的命就没有了。

不但诸侯们都和项羽接好，连塞王司马欣、翟王董翳也偷偷脱逃，逃去了楚国。

只有齐国的田横集团是不可能投降项羽的，在项羽回师进击刘邦的时候，他得了喘息之机，又去进攻项羽新立的齐王田假。田假不敌，第二次逃回楚国。项羽这回生气了，动不动就逃跑，项羽最讨厌这种做法，一怒之下，他将田假斩首。

这边刘邦躺了好几天，总算恢复了精神，召集手下问："这次败得太惨了，老子咽不下这口气，你们有什么良策可以助我报仇？"

手下都面面相觑，刘邦补充道："我也不想要项羽的土地，就想干掉他解气。如果谁能把这事办成，关东的土地全部作为封赏。"那语气好像全国已经都是他刘家的。

张良献计道："这么大方，那就好办了，有两个人可以拉拢。一个是九江王英布，一个是魏相国彭越，这两人都不是凡庸。还有就是您不久前拜的大将韩信，这三个人能力都非同小可。如果大王肯把关东让他们平分，一定可以破楚。”

刘邦点头首肯，彭越是自己的老朋友，一向反对项羽；韩信是自己人，也没有问题。但英布却是项羽的爱将，他初投奔项梁之时，因为击破景驹、秦嘉军的主力，受到项梁的青睐，被封为当阳君。项羽后来击杀宋义，也是先派他渡河击秦，屡有斩获，使项羽信心倍增，全部渡河攻击章邯、王离。巨鹿一战，项羽之所以能大破秦兵，虏王离，降章邯，威震天下，英布具有不可替代的作用。后来坑杀秦降卒二十万，攻下刘邦在函谷关设的守备，都是英布做的。可以说，如果没有英布，项羽就像断了左膀右臂，所以天下一定，项羽就封英布为九江王，统治今天安徽的大部分地区，都城六县（今安徽六安），那是英布的故乡，也是故楚的后院，一般人不可能封在那儿。而且，英布也可以锦衣回家显摆了。这样的人，刘邦有什么机会拉拢呢？

当然有机会，否则张良也不会浪费唇舌。因为这时英布和项羽友谊的蛋壳上已经出现了裂缝，为今之计，急需派一个人去挑拨离间，彻底破坏英布和项羽的友谊。这条裂缝是怎么产生的呢？

原来项羽发兵征讨田荣的时候，向九江国征兵，英布称病，没有亲自去，只派了部将率领几千人跟从。刘邦攻打彭城之时，英布也称病，对楚国的紧急情况不闻不问。项羽因此开始怨恨英布，屡次派遣使者去九江国责问英布，召英布觐见。英布知道项羽脾气暴躁，担心一去凶多吉少，不敢去。依了项羽平时的脾气，只怕会立即征讨。但那时他被拖在齐国，刘邦的威胁也日益临近，他不想把九江国也推入敌方阵营。而且项羽特别喜欢能打仗的人，英布的勇猛赢得了他的青睐，想着将来还有用得着的时候，所以也没有拿英布怎么样。

但项羽不知道，刘邦正在苦苦思索，去哪寻找一个破坏他俩关系的人。

刘邦从下邑一直退到砀，又一直退到虞县（今河南虞城北），还是没找到那只“苍蝇”，他心烦意乱，禁不住又破口大骂：“你们这些废物，没有一个能担当大事。”身边一个谒者叫随何的不服气，应道：“大王是什么意思？”刘邦说：“我只恨没人替我出使九江国，劝九江王英布发兵背叛项羽。只要能把项羽牵制住几个月，这天下就一定是我的。”随何道：“这个还不容易，派我去啊。”

也不知道刘邦有没有对随何进行考试，反正最后是让他带着二十个随从走了。

那边随何一走，这边刘邦也没闲着。他很快跑到荥阳去了，各地的败兵闻声都赶来相会。尤其让刘邦惊喜的是，萧何送了数万新兵前来报到，都是刚从关中征发的，除了少数青壮之外，大部分是老的老，小的小。按照秦朝的法律，满了十六岁（或说十五岁）才“傅籍”，可以征发去赴徭役和兵役；超过六十岁，就有资格养老，不赴徭役和兵役。可是兵荒马乱的，打了四年仗，又被项羽坑杀了二十万，关中地区符合征发标准的男子太少了，而刘邦在前线又损失了巨量兵马，萧何这次把老弱都征发来，可以算是搜刮了家底。

刘邦比较兴奋，兵虽然不精，但究竟量多，乍一看，还是很兴旺的。于是军中士气大振。

彭城大胜的楚兵并没有罢休，一路尾追而来，其中一支精锐骑兵兵锋直指荥阳，准备在荥阳、京（今河南荥阳南）、索（京县北，荥阳南）一带将刘邦一举歼灭。

刘邦站在荥阳城楼上，目睹大批楚骑兵向自己的阵地涌来，赶忙问部下：“谁擅长骑射？帮我统领骑兵。”

众人纷纷推荐：“李必、骆甲。”

应该说，要比骑兵，刘邦是占据了很大优势的。因为他占据了关中，那时秦国的故地，天高地远，草木畅茂，非常适合牧马。在冷兵器时代，谁掌握了马匹，谁就掌握了强大的机动能力。比起生长在南方卑湿地带的楚国人来，秦国人也具有天然的骑射才能，李必、骆甲就是其中的两个。

他们是秦国重泉（今陕西蒲城东南）人，早先就是秦国的骑士，后来投降了刘邦。听到众人推荐他们为骑将，他们赶忙推辞："臣等是亡国的百姓，骤然当汉军的骑将，怕士卒们不听。请大王派一两个身边擅长骑射的人辅佐我们。"言下之意，就是请求监护。刘邦觉得有道理，于是拜自己的老部下灌婴为中大夫令，李必、骆甲为左右校尉，让他们率领骑兵抵御楚军。

汉骑兵出战，在荥阳、京、索一带迎击楚军，这一仗对刘邦非常重要，一旦失败，刘邦就得收缩战线，退入关中。楚兵可以彻底封锁函谷关，只要广积粮，凭关东的富庶，从国力上就有希望将刘邦拖垮，且不提刘邦能否守住函谷关。

但是项羽的骑兵失败了。南方人本来就不擅长骑射，马匹的数量和质量也比不上关中，楚国这次应该是把骑兵中最精锐的家底用上了。当然刘邦也不例外，灌婴率领的郎中骑绝对是百里挑一，汉兵在荥阳、京、索一带大破楚骑兵，项羽预想一口气攻占荥阳，擒获刘邦的希望就此破灭。从此，他不但没有力量越过荥阳攻击关中，骑兵再也不是刘邦的对手。后来灌婴的郎中骑横扫楚国全境，所向披靡，连项羽本人也死在灌婴的郎中骑追击之下，不能不说骑兵是楚国的重大弱点。

刘邦暂时稳下心来，学起了当时章邯的作战方法，修筑甬道，一直向北延伸到黄河岸边的重要粮仓——敖仓，通过大车将敖仓地下粮库的粮食源源不断运到荥阳，在荥阳一带与项羽军相持。

项羽想要再次像干掉章邯一样干掉刘邦，除非刘邦的政治也像秦朝一样出问题。但萧何把关中管理得井井有条，后勤物资的供应源源不绝，这是章邯当年远远不能比的。如果二世像萧何这么能干，章邯照样可以屹立不败。

这时刘邦身边的人对陈平有些不满。特别是周勃、灌婴两个，在刘邦面前说坏话："陈平虽然长得英俊，美如冠玉，肚里却可能是草包。听说他道德上也很败坏，在家时，曾和自己的嫂子通奸；早先投靠魏王咎，跟同僚关系不好；跑到楚，又把公务给办砸了，项羽要处理他，他才畏罪潜逃到我们这儿。大王看得起他，任命他为都尉兼典护军。他因公济私，公开要钱，谁给的钱多，就给谁安排肥缺，钱少就安排到差地方。这样反复无常的小人，只怕不能重用，请大王详察。"

周勃是编织竹席的小个体户出身，生意也不大好，所以不得不在别人办丧事的时候，去吹吹箫，给来宾调节气氛，混顿肉饭吃吃，混两个小钱花花。跟着刘邦参加"革命"后，立下了汗马功劳。据史书记载，这个人很忠厚，没什么文化，脾性"木强少文"，也就是说不善言辞，脾气耿直。但从他做的这种事来看，又不完全像是那样，反而像一个喜欢向君主进谗言的家伙。至于灌婴，曾经是睢阳一个以贩卖丝织品为营生的二道贩子，打仗也很勇猛。史书上没有写他的性格，不过可以看出，他跟周勃的关系特别好，好得可以合穿一条短裤。事实上他们的谗言完全是诬陷，人家陈平跟嫂子的关系处得很不好，曾经因为不干活老在家吃白食，还遭到嫂子的讽刺，闹得他哥哥差点把老婆休了。

但周勃和灌婴为什么要这么做呢？肯定是嫉妒。这两个大老粗，还继承了秦朝的思想传统，认为一个人能打才叫有本事，舞文弄墨不值一钱。他们跟随刘邦多年，出生入死，结果一个新来的貌似只会卖嘴皮子的家伙，竟然一跃而爬到他们头上，心里怎么能够服气？所以，这两个大老粗的心态，也是可以理解的。后来贾谊得到汉文帝重用，周勃又嫉妒，又和灌婴一伙人日夜说贾谊的坏话，也是基于同样的原因。

他们这么一进谗言，刘邦也有点气愤了："把魏无知叫来，他给我推荐的好人。"

魏无知慌慌张张地跑来了，听刘邦一阵夹七夹八地骂完，反而镇静下来：

“臣推荐的是才能，大王您要求的却是道德。现在若有人身负尾生之信，头戴孝己之行，能决定战争的胜负吗？方今楚、汉相距，臣推荐奇谋之士，主要就看他的计策能不能帮您夺取天下，如果能，就算盗嫂、受金，又有什么关系？那些道德家，对您打仗可没有什么帮助。”

由魏无知的话可以看出，腐败与否，并不能决定一个政权的存亡。一个政权的存亡，关键是看它的内部组织是否严密，内部成员是否团结，领导人是否有魅力。刘邦显然是有魅力的，他的内部成员也是团结的，有这两条垫底，就算有人搞点腐败，也不影响什么。而且战争期间，一切都采用严酷的军事管制，组织形式也很严密，腐败对政权的破坏作用，更是微乎其微。

总之刘邦听魏无知这么说，也觉得有道理，又把陈平叫来，责问道：“先生从魏国跑到楚国，又从楚国跑到我这里，似乎太没有操守了吧？”

陈平振振有词地反驳：“臣侍奉魏王之时，屡次献策，魏王都不听。只好去楚国，但项羽任人唯亲，官居要职的或者姓项，或者是他岳父家的人，除此之外，虽有贤才，他都不放在眼里。臣听说您能任用贤才，才跑来投奔。在来的途中，臣遇上了河盗，搞得裸身逃离，一丝不挂，不收点钱如何活命？臣给您献的几条计策，如果您觉得还行，就采用；不行，臣收的这点贿赂都在这儿，请封存归公，臣回家务农便是了。”

刘邦确实慧眼识人，听陈平这么一说，马上道歉，并立刻给陈平重赏，拜他为护军中尉，监护整个军队的将领。诸将一看，这家伙不能告啊，越告越升官，干脆都闭嘴了。

陈平就这样正式地冉冉地登上了楚汉之际的政治舞台，刘邦能发掘出他，显然具有优秀的领导素质。相比之下，项羽真是差得太多了。

第九章

韩信的丰功伟绩及其他

一、擒魏

投降刘邦的魏王豹也有了反叛之心，他借口请假回家探亲，一回国，马上发兵守卫黄河渡口，宣布和刘邦绝交，回归楚国的怀抱。

刘邦气坏了，六月，郁郁不乐地回到了栎阳。在栎阳，他宣布了一系列政策，立刘盈为王太子，大赦境内。有趣的是，上一年被围困的雍王章邯还在废丘城中苦苦挣扎，誓死不肯投降。可惜了这么一位忠勇之士，如果项羽能及时攻破函谷关，就可以救下章邯了，这也是一位名将啊！如果章邯不死，能为项羽出多大的力啊！

章邯已经在城中挺了十个月，刘邦再也不想让他挺下去。废丘邻近渭水，刘邦一声令下，工兵们马上集聚前线，挖开河堤，将渭水灌向废丘。那时的城墙都是土夯的，一泡就软。章邯无奈，命令举城投降，自己长叹一声，横剑自杀。

雍国其他地方的零星部队，听见章邯自杀，也相继归顺。刘邦把雍国设置为中地、北地、陇西三个郡。

由于连年打仗，庄稼不能好好耕种，关中出现饥荒，一石米涨到一万钱。和后来的文景之治一石米只要几十个铜钱时相比，有天壤之别。刘邦无奈，下令让老百姓迁徙到巴蜀去，那里的粮食还有些富余。按理说，年成不佳，对刘邦一方不利，但刘邦的丞相萧何还真有两下子，他在关中建筑宗庙、社稷、宫室、县邑，发展生产，抚育老弱，一切得便宜从事，新兵和粮食源源不断地输往前线，让刘邦丝毫无后顾之忧。刘邦很满意地视察完毕，再次回到荥阳督战。

在荥阳和项羽对抗，刘邦占不到便宜。楚军一直采取攻势，要比军事才华，他远远不是项羽的对手。在此情况下，只有开辟第二条战场，扩大“解放区”才行。刘邦和群臣商议，决定走北线，先搞定魏国，然后是赵国，再消灭齐国，就可以对楚国形成包抄之势。

他想把新反叛的魏王豹重新拉拢过来，派郦食其去魏国游说。魏豹摇摇头:“想我魏豹也是贵族出身，从春秋以来，世系连绵不绝，高贵无匹。他刘邦出身低贱，现在一朝当了汉王，就对我魏豹颐指气使，开口就是脏话，比骂奴仆还难听。我没有心情再和他见面。”

郦食其虽然是个辩士，却无法说服有着贵族情怀的魏豹，只好怏怏地回去了。但据史书记载，魏豹之坚拒刘邦，虽然有不喜欢刘邦粗俗的因素，可能还有更为深刻的原因。原来他有个姓薄的姬妾，有一次去看相，相士说:“你的儿子将来会当天子，贵不可言。”魏豹知道后大喜，心想:我的姬妾会生天子，那我肯定也是天子才行啊；既然我命中注定要当天子，又何必依附刘邦？于是下决心和刘邦翻脸。饶具讽刺的是，他后来兵败被杀，薄姬被当成战利品，成了刘邦的姬妾，生了个儿子叫刘恒，就是后来的汉文帝。当然这些记载不大靠谱，带有浓厚的杜撰特色，大概是文帝时代弄臣们为了神化主子，特意编造的。

刘邦听到郦食其的汇报，决定立刻进攻魏国。他问郦食其：“魏豹任命谁为大将？”郦食其道：“柏直。”刘邦道：“无名鼠辈耳，打不过我的韩信。骑将呢？”郦食其道：“冯敬。”刘邦道：“这家伙是个贵族，秦国丞相冯无择的儿子，貌似还不错，但和我的灌婴比，还差那么一点。步卒将呢？”郦食其道：“项他。”刘邦再次点评：“不敌我的曹参。”

于是刘邦下令，以大将韩信为左丞相，与灌婴、曹参一起进攻魏国。韩信问郦食其：“魏国不会拜周叔为大将吧？”看来他很怕那个叫周叔的人。郦食其说：“放心，他的大将是柏直。”韩信笑了：“这个竖子，容易对付。”于是下令进兵临晋。上次出关，他就是从临晋渡河，降伏魏国的。

临晋在黄河的西边，隔河与东边的蒲坂相望。魏豹大发兵驻扎蒲坂，挡住韩信的去路。只要守住蒲坂，韩信渡不了黄河，就无所作为。但韩信自有他的一套办法。

他下令一部分军队假装想渡河，以迷惑魏军；另派主力沿黄河上溯，从夏阳（今陕西韩城南）偷偷渡河。没有那么多的渡船怎么办，每个人腰间缚着一个木质的大木缶，可以浮在水面上。当时正是夏历八月，天气暖和，没有冻馁之患。韩信的军队湿淋淋地爬上岸，解下身上的大木缶，立即撒开脚板南下袭击魏国重镇安邑。魏王豹正全神贯注防备对岸临晋的汉军，哪料到韩信会从北袭来，大惊，立刻回兵救援安邑，两军交战，魏军大败。而临晋的军队在曹参的率领下，也趁机渡河，在东张（今山西永济北）大破魏军，斩魏将孙遫。汉兵南北两军联合击破安邑，俘虏魏将王襄。魏王豹南逃至曲阳（今河北曲阳），曹参在后紧追不杀，在东垣（今河北石家庄东）将其活捉，又还击魏都平阳（今山西临汾西南），把魏王豹的父母妻子全部俘虏。

韩信将魏王豹押往荥阳。听说魏王被俘，其余魏邑纷纷投降，短短的一个月，魏国灭亡。刘邦下令将魏国一带分为河东、上党、太原郡。

二、破赵

张耳这时向刘邦请求，让自己去攻打赵国，找陈余报仇，同时收复自己的国土。

话说陈余当年被刘邦欺骗，参加了刘邦进攻楚国的队伍；后来刘邦大败，逃归荥阳，陈余也发觉受骗，立刻宣布和刘邦绝交。刘邦见张耳主动请缨，恰巧这时韩信派人来报告，说魏国已灭，希望能再给他三万人，他可以一举击破燕、赵，再南下击齐，斩断楚国内地到荥阳前线的粮道，彻底消灭项羽。刘邦当即派张耳带着三万人去韩信军中，和韩信联合进兵赵国。

这年的后九月（闰九月），韩信进兵赵国。这时在北方代国的丞相夏说，大概得到陈余的命令，赶忙领兵南下，想堵截汉兵。两军在阏与（今山西和顺）发生冲突，这是公元前 270 年赵国马服君赵奢大败秦兵的地方，来自秦地的士卒折戟沉沙，这回却相反，韩信轻松战胜夏说，将其生擒，汉军声威大震。

韩信连战连捷，虽然说明他个人有军事才能，同时也可看出，汉兵的战斗力确实非同一般，硬碰硬和敌军对垒，基本只胜不败。但在荥阳前线，却不是楚兵对手，一直处于守势，而且兵力损耗很大。刘邦派出使者去代国，要韩信把刚俘获的精兵运送到荥阳来增援。说起来项羽也真可怜，手下没有韩信这样的人才为自己开发兵源，否则刘邦不可能有成功的机会。

接下来，韩信的目标就是赵国本土了。

很快到了年初，依旧以十月为岁首，秋高气爽。赵王歇和代王陈余听到夏说被俘，韩信军很快就到，立刻发兵守住井陉口（今河北石家庄市西北）。井陉是太行山东面的通道之一，道路极为狭窄，我们前面讲过，当年李良想通过井陉进入魏地，被王离军堵住，一步也不能前进，可见其地势的险要。

井陉口的赵军号称二十万，这是一个相当庞大的数字。陈余身边有个封号为广武君、名字叫李左车的人，劝陈余道："韩信、张耳屡战屡胜，一举击灭了魏、代两国，其锋锐不可当。臣听说有这么一句谚语：'千里馈粮，士有饥色；樵苏后爨，师不宿饱。'通过千里运粮来提供后勤，士兵肯定吃不饱；临时砍柴来烧饭，肯定饿得发慌。井陉道如此狭窄，只能走一辆车，一匹马，他们的粮食运输肯定成问题。希望您给臣三万精兵，让臣从小路去截断汉兵的粮道，您则深沟高垒，不理会他的挑战。他战又不能，粮食又接济不上，不出十天，全军就会变成饿殍，韩信和张耳的头颅很快就会献到麾下，否则我们会成为俘虏。"

陈余的儒生脾气又起来了，儒家喜欢称道仁义，他们认为打仗只要用义兵，自然能无敌于天下，不需要搞什么阴谋，否则就是不讲道德。他竟不知道打仗就是诡道，兵家和阴谋家是连体婴儿，不分彼此的。他拒绝了李左车的建议："韩信兵少而疲惫，今远道来袭，我都不敢迎击，岂不惹得其他诸侯笑话？只怕将来随便就敢来侵略我们。"

韩信也一直在派人打探赵国的消息，听说李左车的建议，吓出一身冷汗。他派人紧急出井陉查探，发现赵国军队丝毫没有深沟壁垒的迹象，而是跃跃欲试，想和自己硬顶。又听说陈余已经坚拒了李左车的计策，大喜，立刻下令军队出井陉。

大军像老鼠一样紧贴着山壁从井陉道上往前挪，走到井陉口三十里地的时候，韩信下令扎营。夜间他亲自挑选轻骑两千人，每个人发了一面红色的旗帜，给他们训话说："你们从小路出发，躲在山里遥望赵军营寨。一旦发现赵兵齐出追逐我军，你们就立刻驰入赵军壁垒，拔掉他们的旗帜，换上我们的旗帜。"又吩咐偏将："给我传令下去，杀猪宰羊，明天击破赵军后回来会餐。"

诸将都不相信，觉得牛皮吹得也太大了，赵兵二十万已经占据险要之地，你明天就想击溃人家，是不是疯了。但将令下来，谁也不敢违抗，都口头答应，分头去准备了。

韩信又说："要想让赵军全部跑出来追杀我们，我这个大将不能躲着，必须要亲自出面。"他命令一万人先出击，渡过绵蔓水，背依水为阵。赵军望见，皆哈哈大笑，哪有这么布阵的，我们往前一挤，你们不都要变成鱼鳖吗？真蠢。

这时天色逐渐大亮，韩信和张耳两人乘着他们华丽的专车从井陉道出来，专车上架着大鼓，竖着"大将军"的大旗，周围簇拥着全身闪亮的甲兵，看上去威势非凡，不是大将，绝没有这排场。车上力士举起鼓槌猛擂，杀声震天。陈余大喜，看来今天有望捉住韩信、张耳，他一声令下，赵兵精锐齐出，汉兵冲上迎战，双方厮杀得不分胜负。韩信、张耳假装很害怕，鸣金下令撤退，途中仓促扔掉大将旗鼓，逃入背水为阵的那支万人队。那支军队打开壁垒接纳韩信，赵兵一看大喜，空壁齐出，争先恐后上前抢掠韩信军的旗鼓，追杀韩信。但韩信跑得快，很快就遁入了水边驻军。赵军追来，背水为阵的汉兵也齐齐冲出迎战，两军又是一番厮杀。汉军后无退路，皆拼死抵抗；赵军虽多，却怎么也不能攻拔。这时韩信早就安排好的两千轻骑立刻乘虚驰入赵军壁垒，把赵军军旗扯下，换上汉军军旗。追逐韩信的赵军见仓促间不能取胜，想回到自家军营，谁知转头一看，发现自家营寨已经插满了汉军旗帜，大惊失色，以为汉军已经俘获了赵王，顿时斗志全失，像蟑螂一样四处乱跑。赵将虽号令撤退者斩，也无力控制乱局。于是汉兵前后夹击，赵军大败，陈余带着赵王向南逃窜，在泜水边被汉军追上，再战，依旧大败。陈余战死，赵王歇则被生擒。

诸将都纷纷来向韩信请功，疑惑地说：“将军，兵法上说：‘右背山陵，前左水泽。’也就是说，打仗一定要背靠高山，有助于负隅顽抗；营前有水，则让敌军不能靠近。今天将军却让我们背水为阵，一旦不利，士兵都要被敌军赶入江中喂鱼。没听过您这种打法啊，能不能说说秘诀？”

韩信笑道：“我这也是兵法啊，只是你们没悟到罢了。兵法上说：‘陷之死地而后生，置之亡地而后存。’我韩信不是什么世家大族，也没有当过多久的将军，手下这些兵不但没受过太多训练，也没有得过我多少恩惠，怎么可能让他们发自心底里为我卖命呢？我其实等于‘驱市人而战之’啊！一群乌合之众，如果不把他们投放到死地，让他们绝境图存，他们岂肯拼命？要是在平原广隰，我怕他们稍微遇到挫折就全跑光了。”众将皆说：“将军真厉害，不服不行啊。”

这就是著名的“背水一战”，说实话，我觉得这个胜利还是有侥幸性。汉军之所以能胜，主要在于赵军的战斗力太弱，组织性也差，所以一发现不对，首先就自乱了手脚。如果韩信碰到的是项羽，只怕掉脑袋的就是他韩信了。想当年项羽只率区区三万精兵，就将刘邦五十六万大军赶入大河，淹死二十多万，那时汉兵怎么不背水一战呢？可见主要还是战斗力的问题，赵兵太弱，才让韩信一战成名。写《汉纪》的荀悦说，项羽之所以当时能把汉军赶入江中，而赵兵不能者，是因为项羽之兵见国都被占，满怀愤激之气；而刘邦之兵安于逸乐，毫无斗志，以愤激之兵战逸乐之众，破之必矣；而赵兵背靠城池，有内顾之心，无决死之志，所以战背水之兵，却无所作为。这实在有些强词夺理，刘邦那时再无斗志也是五十多万，而项羽不过三万。况且韩信兵临赵国城下，也是欺负到人家家门口了，赵兵怎么不怀愤激之气，一鼓而消灭韩信的疲卒？而且见汉兵占了自己的营寨，也没有生愤激之气，怒战夺回家园，除了战斗力差，没有别的理由。

韩信下令："谁能生擒李左车，赏一千斤金子。"他感觉李左车这个人很有用，可以辅佐自己。

重赏之下必有勇夫，李左车果然被捕来了。

韩信恭恭敬敬地解开了李左车的绳索，让他东向而坐，自己执弟子礼，恭敬地询问："在下想趁势北伐燕，东伐齐，先生有什么好计策？"

就如历史演义里的老桥段，李左车果然感动了，说："臣乃亡国之将，败军之虏，有什么资格讨论大事？"

韩信道："在下听说百里奚在虞国的时候，虞国灭亡了；到了秦国，却使秦国称霸。不是因为他到了秦国一下子就变得聪明了，而是因为虞君不用他，而秦君重视他。如果陈余能听先生的话，我韩信这颗脑袋就会到他手上；正因为他不用先生的计策，在下才有机会在这请教先生。在下说的全是真心话，望先生万勿推辞。"

李左车这才说："将军涉西河，虏魏王，擒夏说；东下井陉，一早上就击破赵国二十万大军，诛杀代王陈余，名闻海内，威震天下。农民们都纷纷扔掉锄头和犁，穿新衣，吃美食，把家产花光，为什么？知道将军一到，无可抵挡，只有死路一条，还不如吃光用光。不过，将军的部下打了这么久的仗，也很疲惫了。如果就这么攻燕，只要燕国紧闭城门不战，将军旷日持久，粮食很快吃光，齐国就会从后包抄，断将军后路。将军攻不下燕齐，就帮不上汉王的忙，项羽就可能干掉汉王，到时将军自问能独立抵挡项羽吗？所以，将军想强攻燕齐，臣以为不智。"

"那怎么办？"韩信感觉李左车说得句句在理。

李左车道："臣以为将军不如按甲休兵，抚循赵国百姓，天天给士大夫们送酒送肉，然后派口才好的人出使燕国，送去国书，对其威胁恐吓。燕国岂敢不听？燕国一服，齐国岂敢独立与将军对抗？如此则天下之计定矣。用兵有时讲究先声后实，就是这个道理。”

韩信点头：“好，就这么办。”当即派使者出使燕国，燕国早就听说韩信旬月之内破魏、代、赵三国，威震天下，早就惶惶不可终日。现在见韩信派使者来示好，大喜，马上表示双方可以签订友好睦邻条约。韩信于是派人向刘邦报告，请求立张耳为赵王，刘邦同意了。

项羽听说魏、赵全被韩信拿下，知道不妙，时时派出兵渡河攻打韩信、张耳，韩信、张耳和楚兵一来一往地相持，楚国没有占到什么便宜，但韩信想像对付魏、赵一样对付楚国，却也完全不可能。有学者说，项羽对韩信占领魏、赵没有重视，如果早早发兵帮助魏、赵抵拒韩信的进攻，魏、赵不下，刘邦就不可能开辟第二战场。但只怕项羽没有足够的兵力，手下也没有能够独当一面的大将。如果项羽亲自率兵去攻击韩信，虽然有很大胜算，但荥阳前线却离不开项羽。

魏、赵的失去，标志着项羽开始转为劣势，楚国北方已经成为敌人的天下。韩信不时征发魏、赵两地的兵马输送到荥阳前线，补充刘邦的消耗，刘邦因此有充足的兵力与项羽周旋。而且更可怕的是，这时刘邦拉拢南方的策略也开始取得成功，也就是说，英布转眼间就要投入刘邦的怀抱，项羽的后院开始起火了。

三、策反英布

随何等一行二十人好不容易来到了九江国国都六县，英布很犹豫，不想召见，只派了一个太宰出面接待，给随何他们供应吃喝，尽显首鼠两端之心。

一连三天，有吃有喝，只是见不到英布，随何心里有点底了。他知道英布可以说服，关键是要有机会见面。他使出辩才，开始先对厨师长下手："大王不肯见我，无非是觉得楚强汉弱。而这正是我这次回来的原因，希望为我传话给大王，当面剖析其中的利害。如果大王听了觉得对，那正好；如果不对，把我们二十个人全部斩首，不也可以证明大王拥护楚国的决心吗？"

厨师长觉得有理，英布下令召见随何，随何当即滔滔不绝："臣很不明白，大王和楚国有什么亲密关系？"

这是明知故问，但纵横家首先都得学会发问，问题问得好，对方就会堕入你的话语圈，然后你就可以发挥口才优长，慢慢把他绕晕。不擅长发问的纵横家，一定不是好的纵横家。英布当即应道："怎么不亲？寡人是项王提拔的，当北面臣事之。"

"大王和项王都是诸侯王，按理说地位相同，而大王臣事之，不过在于项王国大兵多，不得不依附。项王去年攻打齐国，亲冒矢石，身先士卒，何等艰苦，大王当时应该举全国之兵，亲自赶赴前线佐助项王。但大王只派别将带了四千兵去，自己依旧躲在国中享福，这像是北面事之的做法吗？汉王攻入彭城，项王还远在齐地，大王应该立刻征发全国兵马，北渡淮河，日夜兼程，赶到彭城迎击汉王。但大王这次做得更绝，一兵未发，坐观楚汉会战，这像是北面事之的做法吗？大王到现在还不肯背弃项王，不过是因为楚强汉弱。但强弱本无定数，项王虽强，但凶狠残暴，失去民心，杀义帝，背盟约，天下都诟之以不义；汉王联合诸侯，死死守住成皋、荥阳，楚兵不能越此而西。汉王有巴蜀之粟顺流而下以为补给，而项王深入敌国近千里，运输路线漫长，一个不慎，粮草就接济不上。楚兵现在进不能，退不可，所以说楚兵没什么了不起的。况且项王过于嚣张，如果楚国战胜，天下诸侯都会害怕而相救。所以楚国之强，其实更容易遭受天下诸侯的攻击。大王至今还不肯抛弃楚国，投奔汉王，实在不够明智啊。臣今天来这里劝大王，并非因为大王的力量足以亡楚，只希望大王举起义旗，让项王腹心有患，不得不在楚地逗留数月，汉就一定可以获胜。到时臣希望和大王一起归汉，汉王一定会割地加封大王，加上现在的九江国，大王的疆域就更大了。”

英布被随何说得蠢蠢欲动，点头道：“好，我听你的。”但回去想了想，觉得还是暂时不公布消息为好。他这么一拖，随何也有些着急，而正在这时，项羽的使者又到了。

使者当然是来请英布发兵佐楚的，他住在官方传舍，面对面责问英布。随何一听，知道机会来了，他立刻跑到传舍，二话不说闯进去，一屁股坐在使者的上位，虎着脸说：“发什么兵？九江王已经归附了我们汉王，你们楚国有什么资格下令？”

一旁的英布愕然，随何这一招让他措手不及，一下子不知怎么应付。而楚使者一听，也吓得不知所措，本能地跳了起来。随何马上劝告英布：“事已至此，大王还犹豫什么？赶快杀了他们投奔汉王。”英布无可奈何：“好吧。”下令立刻斩杀楚使者，同时宣布投向刘邦，发兵攻击楚国。

项羽大怒，派将军项声、龙且还击英布，双方相持了几个月，最后龙且大破英布军。英布想率领残余的部队投奔刘邦，又觉得目标太大，保不准走到路上会遇见楚军。于是抛弃军队，只和随何等人从小道跑回荥阳。这时已到了十二月，荥阳寒冬凌厉了。

刘邦正坐在床上洗脚，这家伙似乎很喜欢洗脚，上次见了郦食其也是这样，可能是他的养生秘诀。听到英布来了，他下令召见。英布走进去，看见刘邦竟然洗着脚接待他这个诸侯王，气得发抖，当即摸剑就想自杀。按说英布出身不过是个刑徒，从小受人白眼，也不至于这么穷讲究。但一则他诸侯王已经当了这么久，二则被贵族出身的项羽惯出来了点做人的尊严，已经完全接受不了这样的慢待。

还好，他没有当场自杀，而是被带到了分配的宿舍。推开门一看，他大吃了一惊，这栋房子的装修竟然和刘邦家完全是同一规格，再一询问，连饮食品级、警卫标准也都和刘邦一模一样。英布大喜过望。估计这种待遇，是他在项羽那里得不到的。刘邦出身市井流氓，他们拉拢小兄弟的重要手段就是给你吃一样好的，穿一样好的，用一样好的，玩一样好的，显得大家手足情深，不分彼此。这和贵族出身的项羽，风格大概不会一样。但任何人都会喜欢刘邦给予的那种感觉，刘邦之所以得人心，跟这种待人方式是有重要关系的。

得到这样的尊重，当然想尽快报答。英布立即派人去九江召集忠于自己的部属，比如一些幸臣、故人之类。虽然被楚兵打得七零八散，竟然还是招到了几千人，至于他的妻子儿女，都被项羽派去的项伯杀了个精光。

对刘邦来说，拉拢了英布带来了巨大的现实利益。第一，英布在九江抗楚几个月，拖住了楚国一部分兵力，使楚国不能集中力量击汉。第二，英布原本是项羽的心腹，现在被刘邦拉拢，从舆论上打垮了项羽，显得似乎项羽已经众叛亲离。第三，英布熟谙项羽的战术（后来刘邦欲解决英布时，看见英布排兵布阵颇似项羽，还非常厌恶，因为他确实被项羽的作战方式打怕了），对项羽的战力有一定的遏制。第四，九江毕竟被英布经营了这么多年，积攒了一定的情义。将来反攻时，英布可以凭借这个去内部策反，彻底颠覆项羽的后院，后来的事实，的确也证明了这点。

总之，现在的刘邦，已经基本上在战争中占据了主动。

四、陈平的反间计

但楚兵确实厉害，在荥阳前线仍旧采取攻势，数次出奇兵断绝刘邦的粮道，让刘邦十分头痛。他和郦食其商量解决办法，郦食其献了一计：“当年商汤伐桀，封其后裔于杞；周武王伐纣，封其后裔于宋，这都是收买人心的好办法。秦灭六国后，诸侯社稷相继倾覆，如果能够重新封那些人的后裔为王，他们一定亲附，这样仗也不必打了，楚国一定会追慕风仪，敛衽来朝。”

由此可以看出，郦食其本质上并不是纵横家，而是一个儒家知识分子，非常迂腐。他幻想回到春秋时代，诸侯间以礼相待，不相互侵伐，这是战国时代儒家说烂了的东西，毫无新意。事实证明根本是行不通的。且不说秦国成功兼并天下，证明了封建诸侯已经过时；项羽名为霸王，宰割天下，岂不就是基本按照分封制来的，而立刻又陷入了相互交战的混乱状态。说明社会发展到这个阶段，不是东风压倒西风，就是西风压倒东风，绝不可能再彬彬有礼地和睦相处。尤其是认为分封诸国后，楚国就会追慕风仪，敛衽来朝，更是迂腐得令人发指。后来汉昭帝时期的“盐铁会议”上，有关打不打匈奴的问题，儒生代表们也是这么说的。儒家，在道德领域是个巨人，在实际工作上，却往往显得迂腐。

刘邦也一下子被郦食其说糊涂了，说：“很好，快点刻诸侯王印，先生亲自去一个个分发。”

郦食其马上喜滋滋地去找铁匠铸印，还没来得及出行。这天张良来求见，刘邦正在吃饭，叫他："子房，来，郦食其给我出了个主意，说可以弱化楚国的权威。"他把情况一说，张良大惊："啊，蠢货出的馊主意，陛下真要这么做就完了。"刘邦说："咋了？"张良一把抢过他的筷子："我一条条跟你说。"

张良开始分析："当年商汤封桀后，周武王封商后，都是在充分制服敌人的前提下做的，试问您现在能充分制服项羽吗？这是其一。武王克殷，表商容的门闾，释放箕子，封比干之墓，现在您能做到吗？这是其二。武王发巨桥仓的粟米，散鹿台的藏钱，赐给贫穷之人，现在您能做到吗？这是其三。武王平定天下后，将兵车改装为乘车，干戈倒载，示天下不用，现在您能做到吗？这是其四。武王放战马于南山之阳，表示不再打仗，现在您能做到吗？这是其五。放牛于桃林之阴，表示不再需要输送军粮，现在您能做到吗？这是其六。如今天下的游士离乡背井，聚集到您身边，为了什么？不就为了能立功，将来裂土封侯，世世享福吗？您却想立六国之后，他们还有什么想头？肯定纷纷打铺盖卷回家，侍奉家乡的主子去，谁跟您卖命？这是其七。楚国现在依旧这么强，立了六国，他们还不是见风使舵，跟着强者走，谁记得您的恩德？这是其八。您要这么做，真的就完蛋了啊。"

刘邦当即跳了起来，把满嘴的饭喷到地上，骂道："差点坏了老子的大事。快，把铸好的印给我毁了。"

尝到了拉拢英布的甜头，刘邦发现这比单纯和项羽在军事上较劲儿合算，他问陈平："天下这么乱，什么时候才能太平？"言下之意是问，有什么好计策可以帮助他快速战胜项羽。陈平说："项羽身边的骨鲠之臣，只不过亚父范增、钟离眛、龙且、周殷这少数几个人，大王如果真的能拨出几万斤黄金，离间他们君臣，一定可以成功。项王为人疑心很重，容易听信谗言，只要让他杀掉自己的忠臣，大王再举兵攻之，他还能跑到哪去？"

刘邦大笑称善，当即给陈平拨了四万斤黄金，而且让他恣意花费，不用报告预算账目。陈平于是以重金培训了一批人打入楚军内部，到处散布谣言，说项羽手下的大将钟离眛等人自恃劳苦功高，却一直没有裂土封王，特别不服气，他们想投靠刘邦，消灭项羽，瓜分楚国。这些谣言虽然没有让项羽完全信以为真到将钟离眛等斩首，但确实增加了他们之间的不信任感。

很快就是四月，初夏天气，黄河北岸到处树木葱茏，楚兵发动了又一轮对刘邦的大扫荡，他们一路连捷，围住了荥阳城。刘邦出不了城，傻眼了，他没想到楚国人这么猛，于是派人出使楚营，请求讲和，声称愿意以荥阳为界，荥阳以西属汉，以东属楚。项羽觉得要彻底干掉刘邦也很困难，颇有些动心。亚父范增赶忙劝道："良机不可失，现在放过他，将来还会后悔。"项羽想，本来上次鸿门宴时没听范增的话，导致今日大患，这次要亡羊补牢。于是加紧进攻。

刘邦急得不行，陈平站了出来："现在正是施行反间计的好时机。"

他们商量了一个计策。过几天，项羽的使者来了，陈平赶忙吆喝，要人摆上太牢，也就是牛头、猪头、羊头一起上，规格很高。等到见了使者，又假装惊愕道："我以为是亚父的使者，原来是项王的使者啊！搞错了，换菜。"下令把牛头、猪头、羊头全部撤下，换上青菜豆腐。

楚国使者苦着脸吃过饭，回去把情况一说，项羽大惊，他想，难道亚父真和刘邦有勾结？

陈平这个计策是否真的可行，其实很值得怀疑。因为内容太荒诞了，不符合逻辑。试想，本来项羽有意和刘邦媾和，而范增却苦苦相劝，要求项羽加紧进攻荥阳，捉住刘邦，他凭什么和刘邦暗通款曲？就算陈平吃准了项羽多疑暴躁，但不该认为项羽智商这么低啊。再说刘邦如果和范增勾结而不小心说漏了嘴，岂能放项羽使者回去？一回去，范增不就完了吗？这种明显的破绽，也只有项羽才会相信。

史书上说他"果大疑亚父"，处处防备范增，收回了一些亚父的权力。亚父再劝他急攻荥阳，他竟不肯听从。亚父终于也忍不住了，怒道：“天下的事情已经大定（刘邦肯定会把你干掉），君王好自为之，我就不在这打搅你了。”请求退休，告老还乡。

项羽还真不肯醒悟，在亚父的申请上批复：同意。

这个简单的决定将会葬送掉他自己的江山和头颅。不过他那时还不知道。

也许范增以为项羽还会挽留他，谁知得到的批复却是同意，他气得背上长了个大疮，这种疮在古书上叫“背疽”，据有学者说，这种“背疽”，“在现代医学看来是背部发生了大面积急性化脓性感染，是金黄色葡萄球菌侵入多个相邻的毛囊及其所属皮脂腺或汗腺导致的。在今天治疗起来并不困难，用抗生素和动手术排出脓液，即可望痊愈”。但那时没有抗生素，得了这玩意儿九死一生，可怜历阳侯范增先生还没走到彭城，背疮毒性发作，蔓延全身，含恨死去。

项羽身边最后一个能够说上点话的谋士就这么没了，他的死，预示着项羽最终的悲剧结局。

五、仓皇逃窜的刘邦

转眼又过了一个月，五月，楚兵依旧围住荥阳，刘邦被困城中，岌岌可危。他身边一个将军纪信自告奋勇地说：“情况危急。臣长得和大王有点像，请让臣扮成大王，假装突围，趁楚兵追逐臣的混乱间隙，大王您赶紧逃跑。”

刘邦觉得这个计策不错，只是还要有人护卫，吸引楚军的目光，而城中可用的兵不多。陈平又想了一个馊主意：“这个容易，城里这么多中老年妇女，不能白吃饭，让她们穿上军服冒充士兵。”

当夜，陈平逼着两千老中青妇女披甲执刃，赶出了荥阳城东门。楚兵围困荥阳许久，一直不见汉兵出来交战，听说汉王貌似要从东门突围，立刻从四面蜂拥去邀击。交战之下，发现对方竟都是妇女，不堪一击，正在惊疑不定，这时城门冲出了一辆华丽的马车，当头六匹马，车舆上方竖着金黄色的伞盖，左边骈马的马轭上插着一柄装饰有羽毛的大旗，旗杆上还飘荡着一条火红的牦牛尾巴，不是刘邦的专车，绝没有这排场。驭手一面驾车，一面大叫：“兵和粮食都消耗光了，汉王决定投降啦！”

哗啦一声，楚兵当即呆住了，那份激动实在难以形容，他们离乡背井，跑到这么远来打了这么久的仗，就为了今天。现在敌酋投降，他们终于可以解甲归田，去安抚家里年轻的妻子、抚育可爱的孩子、赡养年老的父母了。刘邦这个人跟他们有什么关系？他们不喜欢他，但也不讨厌他。他要是肯投降，不再打仗，那是再好不过。于是，他们都停住了厮杀，呆呆地伸长脖子遥望着那辆华车，个个热泪盈眶。

战争，永远是人类文明的敌人。我们要和平，不要作战。在场的每个人都这么想。

和平的气氛在人群中默然传递，像润物细无声的潜流，霎时间浸遍了荥阳城四面的城门。围困城池的楚兵们个个抛弃了脸上的愁苦，露出惊喜的表情，没有人带领，也没有人阻止，他们纷纷涌向东门，去领略，去见证和平到来的那一伟大时刻。

“万岁！万岁！”

他们齐齐爆发出如雷般的欢呼。“万岁”是秦汉时期普通人常说的惊叹词，代表快乐和高兴！

然而这些可怜的楚兵正在东门欢呼的时候，荥阳城西门悄然大开，几十骑像疯狗一样冲出，城外空荡荡的，只有楚国人的营寨和壕堑，没有人阻挡他们。

刘邦第三次逃脱死神的追捕，捡了一条命，他的运气真好。至于身后的荥阳，他让自己的御史大夫周苛、枞公和魏王豹去守卫。周苛和枞公商议，觉得魏王豹屡次反复，不可靠，把他给杀了。

项羽捉住了纪信，发现受骗，气愤地问：“刘邦哪去了？”

纪信死猪不怕开水烫：“早离开荥阳啦。”

项羽怒道：“来人，把这个家伙烧死。”

那些楚国士兵，那些春闺梦里人个个脸色凝重，刚才的受骗显然让他们目瞪口呆，解甲回家的愿望化成了泡影。他们大概都想仰天询问：“刘邦，你怎么能无耻到这地步？”

刘邦才管不了那么多，他一口气跑出荥阳，渡过汜水，溜进了成皋。又跑回函谷关，征发新兵，准备出关继续跟项羽打。身边一个姓袁的书生劝他：“大王，你在荥阳跟楚兵相持了数年，基本上是败多胜少。臣有一个计策，可以使楚兵疲于奔命。”

“什么计策？”

“君王不如出武关进南阳，项羽必定引兵南下堵截。君王深沟壁垒，不和他交战。这样就大大减轻了荥阳、成皋一线的压力。荥阳、成皋不失，楚兵就无暇击赵，韩信也就有充足的时间安抚赵地，和燕、齐结盟。那时君王再重新回到荥阳，楚兵必然又长途跋涉跟随，疲于奔波。我荥阳军以逸待劳，破楚必矣。”

刘邦说：“这个主意不错。”于是和英布一道，出武关，走南阳，一路上又收罗了不少青壮男子，编入军队，固守宛、叶。项羽听说后，也果然引兵南下，堵截刘邦。刘邦一任项羽挑战，就是龟缩不出。那时又没有重炮，一旦婴城固守，短期是攻不下来的。

这时项羽的后方又出问题了。那个巨野湖畔的湖盗彭越，在刘邦第一次进攻彭城时，曾发兵佐助刘邦。而刘邦旋即被项羽击溃，他也只好逃亡，带着他的兵在黄河岸边游荡，组成了游击队，时常骚扰项羽的运输线。看到项羽率主力逗留在成皋，他火速南下渡过濉水，攻击下邳，与项羽的将军项声、薛公交战。楚军败，薛公阵亡。项羽听说后，忧心忡忡，把成皋交给部下终公守卫，亲自率兵去打彭越。

刘邦听说项羽走了，大喜，赶忙率军北上进攻成皋。没有项羽的楚兵是无能的，项羽手下的将军个个都是废柴，这场战事再次印证了将领的重要性，终公战败身死，刘邦夺回了成皋。

与此形成反比的是，这年六月，项羽将彭越杀得丢盔弃甲而逃，如果给他时间，应该可以全歼彭越。但听说成皋有失，他只能立刻回兵，反攻汉兵，一战先攻拔荥阳，活捉了周苛、枞公和韩王信，他劝周苛：“投降我吧，我拜你为上将军，封三万户侯。”周苛骂道：“你哪是汉王的对手，不如早点投降，省得将来成为俘虏难看。”项羽大怒：“把这竖子给我烹了。”

烹完周苛，项羽还不能消气，又斩了枞公，韩王信见状，吓得赶忙投降，项羽饶了他一命。不过没多久，这家伙又找机会逃回了刘邦阵营，这是后话，暂且不提。

项羽一路进兵，将成皋重重围住。

这次刘邦聪明，没等项羽的包围圈收拢，早就一溜烟儿出了成皋北门，渡过黄河一路逃窜，到了小修武（今河南新乡西）。这已经是赵国地界了，韩信就驻扎在这里。刘邦在小修武城外的传舍住了一晚上。正值盛夏，天也亮得早，刚蒙蒙亮，刘邦就坐车驰入韩信军营，自称为“汉王使者”，守卫不敢拦截。其时韩信和张耳还在梦乡，刘邦径直闯入他们的卧室，从床前把他们的兵符节信抢到手中，下令击鼓，召诸将觐见，一一进行调配。

张耳、韩信在梦中惊醒，听说刘邦来了，大惊，赶忙前去拜见。刘邦命令张耳率领军队巡行赵地，防备楚兵进攻。又拜韩信为相国，率领一部分赵兵攻齐。

当时韩信驻扎的地方距离荥阳非常近，为什么刘邦不早命令他渡河，从后方夹击项羽呢，否则我们就可以看看这两个人到底谁更有军事天才了。但最大的原因是，刘邦知道打不赢。如果不彻底破坏楚国的后勤，他就无法和项羽匹敌。如果能占领齐国，就可以在人力和物质资源的总量上占据绝对优势，那时从后夹击楚国，楚国必然土崩瓦解。

刘邦一逃，项羽攻拔成皋，想乘势继续西进。汉兵则依据巩县（今河南巩县东）城壁抵抗，楚兵受挫，不能前进。刘邦得到韩信的兵，又精神大振，八月，他在小修武南的黄河岸边聚集，想渡河与楚兵一决雌雄。郎中郑忠劝他，不宜与项羽硬拼，只能深沟高垒，消耗项羽的士气，然后派别将深入项羽后方，进一步打击项羽的补给线。

刘邦想了想，确实如此，于是派本家刘贾、好朋友卢绾率领两万人，数百骑兵，东行从白马津渡河，和彭越的游击队接头，到处烧毁楚军的粮食集聚和其他设备，使楚军的给养出问题。一旦楚兵进击，他们又坚守不战，让楚军深为头疼。

六、郦食其说齐

彭越的游击队越发壮大，再次进攻被楚兵占领的一部分魏地，连下睢阳、外黄等十七个城池。项羽在前线坐卧不安，下定决心再次亲自去剿匪，他对部下大司马曹咎说：“好好守住成皋，如果汉兵来挑战，千万不要理会，只要让他们不能东进一步，就算达到了目的。给我十五天，就可以击破彭越，到时再回来帮助将军。”

一个大国，只有项羽一个人能干，其他人碌碌无能，这个国家能长久吗？当然，我们千万别以为当时的楚国真的没有人才，按照生物社会学，人才应该是按照地域平均分配的，楚国的人才除了投奔刘邦的之外，本地一定还有，但项羽都看不到。而项羽信任的，都没有什么才能，这些人之所以被提拔重用，或者是因为和项羽有亲属关系，或者是因为和项羽熟。比如这个曹咎，原先是蕲县狱掾，只因为救过项梁，项羽就让他当大司马，其实他的本事可能只够当个狱掾。楚汉之争，实际上是项羽以一人之力抵抗大半个中国的才士，而且这些才士还特别不讲规则，今天说过的话，明天就不算了。项羽怎么能不败？

项羽前脚走，汉兵后脚就围困了成皋。曹咎和司马欣两人开始还能遵循项羽的策略，紧闭城门，不肯出战。汉兵天天在外辱骂，曹咎、司马欣按捺不住了，将项羽的告诫抛之脑后，下令出击。成皋东临汜水，楚兵要渡过才能作战，但他们才渡了一半，汉兵箭矢齐发，楚兵无可闪避，死伤无数。汉兵趁势渡河全线进击，大破楚兵，将楚国的金玉财物全部抢走，曹咎和司马欣两人无颜再见项羽，双双在汜水边自刎。驻扎在小修武的刘邦见机，当即率军南渡黄河，占领了成皋，驻军广武。广武位于成皋东，是黄河渡口，距离天下闻名的敖仓非常之近。城邑建在敖仓西的三皇山上，山有涧水从中穿过，分成东西两半，上各建一城，称为东广武、西广武。

本来项羽经过苦战，已经攻取了敖仓，这相当于给楚兵找了一个就近的免费食堂。敖仓的粟，是秦朝政府多年来苦心储藏的，属于战备物资。楚兵失去了它，势必增加后勤的难度。刘邦曾经一度想放弃荥阳、成皋一线，退守到巩县和洛阳一带继续抵抗楚军的攻势，但郦食其劝他："王以民为天，而民以食为天，敖仓乃天下转输之处，楚国人却不懂其重要，只派了些刑徒守卫，此乃上天将它资助给大汉，足下却想放弃，臣窃以为过矣。臣愿足下加紧进兵，收复荥阳，夺回敖仓。据敖仓之粟，塞成皋之险，绝太行之道，距飞狐之口，守白马之津，让天下知道大汉已控制了一切险要，天下就会归心于汉。"

刘邦听从了这个建议，郦食其很高兴，又自告奋勇："燕、赵已定，齐国未服。齐国故王室田氏宗强，人多变诈，足下派韩信去打他们，兵虽然有数万，没有几个月也难彻底搞定。臣愿意奉诏去说服齐王，让他们投靠大汉。"

刘邦想，韩信虽能，却不一定能顺利攻拔齐国，如果郦食其能达到目的，当然更好。再说让韩信坐大，对自己也不利，于是答应了。

郦食其立刻赶赴齐国，面见齐王田广，先发问："大王知道天下最后将是谁胜出吗？"

齐王说："不知道，谁？"

郦食其道："当然是归大汉。"

齐王倒没生气："为什么？"

郦食其又祭起道德的大旗："当年义军一起立了楚怀王之约，谁先攻占关中，谁就当秦王。项羽不但背约，还分割不平。汉王于是出关吊民伐罪，收天下之兵，立诸侯之后。谁以城池投降，城就赏给他；得到了财宝，就与部下共享，所以豪杰之士都纷纷投奔。项羽不但负约杀义帝，而且对待部下苛刻，有功不赏，有过必罚，非姓项不能重用，所以豪杰之士，都纷纷远离。这不说明将来天下归于汉王，是一定的吗？汉王出师以来，破三秦，擒北魏，出井陉，诛杀成安君陈余，此非人力，乃上天所赐之福。现在汉据敖仓之粟，塞成皋之险，绝太行之道，距飞狐之口，守白马之津，垄断了天下一切形胜之地，谁不服气就会灭亡，谁先投奔就会得到封赏，大王如果现在马上投降汉王，可以长保齐国，否则危亡翘足可待也。"

"怀王之约"被有些历史学者屡屡提到，当成一个重要事件，以为是项羽失败的重要因素，刘邦确实也屡屡以此为口实，对项羽发动攻击。但细想一下，却未必有多重要，诚然，刘邦开始是纠集诸侯，率领五十六万大军攻入彭城，但项羽一回师反攻，汉兵灰飞烟灭，诸侯立刻又相继归服了项羽。这说明众之归附与否，仍旧在于实力，不在于所谓的一个"怀王之约"。在现代化的宣传手段没有发明之前，舆论左右军事的能力总是有限的。况且就郦食其的这些话来说，完全是胡说八道。项羽分封诸王，也是靠军功，而不靠世系，怎么能说项羽有功不赏呢？他所封诸王，没有一个姓项的，怎么能说非项氏莫得用事呢？顶多他有些念旧情，而又自负聪明，不识人才，不通谋略。说什么刘邦立诸侯之后，更是滑稽。他出兵三年，仅仅立了一个赵王张耳，并非诸侯之后，还是项羽早就封定的。除此外，魏王、赵王都被他干掉，地除为郡，要说贪婪，他比项羽厉害得多了。

齐王却完全相信了郦食其的鬼话，说愿意投降，立刻派人出使汉。本来听说韩信要来进攻，齐王已经在历下（今山东济南）修筑了强大的工事，派华无伤、田解两将军率重兵把守，现在下令军备全部撤除，自己则天天在临淄和郦食其饮酒作乐。

七、广武对话

这时韩信的军队基本上靠近了齐国，准备发动进攻，听说郦食其成功说服齐王投降，决定罢兵。他的谋士蒯彻劝他："将军受诏伐齐，汉王又派使者偷偷出使齐国，劝说齐王投降，有诏书阻止将军进兵吗？郦食其不过是个书生，靠着三寸长的一个舌头，劝说齐国七十多城投降，将军率数万兵马，打了一年多的仗，才攻下赵国五十多个城池，和他相比，是不是太丢人了？"

蒯彻前面提过，他是范阳人，原先投靠陈胜的部下武臣，后来武臣被李良干掉，他大概还留在赵地。韩信定赵，因此又变成了韩信的谋士。他是个典型的纵横家，一生都在孜孜不倦地寻找合适的主子，如果生活在战国时代，一定很有用武之地，可惜命运不济，他的青春期大概是在秦朝度过的，好不容易等到天下大乱，投靠了武臣，谁知武臣又是个没用的人。估计他还想过投靠项羽，因为他的师父安期生曾向项羽献过计谋。但我们知道项羽喜欢能打的，对谋略不感兴趣。据史书上说，项羽后来改变主意了，想封他们师徒俩做官，两人又不肯接受，大概觉得项羽不足以辅佐。而刘邦又远在大西北，他肯定不想跑远路去投靠。他劝韩信进攻齐国，当然是希望韩信能够割据齐国，他就能施展口舌封侯拜相了。不过这确实就害了韩信、郦食其和田横，司马迁在《史记》里说他"甚矣蒯通之谋，乱齐骄淮阴，其卒亡此两人"，班固说他"一说而丧三俊"，有一定的道理，但不够全面。韩信不攻齐，郦食其确实就不会死，韩信的军功也不会这么大。但田横应该还是死定了，刘邦是绝不会容忍一个齐国存在的。

而韩信也是一个有野心的人，听蒯彻这么一说，当即继续进兵。因为齐历下军没有防备，轻易被韩信攻破，华无伤被俘，投降了韩信，反而身先士卒帮韩信打仗，后来还因此封侯。他们一路火速进军到临淄，齐王那时大概正在和郦食其一起吃吃喝喝，一听韩信兵临城下，气得七窍生烟，骂郦食其道："你这个骗子，来人，烹了他。"郦食其就这样在滚汤中被活活煮死了。

烹掉了郦食其，齐王出城迎击韩信，大败，撤退到高密。这下他彻底醒悟，刘邦的胃口原来比项羽要大得多，该是和项羽捐弃旧恶，共同对抗豺狼的时候了。他果断派人去楚国求救，他的部将田横则率兵撤到博阳（今山东泰安东南），守相（代理丞相）田光撤到城阳，另一将军田既驻扎到胶东，静静地等候楚国的援兵。

这时项羽第二次征讨彭越依旧顺利，把彭越打得哭爹叫娘，真可谓霸王一出，谁与争锋？外黄、睢阳等十七城皆投降项羽。如果上天给予项羽时间，他依旧能顺利把彭越这个游击战大师彻底干掉。但是这时又传来了曹咎、司马欣两人兵败的消息，项羽长叹一声，只好再次放过彭越，重新赶赴成皋。

此刻汉兵攻下了成皋，正在集中力量围攻钟离昧据守的荥阳，听说楚霸王回来了，吓得屁滚尿流，像猴子看见了养由基，纷纷向险阻处逃窜，不敢露面。荥阳之危顿时解除，项羽也驻军广武，一东一西和刘邦隔涧相望，双方再次进入相持阶段。

他们相持了数月，随着时间的拖延，形势对项羽明显不利，因为韩信正在他的背后连战连捷，只要顺利攻下全齐，楚国腹地就暴露在汉兵面前。而打仗，是不能丢掉腹地的，否则没有给养。而且由于敖仓和成皋又回到汉军手中，楚军逐渐粮草不济，项羽很烦闷，这天他命令在城头设立一个高俎，也就是当时宰割猪用的砧板，把刘邦的老爸刘太公放在上面，隔着涧对刘邦说："再不投降，我把你爹给肢解了，再烹成肉汤。"

但凡有点良知的人，看见自己父亲为人鱼肉，一定会发狂拼命。但项羽低估了刘邦的"流氓"程度，人家为防自己被追上，能屡次三番把自己的亲生儿女踢下大车，又岂能在乎一个颤巍巍的老爸？他恬不知耻地回答项羽："项羽，当年我们可是在楚怀王面前发过誓，约为兄弟的，我的老爸也就是你的老爸，你烹了你老爸，可千万记得给我舀一勺汤尝尝。"

项羽被这个回答彻底打败了，他哀号了一声："把他老爸拖下去，赶快烹成肉汤。"

这时项伯又适时地跳了出来，劝他道："天下之成败现在还不能预料，何必彻底把脸皮撕破呢？况且志向远大者不顾家，你杀了他老爸，也没有什么益处，只怕反而招祸。"

项伯的话完全是胡说八道，双方交兵已经是你死我活，多杀对方一个，就多占一份便宜，还能招什么祸？难道你饶了刘邦的老爸妻子，他将来就会对你网开一面？但项羽还是缺乏判断能力，他想了一想，同意了项伯的建议。

项羽又隔着涧对刘邦叫："天下汹汹扰动不安，已经好几年了，都是因为我们两人的恩怨。我提议由我们两个单独决斗，一决雌雄，免得无辜百姓为我们殉葬。"

作为在中国最底层市井长大的人，自小就习惯于街头群殴火并，哪屑于像西方或者春秋时贵族那样公平决斗，他哈哈大笑起来，哼唱道："谁跟你单挑？我只斗智不斗力。"

项羽无奈，命令手下壮士挑战，但是刚出场不久，就被刘邦手下一个楼烦族的神射手射杀，一连几个壮士都这样死于箭下。项羽大怒，亲自披甲持戟，上场挑战。楼烦人还想射，项羽瞋目大喝一声，声震山谷，回声不绝，楼烦射手吓得两手哆嗦，弓箭拿不稳，掩面跑入防御工事，再也不敢出来。刘邦这时已经躲进防御工事喝茶，看见楼烦神射手跑进来，觉得奇怪，一个人怎么会吓成这样。楼烦人说："这回的挑战者嗓子太响亮，像炸雷一样，披甲持戟，神威凛凛，宛如天神降临。"

刘邦令人："去打听一下是谁？"

一会儿答案回来了，原来是项羽亲自上阵。

于是刘邦大惊，项羽这家伙确实胆气不凡。他再次出去，和项羽隔涧聊天，项羽又再次邀请刘邦单挑。刘邦开始耍嘴皮子："我凭什么跟你这种人单挑，你有十宗罪，知道吗？"

不等项羽回答，刘邦自顾自滔滔不绝地数落下去："背弃盟约，让我在巴蜀当王，一罪也；矫诏杀卿子冠军宋义，二罪也；救完了赵国不回报怀王，擅自率诸侯兵入关，三罪也；烧毁秦宫室，发掘秦始皇墓，吞其私财，四罪也；杀秦降王子婴，五罪也；欺骗活埋秦国降卒二十万，六罪也；封自己的亲信在好地方当王，而把原先的王迁徙到差地方，七罪也；将义帝赶出彭城，又夺取韩国的土地，自己兼霸梁、楚，八罪也；派人在江南劫杀义帝，九罪也；为政不公平，立约不诚信，天下不容，大逆不道，十罪也。我举义兵率诸侯吊民伐罪，驱使刑徒们攻打你，何苦亲自跟你单挑，岂不污了我的手？"

只要稍微分析一下，就会发现大部分罪行是拼凑的。第一条，勉强能够落实。第二条，杀卿子冠军，可以说杀得对。如果听任宋义按兵不动，章邯和王离就能灭掉赵国。没有巨鹿之战的胜利，章邯就有余力阻止刘邦入关，灭亡秦朝只怕没什么希望。第三条，救完了赵国不乘胜追击，难道还等敌人缓过气来？第四条，以现在的眼光看来，当然是罪。但那时打仗，谁战胜了不残毁宫室城池？你刘邦不也屠过不少城吗，怎么就用显微镜看别人呢？第五条，杀秦降王子婴，这就更算不上罪了。虽说现在文明条约规定不许杀降，但那时还没这规矩呢。何况项羽杀的还是降将，你刘邦后来把同甘共苦的韩信、彭越、英布都杀了，不是比人家更坏吗？第六条，可以坐实。第七条，不值一驳，项羽是按功行赏，而且人家封的都是异姓王，你刘邦占据天下后，完全搞家天下，非刘氏不许封王，这才是真正的无耻。第八条，人家项羽功最大，韩国君主毫无功劳，项羽兼占两地算得了什么？第九条，可以坐实。第十条，完全是口号，为了凑足“十恶”之数，可以不予理会。

所以说，项羽的罪，除了第一、第六、第九条确实做得不对，其他都是刘邦的污蔑。以项羽这样年轻气盛而又自负的性格，哪受得了这样的污蔑，所以当即气得发昏，提着戟在场上哇哇大叫。

刘邦见效果基本达到，正在得意，突然项羽营中一支弩箭急速飞来，刘邦躲闪不及，羽箭正中胸部。这刘邦也的确机灵，马上弯腰摸自己的脚，大叫一声：“哎哟，敌人射中老子的脚了。”

他被大伙簇拥着到屋里休息，张良劝他：“虽然伤势沉重，但希望大王还是强打精神到军营巡视，让大家知道您只受了点轻伤，以免军心大乱，给楚兵以可乘之机。”

于是刘邦强起巡视，但实在支撑不住，还是驰往成皋养病。

八、韩信平齐

项羽和刘邦在成皋相持的时候，楚国的另一支主力已经在齐地被韩信全歼，这支主力是由楚国大将龙且率领的，它的覆亡，把项羽彻底推上了绝路。

话说齐王向楚国求救，项羽知晓其中的利害关系，立刻改变了对齐的敌对态度，派龙且率大军赶去救援。楚兵甚众，号称二十万，在高密和齐王田广会合，准备迎击韩信。

有客劝龙且说："韩信兵屡战屡胜，千里而来，其锋锐不可当；而我们本土作战，士兵容易逃亡，不如深沟高垒，与其相持，同时让齐王派使者招降丢失的城池，那些城池听说他们的王还活着，楚兵又来救援，一定会背叛汉国。汉兵客居齐地，齐人不拥护，粮草就不能供给，无粮之兵，可不战而降。"

我们看到，凡是韩信兵来攻前，总有人向主将建议深沟高垒，将敌方拖死。陈余不听，被斩泜水。如果龙且能吸取陈余的教训，果断听从，就不会辜负项羽对他的厚望。可龙且带了这么多年的兵，也打过不少胜仗，自负得很，对韩信此前的战绩丝毫没有警惕，竟然说："我生平很熟悉韩信这家伙的为人，非常好对付。当年天天在洗衣的老太婆那里混饭吃，还被街头无赖威胁钻裤裆，是个窝囊废。况且我来救齐，如果不战而逼迫韩信投降，我有什么功劳？如果战而获胜，齐国一定会给我们一半土地来犒劳。"

看看，这家伙竟然不知道《孙子兵法》上说"不战而屈人之兵者，善之善者也”，如果你能不战使对方投降，齐国人难道就忘了你的功劳？况且现在楚国腹背受敌，当以保险获胜为上，如果一战不利，楚国全境门户大开，项王断了后勤，仗就没法打了。所以说，龙且实在是项王的罪人。当然，项羽身边尽是这帮窝囊废，也怪他自己有眼无珠。

十一月，齐楚与韩信兵夹潍水布阵。水东为齐楚军，水西为汉军。战前的晚上，韩信做了充分准备，他派人在潍水上游扔了数万沙袋，将潍水堵住，下游水量因此大大减少。之后韩信派兵渡河佯攻，军队刚渡到一半，假装交战了一下，就仓皇败走。看来韩信打仗，也就这点伎俩，总是假装不敌。如果龙且能认真研究一下韩信的战术，韩信只怕无所作为。但龙且是根不折不扣的“废柴”，他见状果然大喜：“我说了吧，韩信是个胆小鬼。”下令全部渡河追击。韩信暗喜，立刻传令上游士兵将沙袋全部挪开，水流磅礴而下，楚兵渡到水中央，顷刻被洪水卷走，成了水鬼。留在岸上的士卒则大乱，不听约束，四散奔逃。韩信下令立即进军，大破楚兵，龙且被杀，另一楚将周兰被俘。齐王田广见势不妙，一溜烟儿地向北逃窜到城阳，韩信发兵狂追，还是将他抓了去。之后在博阳的田光军，也被灌婴击破。田横则自立为齐王，率兵还击灌婴，不敌，败于嬴（今山东莱芜西北），于是逃往梁地，投奔彭越去了。灌婴继续进兵，攻打驻扎在千乘（今山东高青县东）的田吸军，斩之；曹参攻打胶东的田既军，斩之。齐国全境落入了汉兵手中。

龙且军覆亡，项羽的日子也就进入了倒计时。

那边刘邦在成皋休养了一阵，箭伤基本平复，又回了一趟关中。他来到国都栎阳，把司马欣的脑袋示众了好几天，因为栎阳是司马欣当塞王时的国都，这是告诫百姓，别幻想司马欣杀回来了，他已经彻底完蛋了。然后刘邦又回到广武前线，继续和项羽对峙。

这时他接到韩信派人送来的信，打开信一看，气得发昏，信上是这么写的：

齐国人奸诈狡猾，天下闻名，又南临楚国，位置重要，我作为汉相国统治他们，威望不够，希望您能封我为假王以镇抚之。

刘邦顿时血往上涌，破口大骂："老子被项羽困在这里，日夜希望你来帮我，你却想自立为王，这都是些什么混蛋啊。"

张良、陈平两个阴谋家在旁，马上双双踩了刘邦一脚，刘邦当即住嘴了，他知道这两脚不是随便踩的，肯定有他们的道理。果然，两人在他耳边悄悄说："我们现在战事不利，有力量阻止韩信称王吗？不如因势加封他，让他好好守卫齐地，否则只怕有变。"

刘邦马上悟到了，当即又破口大骂："大丈夫定诸侯，就应当做真王，当什么假的，真没出息。来人，马上铸印，立韩信为齐王。"

很快，张良亲自带着新铸的齐王印去齐地祝贺韩信，正式册封韩信为齐王，同时征召他的兵马从后方进攻楚国。

在广武前线的项羽听说龙且战死，齐国全境被韩信征服，非常惊恐。从军这么久，他还从来没有这么惊恐过。他恨自己的手下太不争气，一点忙帮不上，尽添乱。这时一个叫武涉的盱眙人出来安慰他："刘邦封韩信为王，其实很不情愿。他曾经派说客策反了您的爱将英布，不如我们也趁机去策反他的韩信。"

项羽大喜，当即遣武涉出发。武涉跑到齐国，求见韩信，游说道："天下苦秦久矣，所以勠力攻秦。秦国覆亡，项王计功割地，分封诸侯，让士卒百姓得以休养生息。刘邦却兴兵而东，杀诸侯，夺之地，还不肯罢休，又侵伐楚国，如今看来，不把天下全部吞下，他是不肯罢休的，这么贪婪的人，实在闻所未闻啊。而且刘邦这人出身市井，特别不讲诚信。他屡次被项王控制住，项王可怜他，让他得以活命。但每次逃走，都背叛盟约，反攻项王，其不可亲信如此。现在足下虽然自以为是刘邦的挚友，一旦天下平定，就会被他干掉。足下自立为假王，刘邦却封足下为真王，其实心中十分不快，只是不得已耳。您现在之所以还能逍遥自在地当王，主要还是因为项王在，项王不在，他能不嫉恨足下吗，能留足下的命吗？希望足下能善于利用形势，平衡各方面力量，保住自己的王位。以足下现在的实力，投靠汉王，则汉王胜；投靠项王，则项王胜；都不投靠，则天下三分，各不侵扰。足下和项王也是老朋友，何不反汉，彻底自立门户，三分天下，永保齐王之位呢？如果放弃这个机会，而自以为汉王讲信用，全心全意地帮他击楚，将来兔死狗烹，唇亡齿寒，这不是聪明人所为啊，望足下三思。”

韩信不肯听从，说：“我侍奉项王的时候，官不过郎中，位不过执戟，劝谏不听，谋划不用，所以才离开楚国投奔汉王。汉王拜我为大将军，给我数万军队，把自己的衣服解下来给我穿，自己的美食推过来给我用，言听计从，我才能到今日的地位。人家这么亲信我，我却去背叛他，这违背天道，太不祥了。请为我向项王辞谢，说韩信死也不能听从。”

武涉悲伤地走了。他的失败，不是他的口才不如随何，而是韩信不像英布那般背信弃义。他说刘邦亲信他，背叛刘邦不祥；难道想不到项羽亲信英布，英布背叛了项羽，不也活得有滋有味的吗？武涉之所以失败，一则是因为刘邦给人的感觉比项羽厚道，脾气略微温和。二则还可能因为韩信手下的两个主将曹参、灌婴都是刘邦的铁杆班底，就算自己想反叛，只怕也有顾虑。

韩信的手下蒯彻也冒出来，劝韩信道：“仆从前学过看相，看君之面，顶多只是封侯，而且危险不安定；观君之背，则贵不可言。”

所谓“背”，就是“背叛”。蒯彻的意思和武涉差不多，就是说韩信如果背叛的话，富贵不可限量，做王称帝都有可能；如果不背叛，则一个侯也做不安稳。如果这个记载不夸张，则当时天下有识之士都已看出了韩信目前情况比较尴尬，只有韩信自己身在庐山，不知死活。他迷惑地问蒯彻：“先生说的什么意思？”

蒯彻继续开导他：“当年陈王初起兵向秦发难的时候，大家一心一意想要覆灭秦朝。如今天下形势基本安定，只剩楚汉相争，导致百姓肝脑涂地，父子抛骸骨于野外，不可胜数。楚人在彭城大败刘邦，威震天下，一直追击到京、索之间，三年相持，却再也不能前进一步。汉王率领十万之众，以巩、洛阳为依据抗击楚兵，一天打几次仗，无尺寸之功，智勇俱困。百姓日夜盼望早点结束战争，臣思量再三，只有像足下这样的贤圣才能做到。当今汉王和项王的性命，都悬在足下手中，足下助汉则汉胜，助楚则楚胜。臣的意见是，不如谁也不帮，与他们三分天下，鼎足而居，这么一来，谁也不敢先轻举妄动。足下贤圣过人，甲兵众多，背靠强齐，以赵、燕为辅助，他们两家谁不忌惮？然后呼吁和平，西向为民请命，百姓谁不拥护？足下再割大国给小国，削强国以增弱国，天下诸侯谁不闻风响应，谁敢反对？谚语有云：‘天与不取，反受其咎。时至不行，反受其殃。’希望您深思熟虑，早下决断。”

按说两位辩士的说法不谋而合，韩信应该醒悟了，但他依旧迂腐地回答：“汉王对我这么好，我怎么能见利忘义呢？”

蒯彻道：“当年常山王张耳、成安君陈余为布衣时，那感情好不好？恨不能裤裆共穿，脑袋互换。结果因为巨鹿之事，两人反目为仇，恨不能取对方首级而后快。最后张耳斩陈余于泜水之南，手足异处。此二人先前为天下最好的朋友，最后却互相戕杀，为什么呢？因为欲望太多，人心难测啊。现在足下与汉王之交情，比起他们，可以说差得远了，但足下自立为齐王，和汉王的隔阂，可比他们的矛盾大得多。再说足下功劳太大，多赏则不甘心，少赏您也有气，这都是祸患之端啊！当年文种帮助越国打败吴国，却遭到越王勾践的猜忌，最后被勾践赐死。为什么？野兽捕尽，走狗就要被烹掉。夫以友情而言，足下和汉王不如张耳与陈余；以忠信而言，足下和汉王不如勾践与文种，望足下深思，引以为鉴。况且臣听说

‘勇略震主者身危，功盖天下者不赏’，现在足下正挟有震主的勇略，不赏之功劳，还想取得汉王的信任吗？还能安稳做汉王的臣子吗？”

韩信道：“你说得很有道理，让我再好好考虑一下。”

结果他考虑了几天，也没有个结果。蒯彻忍不住又去找他，劝道：“听取意见，是事情成败的保证；计虑前后，是事情成败的关键。听错了意见，或者计虑有误，都会完蛋。所以智力，是决断的必要；疑虑，是事情的大患。只知道在毫厘小事上打转，就会丧失天下的大计；心里明明知道，但就是不敢当机立断，这是最大的祸患。夫大功者，难成而易败；时机，难得而易失。时机啊时机，失去了就不会再来了。”

蒯彻的原话不少是韵文，显然也是当时人习惯背诵的处世法则，相当于后世的《增广贤文》《菜根谭》之类，这些法则，韩信不会比他更生疏，大家都在一个话语系统，因此更有说服力。现在的情况是，如果韩信稍微有野心一点，人品稍微差一点，刘邦就岌岌可危。因为天下三分，对项羽有好处，对刘邦只有坏处；项羽现在不过二十九岁，等得起，只要楚国后方稍微稳定，以他百战百胜的军事才能，一定会东山再起。岁月只会消磨他的暴躁，增加他的耐性。而刘邦可等不起了，他已经五十三岁，折腾不了几年了。

但是韩信最终没有采纳武涉和蒯彻的计策，是不是完全因为他善良呢？可能本质还是善良，但除此之外，仍应当有其他因素，身边有刘邦的死党曹参和灌婴。如果中立，曹参和灌婴会不会窝里反，很是问题。总之他对蒯彻说：“要我背叛恩人，实在下不了手啊。汉王计功授爵，不会夺走我的齐国的。”

蒯彻长叹一声：“真蠢啊。”他知道再留在韩信身边，将来这番话传到刘邦耳中，自己就没命了。于是假装疯癫，冒充巫觋混饭吃去了。

武涉、蒯彻游说韩信的失败，象征着楚汉之争已徐徐落下了帷幕。

第十章

刘邦灭楚

一、陈县大战

汉四年七月，刘邦立英布为淮南王。此刻淮南还在项羽手中，这么做，相当于告诉项羽，你完了，也不用写遗嘱了，遗产我都代你分好了。

而项羽此刻的不利，也被其他诸侯看在眼里，人大多是势利的，政治又尤为肮脏，鲜能不落井下石。北貉和燕国人见项羽不行了，都派骑兵来见刘邦，要求帮助他打仗。项羽内忧外患不绝，痛苦不堪，军粮也差不多快消耗干净。九月，刘邦派了一个叫侯公的人到项羽军中来，要求他把老爸还给自己。项羽很高兴，要求签订合约。刘邦也痛快地答应了。

于是两家签约，以鸿沟为界，沟东属楚，沟西属汉，互相罢兵。所谓鸿沟，在荥阳之北引黄河水向南，经过广武、敖仓到大梁（开封），再南到陈、项，沟通黄河和颍水，使黄河和淮河两大水系连通起来，有助于当时的漕运。条约签订后，项羽把刘太公、吕后还给刘邦，引兵东归。楚军士卒都非常高兴，离家三年多了，虽然没有取得胜利，但终于可以平安回家。

史书上说刘邦也想西归，但张良和陈平两个人又跳了出来，劝他："现在大汉占据了天下的一大半，诸侯亲附，而楚国疲惫不堪，粮食耗尽，此乃天亡项羽之时也，安能放弃？现在放项羽走，等于放虎归山，将来就捉不住了。"

刘邦玩这套也不是第一次，毫无心理负担，当即答应："听你们的，追杀他。"

十月的时候，追到阳夏（今河南太康），刘邦止兵，派使者要韩信、彭越都引兵前来帮忙。彭越把原属楚国的昌邑附近二十多个城池都攻下了，收集了大量粮食送到刘邦军中，但就是不肯派兵，说："魏国才刚刚平定，百姓依旧害怕楚国，我不敢随便离开。"

韩信做出的贡献就更大了，平定齐地，拒绝武涉、蒯彻的建议之后，他派灌婴率骑兵进攻楚国，在鲁北击破楚将公杲，又南破薛郡长，下傅阳（今山东枣庄南）、下相（今江苏宿迁）、僮（今江苏睢宁东南）、徐（今江苏泗洪南），南渡淮河，一直打到广陵，几乎将楚国城邑扫荡了一遍，所向无敌。汉兵在淮南那段时间，项羽的将军项声、薛公、郯公短暂地收复了失地。但灌婴又重新北渡淮河，在下邳击破项声等的军队，斩薛公，攻下下邳，又在平阳击破楚国骑兵，攻下楚都彭城，俘虏了楚柱国项他，接着相继攻占留、薛、沛、酂、萧、相，把楚国腹地尽数占领。没有项羽的楚国完全不堪一击，项羽至此已经没有根据地，被消灭是迟早的事。由此可见，没有韩信，刘邦根本没有干掉项羽的实力。

项羽没想到刘邦如此不守承诺，非常愤怒，但自己兵少食尽，也拿他没有办法。他在阳夏城停下来迎战刘邦，不利，樊哙率领的军队一战俘虏了楚将周将军手下的楚兵四千人。而此时项羽也知道，楚国首都彭城已落入了敌人的魔爪，只能向南撤退。刘邦不急不慢，徐徐追击，追到离阳夏不远的固陵（今河南太康县南）。双方停下来，准备再次决战。

刘邦派出了使者召韩信、彭越前来会战，但是那两人杳无消息，刘邦只能独自来应付楚兵了。

固陵的南面不远则是著名的楚国故都陈县，也就是当年陈胜建都的地方。陈县的县公名叫利几，现在还算楚将，他集聚了所有兵力作项羽的后盾。楚兵在固陵排好阵势，进行反击，这一战很有战绩，大破汉兵，刘邦被吓得赶忙筑壁垒自守，再也不敢出来，他对张良说："没想到楚兵还这么厉害，看来我们只能倚多为胜了。"

张良道："那是当然。"

"可是韩信和彭越都不来，怎么办？"刘邦有些沮丧。

张良说："当然不肯来。楚国马上就要完蛋了，他们两个人却都没有裂土受封。如果你能和他们平分天下，他们马上就会气喘吁吁地跑来。韩信立为齐王，是你被迫的，他也不是不知道。彭越本来已经攻下了整个魏国，您以前因为魏王豹还在，所以拜彭越为魏相国。现在魏豹已死，彭越当然也想当王，您却不早封他。如果您能把睢阳以北的地方至穀城都封给彭越，从陈县以东到大海的地方都封给韩信，鼓舞他们为自己的利益拼死作战，则楚兵之破就在旦夕之间。"

刘邦马上派出使者，到齐、梁两地颁发金印，韩信、彭越果然喜滋滋地说："我们马上发兵。"孰不知道自己被人当枪使。

韩信获得的利益最大，原先当齐王，是自己要求的。现在刘邦又主动给他增加封地，实在太幸福了，齐国什么时候有这么广的疆域？他当即派出灌婴的郎中骑兵火速赶到陈县，加入刘邦的队伍，刘邦大喜："现在我的人数远远超出项羽了。"

刘邦再次向项羽发动进攻，两军在陈县附近展开大战。对项羽来说，这是一件很悲哀的事。本来他和刘邦一直在成皋、荥阳一带相持，那里靠近刘邦的老巢，刘邦一旦战败，就会土崩瓦解。但现在阵地转移到了自己的老巢，自己一旦战败，也会土崩瓦解。单独一个刘邦，不难对付，可灌婴的精骑赶来，情况就不一样了。项羽之兵百战疲惫，刘邦的援兵却精神抖擞。胜败之势已经分出。关键是，项羽没有像萧何那样的一个人帮他管好内政，提供充足的后勤，项羽的国土也不像刘邦那样有险峻的关津作为屏障。在固陵相持的时候，刘邦的援兵不断赶到，而项羽似乎没有援兵，至少不会有大规模的援兵，这还是在楚国的本土。

陈县之战开始，汉军以靳强、丁义、灵常等率军先行进击，其中灵常这个人不久前还是楚令尹，刚刚才投降刘邦。为了在新主子面前表现一下，他浴血奋战，成功突破楚军在固陵的防御，楚将钟离眛败走；然后灵常集中兵力攻击陈县，楚兵迎击，两军在陈县郊外大战，楚军大败，楚将利几投降汉兵，陈县落到刘邦手中，楚国的最后一块重要的根据地就这样消失了。

项羽终于英雄末路。楚国疆域基本上已经全部落入汉兵之手，唯一幸存的就是淮南和江东，而此刻淮南也终于宣布“起义”。

二、决战垓下

淮南的寿春曾是楚国的故都，也是英布原先的国土。寿春本来由楚国大司马周殷掌管，这位周先生，曾经被陈平吹捧为项羽手下的骨鲠之臣，似乎是不会叛变的。刘邦之前已经派了刘贾前去攻打，刘贾渡过淮河，围住了寿春。史书上说他“遣人诱楚大司马周殷，殷叛楚，以舒屠六”，也就是说周殷被刘贾成功诱降，宣布“起义”，所谓“骨鲠之臣”显然名不副实。眼看项羽要完蛋了，他周殷当然要为自己找一条活路。他率领舒县（今安徽舒城）的军队屠戮了六县，六县是原来英布九江国的首都，大概驻有楚国嫡系兵，不肯投降刘邦。屠完六县后，周殷率领兵马去迎接英布，一路西走，路过城父（今安徽涡阳西北），还顺便把城父屠了一遍，然后和刘贾会师，这时接到刘邦的命令，说“项羽已经撤退到垓下，被我军围住，尔等火速赶往垓下，一起进攻”。于是两人一起南进，奔赴垓下。

垓下在今安徽省固镇县东，现在发掘出了十分重要的古代城址，城址东、西、北三垣的中部现各有一缺口。城内面积约 15 万平方米，包括护城河，城址面积近 20 万平方米。遗址包括城垣、城门、护城河、道路和排水系统、夯土建筑基址、窑址、活动场所、红烧土遗迹、水井、灰坑等重要遗存，出土了石器、陶器、铜器、铁器和钱币等各类器物 170 余件，看来当时还是一个比较重要的城邑。“垓”的意思是高岗绝壁，项羽走到这里，大概想以高岗为依据建立壁垒，和汉军决一死战。

根据项羽从陈县向南撤退的路线分析，显然他的目的地是江东。大概这时他已听说周殷叛变，能投奔的只有江东了。他和钟离眛一起率军向南狂奔，一路上大概有零星的楚兵加入，所以到垓下的时候，他手下的兵大约还有十几万。但这十几万楚兵再也不是当年彭城鏖战时那骁勇的三万精兵了，那时兵不但是精选的，整个楚国还很完整，能为项羽提供强大后援。时移世易，如今已是山河破碎，而刘邦此刻的兵身经百战，士气高昂，韩信、彭越、刘贾大军源源不断汇集，光韩信的军队，就足足有三十万之多。这场即将到来的大战，一开始就充满了浓郁的悲壮气息。

这是楚汉相争的殊死决战，是项羽个人征战生涯的谢幕典礼。就实力的残酷对比来看，百战百胜的他，这次也不再有胜利的希望。但他已经退无可退，不战不行，非战不可。战胜也不能动摇大局；战败，更是万劫不复。

这是十二月，相当于现在的一月，华北依旧是寒风凛冽，项羽肯定悲怆不已，遥想三年前，他率三万军队把刘邦打得仓皇奔逃的时候，那时是何等意气风发，而现在是他被追得仓皇奔逃。几十年前，他的祖父项燕，率领着楚国最后一支军队，也是在淮南被秦将王翦击败，愤然自杀的。如今，他又重蹈了祖父的覆辙，这是多么可恨的一件事！难道，兵败自杀，这就是项氏这一古老军事世家的宿命？

战争终于在一个清晨开始了。

一开始时，韩信为了展示自己对刘邦的忠贞，主动要求打前阵，他觉得对付百战百胜的项羽，如今已经是小菜一碟。他左翼是后来被封为蓼夷侯的孔聚，右翼是后来被封为费侯的陈贺，自己则像一只鸟头。刘邦的军队布在他的身后，周勃和柴将军的部队又布在刘邦身后。整个军队排成一个 T 字阵形。

进攻的鼓声响彻于天地之间，韩信亲率前锋首先和项羽军合战，遭到项羽的痛击。双方进行殊死鏖战，韩信不敌，急忙撤退，命令在一旁静候的左右翼一起向前合击，而此刻楚兵刚经过血战，疲惫不堪，难以应付孔将军、费将军两翼的联合包抄，开始撤退。韩信见状大喜，又率领自己败退的士卒冲上，楚兵再也招架不住，大败，不得不退回壁垒，坚守不出。

刘邦高兴得合不拢嘴，四面八方赶来的汉兵像鬣狗一样，将项羽的军营围了数重。形势对楚兵十分不利，但项羽估计还想固守，同时派人出去找援兵。被困在壁垒中的他消息闭塞，只怕以为楚国应该还有一些城邑在自己手中。但我们这些后世人已经知道，楚国河山基本丧失，刘邦是赢定了。

一头雄狮即将丧生于一群鬣狗之手。

这天晚上，寒风凛冽，项羽躺着在城壁内的床上，听到外面的汉兵都唱着楚歌，大惊失色："难道楚地已经全部被汉兵占领了吗，怎么都唱楚歌？"

确实，楚地基本都被汉兵占领了。何况刘邦和他手下那帮泥腿子也基本是楚国人，又收降了那么多的楚兵，唱唱楚歌，也没什么奇怪。

项羽难过得再也睡不着，他爬起来，天高月小，时至中夜。他吩咐摆酒，想饮酒解闷，由此开始演出那出千古传颂的"霸王别姬"的故事。虽然具体细节不一样，但文人们能把这个场景渲染得那么悲壮，让后世无数人为之低回不已，这说明项羽是不朽的，相比之下，刘邦反而平淡无奇，让人感觉索然寡味，虽然他是胜利者，建立了一个长达四百年的王朝。

在悲伤的气氛中，项羽慷慨高歌：

力拔山兮气盖世。
时不利兮骓不逝。
骓不逝兮可奈何！
虞兮虞兮奈若何！

显然他对自己的失败非常不服气，他的小妾虞姬也婉转歌喉，为他唱和。实话说，歌词写得不怎么样，但声调凄怆，乃至他们身边的将领士卒都大受感染，泣不成声，低首掩面，不能仰视。两千年过去了，无数人读到这段，仍旧为之动容。

戏剧《霸王别姬》里写虞姬唱完就自杀了，希望项羽能轻装逃跑，以免自己连累他。而且文人们帮她臆造了一首诗，诗是这么写的：

汉兵已略地，
四面楚歌声。
大王意气尽，
贱妾何聊生。

诗写得也很悲壮，一副欲和夫君同生共死的悲壮。不过显然是后人伪造的，因为那时还没有这样成熟的五言诗。

史书上没有写虞姬的命运，总之这天晚上项羽当机立断，决定立刻突围，他精选了八百个骑士，趁着夜色，突然冲出壁垒。汉军的合围并不可能像画一个圆圈那么紧密，至少有些山石坎坷、河流相交、湖汊密布之处不会驻扎帐篷。项羽带着八百骑兵成功溃围而出，汉兵竟然丝毫没有察觉，一直到东方微明，才发现楚军壁垒几乎一空，只留下老弱病残。刘邦当即命令灌婴带五千骑兵追赶，自己屠杀留下来的楚兵。没有项羽的楚兵也只能遭受屠杀，史书上说“斩首八万”，可见当时形势的悲壮。

三、乌江自刎

这时项羽已经向南渡过淮河，准备回到自己的根据地江东会稽，天下之大，能容下他的也只有江东了。但这一路上的逃亡也损失惨重，八百骑兵只剩下了一百多人，走到阴陵（今安徽淮南市东）的时候，他们一行迷失了道路，这时正好看见一个田夫在耕田。当时正是寒冬腊月，天气冷得要命，大地还没化冻，是标准的农闲季节，大清早的，一个田夫跑到郊外来干什么？汉画像砖上经常能发现项羽向田夫问路的画面，田夫画得总是执着锸，一副把农活干得热火朝天的模样，很难让人理解。总之项羽向他问路："去江东应该走哪条路？"

那田夫也不知出于什么心理，骗他们说："往左。"

他们一行往左走，发现进入了一个巨大的湿地，四野茫茫，除非化成野鸟，才能很快飞出。虽然最后他们还是找到了出去的道路，但因为在大泽里耽搁了那么久，汉骑兵当然就追到了。项羽带着残余的败兵继续向东撤退，一直狂奔到了东城（今安徽滁州西北），检点一下部属，只剩下二十八骑，而灌婴的骑兵至少有上千。这二十八的数目当然未必真这么准确，但古人有数字崇拜，二十八骑大概有上应二十八宿的意思。

据《水经注》，虞姬墓也在东城，如果是真的话，那么此前项羽一直是带着虞姬走的，到了东城才死于非命。之前那么长的道路怎么跑过来的，其间发生了什么，值得小说家去好好发挥。

在东城，项羽知道再也跑不掉了，对那二十八骑说："我从二十二岁起兵打仗，到现在已经八年了，一共打了七十多场仗，所当者破，所击者服，从未败过，才霸有天下。现在落到这步田地，此天欲亡我，非战之罪也。今天已经跑不掉了，我愿意当着诸君的面快速杀敌，一定要战胜三次，为诸君杀开一条通道，斩其将，搴旗，让诸君知道，确实是天亡我项羽，不是我战力不行。"于是他把二十八骑分为四队，每队七人，各站在四个方向。这更可看见有上应天象之义。看来司马迁对项羽真是太崇敬了，这时候还要暗示大家，项羽和他的二十八骑实际上是天上的星宿，他们不是战死，而是要回归天上去了。

这时汉兵又重重包围上来，上天曾经在彭城帮过刘邦，适时刮起一场沙尘暴，使楚兵阵脚大乱，刘邦得以趁机逃出。但没有再来一场沙尘暴帮助项羽，项羽在我笔下无可奈何要再死一遍。古往今来，不知多少人说过他的故事，他也不知在多少人的嘴边和笔下叱咤风云过、扬眉吐气过，又愤然自杀过，年复一年，日复一日，不知其极。

项羽对其手下说："现在我为诸公斩他们一将。你们全部驰下，到山的东面三处地方相会。"

说着项羽突然驰马而下，汉兵皆吓得四散披靡，项羽驰入敌阵，立斩其一将，驰马而走。汉兵骑郎杨喜不知死活，在后紧追不舍，项羽回头瞋目大喝一声："你干什么？"杨喜心胆俱裂，战马也吓得不由自主地往回跑，一直跑了数里地才停下。

项王和他残存的部属会合，因为看见会合地有三处，汉兵一时不知去哪儿找他，于是分为三队，继续围困上去。项羽再次纵马驰出，斩汉军一都尉（师长），又展开"百人斩"神功，一连杀了上百人，再次驰马回到他的部下身边，他的部属还好，只丢失两骑，剩下二十六骑。项羽道："怎么样？"手下皆心悦诚服："大王的确厉害！"眼眶中却泪水流转。

汉军一时不敢上来，这就是所谓的东城之役，实际上只是项羽展示武功之处，汉兵没有占到任何便宜。从垓下到东城，地图上直线距离也有105公里，可见其远。他率领剩下的二十六骑继续向东奔驰，一直奔到乌江亭（今安徽和县东，江苏南京西南）。这是靠近长江的一个渡口。离刚刚厮杀的东城，直线距离也有80公里之遥了，只要渡过长江，项羽就可暂时获得安全。因为汉兵暂时找不到船只渡江，等他们找到，项羽就能回到吴县县城中。这时的江东，还是楚国的国土，虽然人口不多，组织个十几万人封住长江，就可能挽回战局。以项羽的军事才华，只怕历史真会改变，但那时江东真的还拥护项羽吗？

显然是的。

乌江亭亭长这时已经停好了船在渡口，对项羽说："江东虽小，也有方圆千里，足以称王。希望大王赶快渡江，如今只剩臣有船，汉兵来了，也没有办法渡江。"

但是项羽突然拒绝了他的要求，真不知他一路颠簸跑到这里是为了什么？难道只是为了跟乌江亭长交代一下自己那匹乌骓马，或者发一番豪言壮语，让后人为之悲愤？

项羽笑道："天想亡我项羽，我渡了河又怎样？况且我和江东子弟八千人一起渡江，现在没一人生还，纵使江东父老可怜我，仍旧拥护我当王，我有什么面目去见他们？就算他们不提这事，我难道心里不惭愧吗？"又说："我知道您是忠厚长者，这匹马我骑了五年之久，所当无敌，一日可以行走千里，不忍让他跟我一起受死，现在送给您吧。"于是命令自己的部下全部下马，皆持短兵，准备与汉军做最后一次殊死搏斗。

汉兵很快驰近，项羽像老虎一样冲入敌阵，再次表演了几回"百人斩"，共杀死了数百人，但他也同时负了十余处创口。他筋疲力尽了，残余的下属全部战死。他长叹了一口气，转头看见汉军的骑司马吕马童，呼唤道："你不是我的熟人吗？”

吕马童背过身，指着项羽对身边中郎骑士王翥（或作王翳）说：“这就是项王啊！”

项羽道：“我听说刘邦悬赏要我的脑袋一千斤黄金，并封万户侯，好歹我们是熟人，我这颗脑袋就送给你吧。”说完将剑横在颈上，奋力一拉，鲜红的血液像杜鹃花瓣一样从颈上片片飞落，同时他威武的身躯像铁塔一样坠落在地，大地为之颤抖，天上一颗星光熠熠的流星陡然光芒暴长，倏然划过长空，陨落天际。

“雄狮”一死，“鬣狗们”立刻疯狂地扑了上去。第一条“鬣狗”是王翥，他首先抢斩了项羽的头颅，其他“鬣狗”只慢了一步，立刻伸长舌头扑上，撕扯项羽的尸体。由于争夺不休，他们互相撕咬了起来，很快，几十头“鬣狗”倒毙在对方的利齿之下，什么也没抢着就进了地狱。最后项羽的尸体被以下五条“鬣狗”抢得：

中郎骑王翥，
郎中骑杨喜，
骑司马吕马童，
郎中吕胜，
郎中杨武。

他们喘着粗气，把项羽的部分尸体分别打包，系在马上，兴高采烈地驰回刘邦军营，五个人各自解开包裹，掏出自己分割的那份尸体，放在地上，像玩人骨拼图一样拼合起来，天衣无缝。刘邦看到这一切，应该会仰天长笑，几年来脑子里那根打仗的弦一直绷得紧紧的，现在终于可以松弛下来了，趁它还没绷断的时候。

后来计算功劳时，吕马童被封为中水侯，王翥为杜衍侯，杨喜为赤泉侯，杨武为吴防侯，吕胜为涅阳侯。

很多人肯定会奇怪，项羽明明有逃生的机会，为什么又要自杀？既然想自杀，为什么又要卖命突围？我认为是在突围的路上，心态逐渐发生了变化。他突围的时候，带着八百骑兵，还有心爱的女人虞姬。但在路上不断遭到堵截，八百骑兵很快只剩下了一百多人，走到阴陵向农民问路，农民竟然欺骗他。狂奔到了东城，只剩下二十八骑，虞姬也重伤而死。退到乌江，剩下的二十六人也都死光了。这一系列事件，对项羽来说，当然都是巨大的打击。首先，跟随他溃围的八百人，肯定是他的铁杆干部班底，倚靠他们，还有东山再起的机会。但现在全死个精光，即使到了安全地方，要重新培养干部，并非易事。其次，心爱的女人也死了，感情受到重大打击。最后，农民竟然会骗他，可见他发现自己并不得民心。凡此种种状况，终于摧毁了他的意志，让他丧失了生活的信念。当然，还有一种可能，就是他确实走投无路，江边也没有船来接他，所谓渔民在江边请他过江的说法，都是司马迁为了衬托项羽的英雄气概瞎编的，那项羽的自杀，就更好解释了。

千百年来，为什么大家都对项羽念念不忘呢？主要因为他的英雄气概，他感到自己对不起江东父老，宁愿自杀，也不肯觍颜苟活，这和刘邦为了逃跑把自己的亲生儿女也踢下车形成鲜明反差。人都是有道德感的，虽然迫于现实，不得不认同成王败寇，但心底总会崇拜有廉耻的英雄。还有就是刘邦的一些行径实在过于卑鄙。人家放了他的老爸和老婆，合约的墨迹未干，他就可以悍然撕毁，无心无义可谓到了极致。所以后世凡是道德感强烈的文人，都会像李清照那样慨叹："生当作人杰，死亦为鬼雄。至今思项羽，不肯过江东。"至于杜牧说："胜败兵家事不期，包羞忍耻是男儿。江东子弟多才俊，卷土重来未可知。”则过于功利主义，不能理解项羽的心灵。

项羽死后，楚地剩下的城邑其实还有不少，但没有项羽，这些城邑都没有和刘邦抵抗的能力，也没有这个心情。刘邦分派各将出击，周勃率军平定了泗水、东海两郡，攻下城邑二十二座。灌婴的骑兵顺势南下渡江，吴郡的长官仍不肯投降，和灌婴军在吴城外发生激战。吴郡长战败，灌婴平定了全部吴地，包括豫章郡和会稽郡。

大部分人还是识相地主动投降的，比如当年的东阳人陈婴，投降刘邦后。刘邦派他去略定豫章、浙江，又讨平了当地称王的少数民族割据势力，被封为堂邑侯，拜为楚相国。其他也都差不多，最后只有项羽最初的封地鲁县不肯投降。刘邦说：“我将引天下兵屠鲁。”但到了鲁县城下，听见城中竟然飘来琴声和读书声，想起这里终究是礼仪之邦，此刻为故主守节不降，也确实有令人敬佩的气节，于是持着项羽的头给鲁县百姓看。鲁县百姓一看，发现确实没盼头了，这才投降。

刘邦吩咐以鲁公的级别将项羽埋葬在榖城，还亲自为项羽主持葬礼，假惺惺地掉了几滴鳄鱼眼泪，之后告别。

为时四年之久的楚汉之争终于画上了句号。

第十一章

巩固江山

一、登基称帝

但对于刘邦来说，还任重而道远。像项羽那样分封诸侯，有意义吗？这种思绪自然而然会浮上刘邦心头。项羽分封了十八诸侯，结果发生战争时，这些诸侯或者背叛他，或者坐观成败，分封这样的诸侯，对自己有什么好处？已经完全采纳秦朝制度的刘邦，决心趁着自己的力量还处于压倒性优势的状态下，把诸侯都消灭掉，尤其是韩信、彭越、英布三个极其能打、有号召力的枭雄。

在消灭项羽之后，刘邦到了定陶（今山东定陶），突然驰入韩信的军营，夺走了他的军队。史书上说的是“袭夺”，可见等于把韩信当敌人看待。刘邦知道齐国向来富饶，让韩信占据这么大块土地，太不安全了，况且当初还承诺给他原楚国的很大一部分土地。

他还忙里偷闲，派卢绾、刘贾、靳歙等人去进攻临江国。临江国前国王共敖，是项羽封的，一直对刘邦不服从。前年，共敖病死了，其子共尉即位，继续抵抗刘邦，不肯投降。刘贾、卢绾两个人虽然本事不大，但以百战之兵，对付临江这样一个小国还是绰绰有余。他们首先诱降了临江王的部下黄极忠，很快击破临江国，共尉只好投降，国土改置为南郡。共尉被押到洛阳，被刘邦下令处决。

有一个名分的问题，项羽当年那么强，还只是自封为西楚霸王，听上去是霸气，但究竟只是“王”，而不是“皇帝”，从法理上讲，没有号令天下、生杀予夺的资格。刘邦要禁绝这一点，他要在法理上彻底压制其他诸侯一头。

刘邦这个意图，那些诸侯王当然看得出来，他们商量了一下，卑躬屈膝地联合上书，要求尊奉汉王刘邦为皇帝。

刘邦假装推辞了几次，最后说，自己真的不想当皇帝，但是既然大家都一致认为他当皇帝对天下老百姓有利，他也只好勉为其难了。二月甲午（三日）这天，他在汜水之阳的定陶宣布即皇帝位，建都洛阳。

大家拥戴一个皇帝，目的也在于能从他那里获得相应的利益，所以，论功行赏是必要的，这也是维持新政权安定的基础。

刘邦把韩信改封为楚王，只给了他陈县以东、淮河以北的原楚国国土，至于原先的齐国国土，全部收回，这等于抢走了韩信一大半家当。封韩信为楚王的理由是义帝没有后代，而齐王韩信是楚国人，熟悉楚国风俗，当楚王更加合适，都城设在下邳，也不是什么大城邑。至于原先的齐国，在第二年有一个叫田肯的人对刘邦说："齐地东有琅琊、即墨之饶，南有泰山之固，西有浊河之限，北有渤海之利，方圆两千多里，执戟之士百万，足以和秦地相匹敌，除了陛下的亲子弟，不能封给外姓。"刘邦觉得很有道理，不久之后，立自己的庶长子刘肥为齐王。

封韩信为楚王的同时，刘邦还封彭越为梁王，国境在原魏国地，都定陶。

除了楚王韩信、梁王彭越，还有早先就封了的赵王张敖、淮南王英布、韩王信、燕王臧荼，此外，刘邦又宣布把原衡山王吴芮改封为长沙王，故粤王无诸为闽粤王。这样异姓王一共有八个。

之后刘邦回到洛阳，决定以此为都城，同时下诏罢兵，大部分士卒都复员回家，有亲人的，可与亲人团聚；没有亲人的，娶一房妻子，制造亲人。

对这些复员兵，刘邦给予了一定的待遇，诏书上说：

诸侯子在关中者，复之十二岁，其归者半之。民前或相聚保山泽，不书名数，今天下已定，令各归其县，复故爵田宅，吏以文法教训辨告，勿笞辱。民以饥饿自卖为人奴婢者，皆免为庶人。军吏卒会赦，甚亡罪而亡爵及不满大夫者，皆赐爵为大夫。故大夫以上，赐爵各一级。其七大夫以上，皆令食邑；非七大夫以下，皆复其身及户，勿事。

还有一封诏书，是这么说的：

七大夫、公乘以上，皆高爵也。诸侯子及从军归者，甚多高爵，吾数诏吏先与田宅，及所当求于吏者，亟与。爵或人君，上所尊礼，久立吏前，曾不为决，其亡谓也。异日秦民爵公大夫以上，令丞与亢礼。今吾于爵非轻也，吏独安取此！且法以有功劳行田宅，今小吏未尝从军者多满，而有功者顾不得，背公立私，守尉长吏教训甚不善。其令诸吏善遇高爵，称吾意。且廉问，有不如吾诏者，以重论之。

归纳一下，其中心思想是，新政权鼓励流亡百姓回家乡，以前的住宅爵位田产政府都为其保留。诸侯子（户籍为关东的跟随刘邦一起入关出关打天下的人）因为劳苦功高，如果留在关中，可免去十二年的租税；若回乡，也可以免去六年。军吏卒全部赐爵为大夫。关东籍的复员老兵，因为军功显赫，爵位都很高，地方政府必须按照级别发给田宅，敢有故意拖延刁难不遵从者，全部斩首。

这些政策当然得到了老兵的一致欢迎，让他们觉得跟着刘邦打天下，的确物有所值，不吃亏。

五月的一天，刘邦在洛阳南宫摆酒，得意扬扬地问：“诸位请实话实说，我为什么能打下江山，项羽为什么会失去江山？”

高起、王陵站起来拍马道："陛下派人攻城略地，打下之后就封给那人，所谓有福共享；项羽则不然，谁有功就害谁，谁有才能就怀疑谁，战胜不肯封赏，所以他失败了。"

这些话如果不说完全是污蔑，至少也不符合事实。项羽嫉贤妒能吗？绝对不是，他只是看不起没有才能的人，所以他杀义帝、韩王安、田假，因为这些都是窝囊废；对有才华的人，他是很器重的。英布屡次拒绝他的命令，他"多布材"，也就是器重英布的才能，没舍得去攻打，直到英布彻底背叛他，他才动手。樊哙在鸿门宴排闼而入，饮酒吃生野猪肉，他赞赏樊哙为"壮士"，从而饶了刘邦一命；相反，对告密的曹无伤，他一不小心就把人家出卖了。一则说明他没有政治谋略，另一方面很可能他心底里也看不起曹无伤这种小人做派。他手下的将士也大多对他忠心耿耿，垓下一战，八百骑士的忠勇让人慨然，一个嫉贤妒能的人，能得到这样的拥护吗？离开项羽的都是些什么人？陈平，一个阴险狡诈的政治流氓；韩信，虽然军事才能卓绝，但追慕富贵到了无所不用其极的地步，而且见利忘义，因为这一弱点，他杀了挚友钟离眛，最后仍旧身死国灭，为天下笑。你只能说项羽不善察纳雅言，绝对不能说他嫉贤妒能。

还好刘邦知道这一点，他老实地说："这只是一个方面，更重要的因素，你们忽略了。夫运筹帷幄之中，决胜于千里之外，这点我不如张良；镇抚国家，煦妪百姓，运输给养，从来不会短缺，这点我不如萧何；统率百万之众，战必胜，攻必取，我不如韩信。这三个人都是人中之杰，我能充分使用他们的才华，所以我能战胜；项羽有一范增却不能用，所以最终被我干掉。"群臣都叹服，刘邦确实有两下子，肯正视自己的不足，而且不怕说出来。

刘邦想从此建都洛阳，但是一个叫娄敬的齐国人改变了他的主意。

娄敬是从齐国征发的一个普通戍卒，他有一位齐地老乡，姓虞，因为一直在刘邦麾下效力，积累功劳当上了将军，史书上称之为虞将军。娄敬请求虞将军帮忙向刘邦引荐一下，他有重要的事情汇报。虞将军答应了。

刘邦很快接见了娄敬，娄敬劝谏刘邦建都关中，因为洛阳乃四战之地，无险可守，不适合作为都城。而关中产良马，土地肥饶，物产丰富，号称陆海，而且四面有关口可以固守，极为安全。刘邦采用了娄敬的计策，立刻西行长安，并赐娄敬为刘氏，拜为郎中，号为奉春君。

二、除灭楚燕

大封功臣的事没有立刻进行，而是拖到汉六年的十二月甲申（二十八日），在这之前，刘邦还干了两件大事，一件是除掉了两个异姓诸侯王，另一件是收拾了一些零星的残敌。

两个诸侯王，一个是楚王韩信，一个是燕王臧荼。

先说燕王臧荼。

臧荼是项羽一手提拔起来的，按理说，他应该帮助项羽。但楚汉相争的时候，他不但没帮忙，反而派枭骑在刘邦军中出力。刘邦阵营中后来封侯的栒侯温疥，就是在汉四年被臧荼派去帮助刘邦的，这人参与了攻打楚大司马曹咎的任务，后来拜为燕相。史书上记载，汉五年七月，项羽死后半年多，臧荼宣布谋反。告发他谋反的就是温疥。臧荼为什么要造反呢？不合常理。当年项羽还在的时候，他臧荼不谋反，现在天下大定，他反而谋反，世上有这么愚蠢的人吗？

刘邦带着郦商、夏侯婴、灌婴、张苍等一干将领去打臧荼，和温疥里应外合，在易下大破燕军，俘虏了臧荼，之后刘邦把自己的幼年好友卢绾封为燕王。可怜的臧荼，就这样被刘邦卖了。幸运的是，他儿子逃去了匈奴，算是没有遭到灭族的命运。

八个异姓诸侯王虽然去掉了臧荼，但又换上了卢绾，仍是异姓。不过没关系，一切要慢慢来。

下一个就是楚王韩信了。

话说韩信当了楚王后，回去找那个无偿让他蹭了数月饭的南昌亭长，扔给了他一百个铜钱，侮辱地说：“你啊，是个小人，做好事却不肯彻底。”又找到那个让他无偿蹭了十多天饭的漂母，赐给了她一千斤黄金：“当初你看不起我，现在相信我能厚报吧？！”

那个胁迫他钻过裤裆的淮阴少年听了，很害怕，主动跑来负荆请罪。韩信不介意，反而拜他为中尉，对诸将说：“这家伙真有胆气，当年侮辱我的时候，我难道不能杀了他吗？但是我不想偿他那条贱命啊。因为我能忍辱含垢，现在才有机会当王。”说罢发出爽朗的笑声。

但他很快就要完蛋了，这件事要和项羽的大将钟离眛连在一块儿说。

钟离眛，伊卢（今江苏连云港市南）人，这个人对项羽特别忠诚，也算是比较能打仗的一个。当年曹咎和司马欣两个活宝在成皋被汉兵打得惶恐自杀而死，钟离眛却一直坚守荥阳，直到项羽的到来。刘邦对他很忌惮，在陈县一役中，他跟随项羽败退，不知怎么捡了一条性命，逃出来了。钟离眛的老家和韩信的老家相距不算远，估计早先就有点旧交情。项羽死后，他去投奔韩信。刘邦得到消息，就下诏要韩信将钟离眛捕捉献上，韩信则怀着侥幸的心理，一直敷衍。但在第二年，也就是汉六年，出事了。

有人向刘邦告状，说韩信要造反。其实这完全是诬告，韩信刚到楚国就任，每次下去巡视郡县，都带着很多兵，浩浩荡荡。毕竟天下初定，他怕被人行刺。结果就被人告了。

刘邦当然巴不得有人告韩信，就算没有人告，他也会制造出一个人来告。但他又忌惮韩信用兵的能力，问手下：“怎么办？”手下个个争先恐后地吹牛：“马上发兵，把那小子给活埋了。”刘邦心里暗暗叹气，这些没用的东西，你还活埋人家，论打仗你们谁挡得了人家一个脚趾头。他默然不语，知道陈平这小子诡计多，就去问陈平。陈平反问他："韩信知不知道有人告他？"刘邦说："不知道。"陈平问："陛下的兵有韩信的精吗？"刘邦说："只怕不能。"陈平问："陛下身边的将军，有没有用兵比韩信强的？"刘邦道："远远不及。"陈平道："那就别发兵了，这不是自找麻烦吗？"刘邦说："你有什么计策？"陈平道："陛下不如假装出去巡狩，说要游览云梦泽，要诸侯王们到陈县会合。陈县是楚国的西部边界，韩信听说您只是去云游，一定不会有所防备，等他一来谒见，就立刻将他捕获，那时何须发兵？只要一个壮汉就可以把他捆成粽子。"

这年九月，刘邦传令，说要东巡。

听说刘邦要来云梦泽，韩信也不是一点没戒备，但戒备级别不算太高。手下有人给他出了个馊主意："把钟离眛斩了献上去，皇帝一定高兴。"

韩信本来舍不得杀钟离眛，但这回情况不妙，他觉得只有卖友保命了，于是就去找钟离眛商量。说是商量，其实就是生死诀别。钟离眛自然知道他的用意，惨然道："你知道刘邦为什么一直不来攻打你吗？因为我在你这里。你擅长打仗，加上有我作辅助，刘邦对你没有必胜的把握。现在你想杀了我去向他献媚，我今天死，你的寿命也到头了。"

韩信不相信，坚持说自己没法保钟离眛了。钟离眛知道说服他无望，骂道："公非长者。"也就是说，你不是个有道德的人。其实也是，韩信这家伙挺自私的，只看到人家对不起他，从来不反省自己。他骂人家南昌亭长好事没有做到底，可人家好歹管了他几个月的饭，一分钱没收。人家家境也不富裕，总不能养你养到死，你又不是人家儿子，犯得着去羞辱人家吗？品德确实有些问题。

说完这句，钟离眛就愤然自杀了。

钟离眛一自杀，韩信提着他的脑袋献给刘邦，满以为这下安全了。谁知斜刺里一个壮汉突然冲出，一下就扭住了韩信的胳膊，韩信想要挣扎，却毫无希望。壮汉轻松地将其按倒在泥地里，三下五除二，绑成了一个粽子。韩信傻眼了，脑袋深深地陷入了泥巴里，又脏又痛，尤其是屈辱，刚刚还是响当当的楚王啊，又高贵又聪明，曾经指挥过千军万马，叱咤风云，一下子就被一个不知从哪里跑出来的大傻当泥巴团捏，他很悲愤，歪过脸号叫："果然像人们说的那样：'狡兔死，走狗烹；飞鸟尽，良弓藏；敌国破，谋臣亡。'天下已经平定，我确实应该被烹了。"

刘邦虽然脸皮厚得可以当灶膛，这时也有点发烧，不得不回应道："有人告你谋反。"他说这话的时候，恐怕自己也不信。所以回到洛阳后，他还是赦免了韩信。但楚王是不可能给韩信当了，那么大的国土，封给他是对自己的不负责任。这家伙太厉害，实在有起死回生的本事，有三两万人，他就能咸鱼翻身。刘邦封他为淮阴侯，不准离开关中。

韩信轻易落入了囚笼，败在陈平手里。要论打仗，十个陈平也不是韩信对手；论谋略，就正好相反了。其实韩信和项羽有相似之处，都只善玩军事，搞政治不行。这只能怪他自己蠢，自作孽，不可活啊。

八个异姓王，就此真正少了一个，韩信的楚王只当了一年，就被褫夺了。这一年是汉六年，距离项羽之死不到两年。

三、肃清残敌

另外，刘邦还不遗余力地收拾零星残敌，比如一些被打散的诸侯王和项氏旧臣。他们有故齐王田横，项氏旧将利几、季布等。

田横兵破后，去投奔了彭越。但彭越很快投靠刘邦，做了梁王。田横只好带着自己的五百门客逃走。他没去匈奴，也没去南越，而是怀着狐死必首丘和落叶归根的心态，跑回了齐国故乡。要是那时通信像现在这么发达，他当然跑不出去，大街小巷都贴满了他的照片呢，爱国群众一不小心就会把他给揭发了。而且尤其重要的是，他不是一个人潜逃的，而是浩浩荡荡，手下足有五百多兄弟。但那时条件不允许，在大陆上，他们待不住，一口气就跑到了齐国东边的海岛上。

刘邦听说后，觉得很不放心，因为田氏是故齐王族，他们统治过齐国几百年，在齐地的影响太大了。一旦出什么意外，田横跑回大陆，振臂一呼，齐地的老百姓可能会应声而起，那不就麻烦了吗？于是刘邦派人去海岛上送信，说："皇帝陛下赦免你的罪行，如果回来，大可以当王，小也可以封侯。"

田横对使者说："请回去告诉陛下，我田横曾经烹杀了郦食其，他弟弟郦商现在在朝廷做卫尉，我怎么敢见他呢？臣愿意待在海岛上，就当是为皇帝陛下守边吧。"

使者回去汇报，刘邦当即给郦商下令说："田横如果来了，不许寻衅闹事，否则我诛灭你全族。”让使者再去一趟给田横传话：“告诉田横，没人敢动他一根毫毛。再推辞的话，我就要举兵征讨了。”

田横知道惹不起，于是带着两个随从坐船踏上大陆，又换乘马车，继续向洛阳进发。走到离洛阳三十里的尸乡（今河南偃师西）厩置的时候，田横停下来对使者说：“人臣拜见天子，不能一身臭汗，我还是沐浴更衣吧。”使者觉得有理。田横对自己两个随从说：“唉，我曾经和刘邦一起南面称孤，现在他当上了皇帝，我却成了臣虏，有什么面目见人，耻辱已经是无可复加了。而且我烹了郦食其，却不得不和他的弟弟同朝为官，就算他畏惧诏令不敢加害于我，我难道不感到惭愧吗？如今陛下一定要召见我，不过是想见见我长什么样罢了。陛下身在洛阳，离此地不过三十里，现在斩了我的脑袋，马上送到他面前，还不至于腐烂到变形，值得一看。”说完当即拔剑自刎，倒在了澡堂的地上。

他的两个随从也奇怪，神色不变，捧着他的脑袋就去拜见刘邦。刘邦心里一颗石头放下了，嘴上却大大褒奖道：“真是义士啊，有骨气，怪不得能以布衣的身份崛起，兄弟三人相继当王。”又假装流了两滴眼泪，下令征发士兵二千人挖坟坑，将田横厚葬。

不过安葬完毕之后，发生了一件奇怪的事，田横那两个随从用锹拍完了墓上最后一锹土，又默默地各自在墓边挖了一个坑，然后突然拔剑自杀，给田横殉葬了。刘邦听说后大惊，田横这家伙还真得人心啊，不行，他还有五百人在海岛上，得都弄回来，不然不好办。于是派使者去招，五百人来了，及至听说田横已死，当即大哭，集体自杀。

这就是著名的“田横五百士”的故事，著名画家徐悲鸿在抗战时期曾经以此故事为主题画过一幅油画，表达中国人誓死抗日、绝不屈服的决心。但说实话，以田横五百人为榜样，可谓找错了对象。这五百人虽刚烈，战场上却无所作为，最后落得齐齐自杀的下场，又有何值得称道？况且这也可能只是反映了齐国的野蛮习俗，据考古学家统计，迄今发掘的战国时代齐国贵族墓葬，其殉葬活人之盛，罕见于其他国家，卿大夫拥有数量众多的家奴，他们对之享有生杀予夺的大权，国家法律不能干涉，从田横五百士这个史实看来，也许齐国的奴仆为家主殉葬自愿的可能性较大，不一定具有强迫的因素。

至于故楚将利几，他的死是步踵于臧荼之后的。

利几在楚国为陈县县公，在陈县和项羽一起并力抗击刘邦，失败后投降刘邦，没有跟随项羽南撤。刘邦为了笼络他，当即封他在颍川为列侯。汉五年九月，刘邦干掉燕王臧荼回来，到了洛阳，召利几觐见，利几感觉刘邦并不像传说中的那么“宽厚”，自己此去定会凶多吉少，干脆举兵“谋反”，他一个列侯能有多少力量？刘邦亲自率兵出征，很快将他击败斩首。

再有就是季布。季布当年为项羽的将军，擅长用兵，屡次打得刘邦很难堪。如今项羽已灭，可以报仇了。刘邦下令以千金购赏他的脑袋，敢有窝藏他的，诛夷三族。季布闻讯逃到濮阳，躲在老朋友周氏家中。周氏一向敬慕季布，对他说：“臣虽然愿意收留将军，但终究躲不过官府的追踪，何况以将军之才，难道甘心一辈子不见天日吗？将军如果肯听臣的话，臣愿意设计为将军脱罪；如果不能，臣愿意先自杀为谢。”他说这话，是为了表明自己并非贪生怕死。

季布答应了。于是周氏给季布剃掉鬓发，戴上颈钳，穿上粗麻布衣服，装扮成囚徒的模样，载入丧车中，和十来个家僮一起卖给鲁国朱家。朱家也是一个重情义守然诺的大侠，知道这人是季布，买下后派他去做农活，但告诫他的儿子说：“这个家奴不是一般人，种田的事要全听他安排，吃饭要跟他同桌，不许有丝毫怠慢。”自己则亲自乘轻车去洛阳，面见汝阴侯夏侯婴。夏侯婴是厚道人，留他在家里饮酒。朱家于是找机会问他：“季布有什么大罪啊，皇帝陛下这么着急通缉他？”夏侯婴道：“还不是当年陛下被他打怕了，至今还做噩梦呢，所以一定要抓到他才能解恨。”朱家说：“您觉得季布这人怎样？”

夏侯婴道："当然很不错。"朱家道："这就对了，俗话说人臣各为其主。季布帮助项羽打仗，追捕陛下很卖力，这是他的职责。当今天下，做过项羽臣子的人还很多，只怕杀不完啊。何况皇帝刚刚得到天下，仅仅因为自己的私怨就大张旗鼓地搜捕一个布衣，似乎显得心胸不够宽广。如果逼得太急，季布不向南逃到南越，也会向北逃到匈奴。以季布之才，若为南越或者匈奴所用，恐怕对大汉不利啊。久闻君以厚道之名闻于天下，何不为季布求求情呢？"夏侯婴马上猜到朱家肯定窝藏了季布，但他没有告发，反而告诉朱家："好，你等我消息。"他找了机会在刘邦面前一说，刘邦也觉得有道理，下令赦免季布。季布去见刘邦，刘邦还拜他为郎中，算是得了个好结果。

不过有趣的是季布有个同母弟叫丁公，曾经为项羽的将军。当年刘邦的五十六万军队被项羽打残，仓皇逃窜时，丁公就曾率兵在后紧追，追得非常近，已经短兵相接了。刘邦急得要命，转头对丁公说："两贤岂相厄哉？"意思是英雄之间要惺惺相惜，不要催命。丁公竟当即引兵而还，不知道是不是被刘邦称为"贤"，心中感到很得意还是别的什么原因。但他这么一得意，就让刘邦捡了一条命。听说刘邦当了皇帝，丁公马上跑来请见，大概以为自己对刘邦有恩，怎么也能捞个一官半职。结果刘邦却翻脸："来人，绑起来。"他带着捆成粽子的丁公示众三军，说："丁公为项王臣不忠，使项王失天下者，此人也。"将丁公斩首示众，并昭告三军："做人臣的，不要效法丁公，否则这就是下场！"

这件事充分反映了刘邦的个性，他麾下的王侯将相，大多数都是朝秦暮楚，但刘邦对他们似乎都不错。

至于刘邦手下那些不能独当一面的功臣，没有任何威胁，都还算平安无事。断送项羽江山的项伯等人，刘邦都没有杀，而且有四个封为列侯，赐姓刘。在功臣表上，项伯的大名叫刘缠，封射阳侯。也算是出卖祖宗换来的，不知他和列侯一起朝会的时候，会不会感到羞愧，会不会有人讥笑他。平皋侯刘他，投降刘邦时官为楚砀郡长，原名叫项他。桃安侯刘襄，很早就跟随刘邦，原名项襄。玄武侯，名和封地皆不可考。

四、大封功臣

然后才是大封功臣。为什么把论功行赏拖了一年之久呢？史书上说，是因为群臣争功。总算在汉六年十二月甲申这天开始正式行封，共封了曹参、靳歙、夏侯婴、王吸、傅宽、召欧、薛欧、陈濞、陈婴、陈平，共十人。

这是第一批。据《史记》，正月丙戌（一日）这天，刘邦首先封了自己的两个大舅子吕泽和吕释之为列侯，看来刘邦还是很讲究亲亲之道的，不过这个情况特殊，《汉书》列在《外戚恩泽侯表》，不算数。

第二批行封在汉六年一月丙午（二十一日），封张良、刘缠、萧何、周勃、樊哙、郦商、灌婴、周昌、武虎、董渫、孔聚、陈贺、陈豨，共十二人。第二天丁未，又封了周灶为隆虑侯；第三天戊申，封丁复为阳都侯；壬子（二十七日），又封吕青为阳信侯；同月戊午（此月无戊午，当有误），封郭蒙为东武侯。

有一点需要提到，按照《史记·高祖本纪》，原楚王韩信也是在丙午这天被封为淮阴侯的（《高祖功臣侯者年表》作四月），如果这条记载不误，第二批受封的共有十三人，韩信情况特殊，没计算在内。

十二月和一月总共封了二十六人为列侯，为什么分封时间不一，不清楚（按照《史记》）。之所以先封这二十六人，估计因为他们功劳最大，众人都没有异议。分封之时，刘邦认为萧何的功劳最大，封他为酂侯，食邑很多，众将都不服气。因为汉承秦制，完全按照战功分封，萧何一直在关中管后勤，没有亲临过前线，所以诸将觉得萧何不配，都说："臣等披坚执锐，多的百余战，少者数十合，萧何无汗马之劳，反而得到这么大的封赏，怎么回事？"想不通。

刘邦开导他们："你们懂得打猎吗？打猎时，追杀野兽兔子的，是狗；但指示野兽所在的，是人。说句不好听的话，你们不过是一群能捕得走兽的'狗'，而萧何则是人。试问，'狗'能跟人比功吗？"

这番话比喻粗俗，但他的比喻很生动，很贴切，也充分反映了他敏锐的思维和高明的判断。刘邦能走到今天这一步，确实不是虚得的。群臣一看主子不高兴，也纷纷闭嘴了。

之后列侯需要排座次，群臣一致认为，平阳侯曹参身上有七十多处伤口，攻城略地，功劳最大，应当排为第一。但刘邦还想让萧何排在第一，只是因为在封邑大小问题上已经驳斥了功臣们，不好再说。有个关内侯鄂千秋察言观色，看出了主子的意思，马上进谏说："群臣的看法都不对，曹参虽有攻城野战之功，但仅仅是一时之事。而陛下与项羽相持五年，失军亡众，单身逃跑好几次，都靠萧何从关中征发新兵来补充，无须陛下的命令，几万新兵都到了跟前，多默契啊。打仗需要粮草，陛下常常为粮草担心，然而也是萧何，每次都把关中的粮食及时输送到前线，使士卒无饥饿之苦，此乃万世之功，曹参怎么比得上？陛下缺了一个曹参，一百个曹参会自动跳出来；缺一个萧何，现在就没有汉朝了，臣以为，应当列萧何为第一，曹参第二。"

刘邦大声叫好："说得太对了，就这么办。"

靠这番拍马，鄂千秋也得了好处，从关内侯升为安平侯，上了一个级别。

与萧何境遇相似的还有张良、陈平两位谋士。

张良身子骨弱，经常病恹恹的，也没有亲自上阵打过仗，但他的谋略为汉皇朝的建立起了多大作用，刘邦也知道得很清楚，至少在鸿门宴时，没有他，刘邦已经完蛋了。在和萧何同批受封的功臣中，射阳侯刘缠，也就是那个在鸿门宴中帮助刘邦的项伯，因此获得第二批受封，何况张良。刘邦大方地要张良自己在齐地挑选三万户受封，张良很谦逊，知道不可得意忘形，否则会落到和韩信一样的下场，只肯接受留县的一万户。另一个谋士陈平，起初被封为户牖侯，也就是他自己的家乡，后来因为在白登山帮助刘邦出秘计，逃脱了匈奴的捕杀，被改封为曲逆侯，食邑五千户。

据史书记载，刘邦总共给十八位功劳最大的列侯排过座位，但具体座次，除了萧何第一、曹参第二之外，其余皆不详。《史记》《汉书》记载的位次，学者多认为是吕后时改定，不是最初的样子了。

在封上述列侯的同时，刘邦开始疯狂加封自己的同姓亲属为王。同样是正月丙午，也就是萧何等第二批功臣加封的这一天，刘邦把韩信的楚国分为两部分，以淮东的五十三县立自己的从兄刘贾为荆王，以薛郡、东海、彭城三十六县立自己的弟弟刘交为楚王。当时韩信就在场，大概心里在滴血。这也太欺负人了，刘贾的功劳才多大？刘交有什么功劳？竟然把自己辛辛苦苦打下来的地盘瓜分，封给他们。而当时的功臣们看来都有顽固的“亲亲”观念，对刘邦的这些举措完全逆来顺受，视为当然。如此看来，他们批评项羽任人唯亲，简直是个极大的讽刺。

同月壬子这天，也就是加封吕青为阳信侯的时候，刘邦又把云中、雁门、代郡五十三县立自己的二哥宜信侯刘喜为代王，以胶东、胶西、临淄、济北、博阳、城阳郡七十三县立私生子刘肥为齐王，而且规定，凡在战乱中逃难离开齐地，但乡音未改的人，都必须回到齐国，接受刘肥的统治。古代重要的是人口，有地没有人口，王也当得名不副实，刘邦充分考虑到了这一点。

干完了这些事后，一连过了两个月，刘邦再也没有下一步的举措。其余的功臣本来满怀希望，认为好事马上就轮到自己了，结果上面一点动静都没有。他们有些沉不住气了，觉得自己功劳也不小，凭什么寸土未得？颇有些怨气。

这天，刘邦在洛阳南宫散步，从复道上眺望诸将，发现他们都坐在沙地上交头接耳。于是问张良："这些家伙在商量什么？"张良故意说："商量谋反啊。"刘邦骂道："天下才安定，他们谋什么反？"

张良道："陛下出身布衣，靠他们夺取了天下；如今陛下身为天子，而所封皆故人好友，所杀皆生平仇人。而且军吏计算封地，发现功臣太多，天下的土地都不够封的。这些人担心陛下舍不得分封，而找碴儿把他们杀掉，所以相聚谋反。"

刘邦也有点害怕了，这些功臣不比普通百姓，他们都是在军队中有一定威望的人，真要联合起来造反，只怕会很麻烦。于是问："怎么办？"他倒一向是这么虚心的。

张良反问："众所周知陛下生平最痛恨讨厌的人是谁？"

刘邦不假思索："雍齿。年轻时老是跟我作对，让我很难堪，后来又反叛我，我早想杀了他，只是看他功劳大，不忍心。"

这句倒不是实话，准照韩信等人的例子，刘邦不杀雍齿，并不是因为他功劳大，相反，恰恰因为他功劳不够大，对自己构不成威胁，否则刘邦才不会手软。张良之所以这么劝谏刘邦，说明刘邦在行封赏时不够公平，有依据自己喜好任意为之的倾向，使诸将内心不安。

于是张良劝刘邦："赶快先封雍齿，大家就都放心了。"

刘邦当即召开宴会，加封雍齿为汁方侯，这一天是汉六年的三月戊子日（四日）。

诏令一公布，座上立刻沸腾起来，充满了热烈气氛，酒散后，大家喜气洋洋，说："雍齿那家伙都能封侯，我们还担心什么？"

估计雍齿当时又喜又愧，喜的是，刘邦不会报复自己了；羞的是，同僚那些话确实难听，什么叫"都能封侯"，好像在这之前，大家已经把他看成准死人，一定会死在刘邦的屠刀下似的。

接下来加封的速度加快，隔几天封一个，甚至一天封好几个，统计三月这个月内，连雍齿总共封了十人。

刘邦就这样把自己的家属亲戚都安排妥当，给功臣们都赐予了相应待遇，不过有一个人他忘了，那就是他自己的老爸，刘太公。

虽说按照史书的说法，刘邦是她老妈和蛟龙交配生下来的，和刘太公没什么关系。但刘太公毕竟担了一个父亲的名啊，就算是养父吧，也得有报答。何况当时那个感蛟龙而孕天子的传说不一定已经诞生了。

刘太公从小看不上刘邦，觉得他不如老二本分，万万没想到刘邦这么有出息，把全中国都抢过来当成了自己的产业。刘太公自小在家乡丰邑成长，喜欢丰邑的市井气息，这是浸淫于他灵魂之中的生活方式：屠狗贩缯、沽酒卖饼、斗鸡蹴鞠，快乐无比。如今却要被束缚在深宫之中，整天面对的不是妇女就是太监，不免无聊到凄怆。我猜想这位刘太公并不在乎儿子当不当皇帝，他是个性情中人，荣华富贵于他眼中如浮云，他只想过自己的生活。而在那时，他恍如一个现代社会中被父母管得死死的高中生，无法追求自己的梦想。也许平常时候，他也会以儿子为自豪，但一人独处之时，又觉得这些都不值一提。何况这么多年，因为儿子，他一直被项羽关着，过着提心吊胆的日子，从儿子那里，他究竟获得了什么快乐？

刘邦打听到了老爸忧愁的原因，马上想出了一个办法。他下令按照故乡的样子在骊邑重新仿造了一个丰邑，街道巷陌，池塘树木，民居酒楼，旗亭市场，无不毕肖。更绝的是，连活人六畜都是直接从家乡迁徙过来的，人就更不用说了。那些六畜鸡狗刚被赶下车，就能直接奔各家而去，可见其房屋环境的相似程度。刘太公跑来一看，简直信不过自己的眼睛，这不是做梦吧，这么多熟人老朋友！他老泪纵横地跟他们招手，熟人们都亲切地用纯正的丰邑方音跟他回应。太公欣喜若狂，这才知道，皇帝办不成的事还真少，只要有足够的权力，就能制造足够的快乐。权之力量大矣哉！

但其实这也是有缺陷的，至少丰邑的气候跟这个仿制品不会相同，原先的丰邑西边有一处大泽，刘邦在那儿斩过白蛇，总不会连这个湖也仿制了。所以，应当说刘太公肯定还是有遗憾的，而且更严重的是，作为当今皇帝的父亲，故交再也不敢跟他像当年做布衣时那么亲热，别的不说，至少斗鸡时号叫呼胜的乐趣肯定没有了。然而人生总不可能完美，就这样马虎地过吧。

刘太公住在故都栎阳的时候，刘邦五日一朝见，按照那时的规矩，儿子见父亲，当然要跪拜。太公的家令劝太公："天无二日，土无二王。皇帝虽然是儿子，却是君主；太公虽然是父亲，却是人臣。怎么能让人主拜人臣呢？要是这样的话，皇帝的威望就削减了，国家就治理不下去了。"

凡事一扯到国家的高度，谁也不敢马虎。太公点点头，决定改变。等到周日刘邦再来朝见，发现情况不同了，老爸竟然抱着一把笤帚在门前迎接，表示一副洒扫待客的意思，而且他还真就边洒扫边倒着身子后退。刘邦大惊，扶起老爸。太公说："皇帝，您是君主，怎么能因为我乱天下法令？"

刘邦打听到是家令的主意，很高兴，赏了家令黄金五百斤，一下子让他发了财。刘邦为什么这么高兴，有两种说法。一种以为，家令让刘邦尝到了让自己老爸也屈服的快感，刘邦很享受这种快感；还有一种以为，刘邦觉得家令在提醒自己，该给老爸上尊号了。该封的功臣都封了，怎么能忘记老爸呢？确实，不久刘邦就下了一道诏书，上面说：

人之至亲，莫亲于父子，故父有天下传归于子，子有天下尊归于父，此人道之极也。前日天下大乱，兵革并起，万民苦殃，朕亲披坚执锐，自率士卒，犯危难，平暴乱，立诸侯，偃兵息民，天下大安，此皆太公之教

> 训也。诸王、通侯、将军、群卿、大夫已尊朕为皇帝，而太公未有号。今上尊太公曰太上皇。

太公这时算是正式有了封号，从这方面来看，似乎上述的第二种说法要对一些。不过家令的话，的确更明显是尊君卑臣的意味，其实他劝说的理由并不充分，什么人主不能拜父母，汉朝后来的皇帝不也都要五日一朝见太后吗？也不见哪个太后去迎接儿子的。这家令看来主要还是想讨刘邦的欢心，刘邦之所以马上下诏加封老爸，恐怕是想对老爸给予一种心理补偿。

总之，分封诸王列侯的工作，终刘邦一生，从来没停过，一直持续到刘邦驾崩的汉十二年，总共封了一百四十三人。

早先封侯的几批，刘邦都赐丹书铁券，说："使黄河如带，泰山如砺，汉有宗庙，尔无绝世。"当然都是说得好听，实际上没这么幸福，这些列侯在接下来的岁月中，大多被加以各种罪行剥夺了爵位，到汉武帝太初之时，"百年之间，见侯五，余皆坐法殒命亡国耗矣"，也就是说，一百年后，原先封的一百四十三个侯，只剩下五个，可见汉室的刻薄寡恩。其中有些侯爵被褫夺的原因简直很荒诞，比如安丘侯指，只是因为想到上林苑偷猎个把鹿；芒侯申生，他老婆是南宫公主，仅因为搞了一场婚外恋；祁侯它，不过是因为陪同皇帝打猎，迟到早退了一回，爵位就都被野蛮地剥夺了。

这似乎很冤枉，凭什么祖先辛辛苦苦打下来的江山，如此轻易就没了，再也不能吃香喝辣了，一下子就落了个"白茫茫大地真干净"了。凭什么？

就凭你是奴才，人家是主子。何况这根本不算什么，比起那些功劳大得多的诸侯王来说，这些人的冤屈完全不值一提。下面我们就来具体谈谈。

五、韩信被杀

韩信被剥夺齐王之位后，在淮阴侯的位置上又坐了五年。其间他闷闷不乐，一直对刘邦怀有抵触情绪，屡屡称病不上朝，和刘邦身边的猛将周勃、灌婴等相处也不够融洽，因为他看不起他们。按说周勃、灌婴是刘邦身边最能打的两个了，他们一个掌管步卒，一个率领骑兵，常常是斩将搴旗，锐不可当，可在韩信眼里狗屁不是。有一次他去拜访樊哙，樊哙恭敬得像三孙子一样，说："大王竟然肯亲自光临臣的府邸。"在刘邦的诸将中，樊哙可谓智勇双全，我认为他是真心佩服韩信。但韩信出门却大笑："没想到这辈子竟和樊哙这样的人为伍。"

非但如此，韩信甚至在刘邦面前也不知收敛。有一次刘邦和他闲谈，说起诸将各能带多少兵马。刘邦问韩信："我能带多少？"韩信竟然说："陛下不过能带十万。"刘邦问："那你呢？"韩信道："臣多多益善。"意思是上不封顶。刘邦还算大度，笑着问："多多益善，那你怎么被我搞定了呢？"韩信只好缓和了语气："陛下不能带兵，却擅长带将。况且陛下乃天授，非人力也。"

这样性格的人，无疑让大家都很愤慨，最后死在吕后手里，估计没人会哀怜。

他最后的死，和一个叫陈豨的人有关。

陈豨，宛朐（今山东菏泽）人，史书上没有记载他的出身来历，反正是一员骁将。汉六年正月被封为阳夏侯，和萧何、樊哙、灌婴、张良同批，可见其功劳卓著。汉七年，被拜为巨鹿太守兼赵相国，守卫原来的代国边境，总揽赵、代的兵马。当时的代国国王，刘邦的二哥刘仲已经被匈奴人吓跑了，没有国王。但因为代国位于边地，需要重兵抵拒匈奴骑兵的南下。

在去代地上任之前，陈豨向淮阴侯韩信辞别。韩信拉着他的手在院子里散了一通步，突然仰天长叹道："公是可以说点知心话的人吗？我想和公说几句知心话！"

听韩信语音这么悲凉，陈豨不由得心里一动，答道："请将军直说吧，臣认真听着呢。"

韩信意味深长地说："公现在要去的代国，是天下精兵所在之处；而公是皇帝陛下的亲信大臣，如果有人告发公谋反，陛下肯定不会相信。但如果多说两次，陛下就一定不会怀疑了，因为公手中掌握着那么多的精兵，很难让人主放心啊，到那时候，公还有命吗？"

陈豨是个聪明人，知道韩信在现身说法，于是急切问道："将军，那您说怎么办？"

韩信说："公在外率领精兵，我在内接应。天下说不定就是我俩的。"

陈豨心领神会："将军说得好，受教了。"

这段历史记载是否合情理，我们可以暂且放下。不过可以肯定的是，就算这段记载是真的，陈豨也未必就会产生什么造反的想法，他最终那么做，其实也是被逼无奈。这要从他的性格讲起。

和张耳一样，陈豨从小就倾慕信陵君魏无忌的为人，所以一旦有钱了，马上也开始招徕门客。他对客人的作风，也像魏无忌那样，恭敬有加，好像自己比门客地位要卑贱。这种待客方式是典型的战国时代贵族风气，和当时的社会状况关系非常密切。战国时代，天下诸侯打得不亦乐乎，谁能最后胜出，就看谁手下的才士多了。诸侯们为了胜利，就得想方设法地招揽才士，而要招揽到合格的才士，自然要装出一副礼贤下士的样子，因为才士都是有点清高有点脾气的，和他们打交道，不能不小心翼翼。

本来养门客也没什么，但陈豨的谱摆得太大，有一次他路过赵国，跟从的门客乘车竟有上千辆。一千辆车，在春秋时期算是大国，在战国时代也算个小国，也就是说陈豨俨然自己是一方诸侯了。赵国的新相国周昌对此很警惕，立刻上书刘邦，认为陈豨有谋反的实力，留下来恐怕是个祸患。

刘邦当即派出官吏追查陈豨的宾客在代国所做的一些不法之事，想把陈豨牵扯进去。陈豨也不傻，知道自己被皇帝猜忌了，于是偷偷派人联系外援，做好应对的准备。

汉十年的秋天七月，太上皇死了，刘邦召陈豨回来参加葬礼。有了韩信的前车之鉴，陈豨当然不会傻到重蹈覆辙。九月，陈豨自称代王，举起了造反的旗帜。

刘邦不得已，只能再次离开长安，率兵亲征。韩信欣喜若狂，他在被封为淮阴侯之后，就心情不好，经常称病不朝，这次也一样自称有病，免得刘邦带他去前线。

在陈豨起兵三个月后，也就是汉十一年的春正月，韩信偷偷派人和陈豨联系，建立攻守同盟，自己则和家臣商量，准备伪造诏书，赦免长安各个官府的囚徒，武装起来，袭击吕后和太子。

导致韩信失败的是他的一个舍人谢公（或记载姓乐）。所谓舍人，也就相当于前面我们提到的门客。这位谢公不知道因为什么事得罪过韩信，韩信把他关了起来，准备杀掉，还没有来得及动手。谢公的弟弟救兄心切，就去告发韩信想谋反。吕后大惊，当即想召韩信觐见，但又怕韩信不肯来。韩信打仗的本事之大，显然让吕后心有余悸，她不敢打草惊蛇，于是找来萧何商量对策。

萧何是第一个认识到韩信非凡的军事才能的人，如果没有萧何卖力地举荐韩信，韩信或许一辈子都将默默无闻，刘邦也很可能当不成皇帝。就私交来说，萧何和韩信肯定是不错的。但私交在利害关系面前，几乎一钱不值。显然，如果萧何仍旧袒护韩信，则自己的前途也会受到影响，在这种情况下，他几乎不假思索地就决定了自己的立场，为吕后献上了一条毒计。

接着他驾车跑到韩信家里，说皇帝已经剿灭陈豨，班师回朝了，要群臣都去祝贺。

听到皇帝胜利回朝的消息，韩信强忍内心的失落，称自己病重，不能去。萧何恳切地劝道："这么大的喜事，不去表示一下，只怕皇帝会有看法。"这话说得很诚恳，韩信只好答应了。

韩信的两只脚跟刚踏进长乐宫的门槛，大门就咣当一声关上了。躲在门背后的武士们蜂拥出来，把他按住捆好，然后被抬到长乐宫中悬挂编钟的房间。吕后已经在那里笑眯眯地迎接他，韩信这才知道自己被萧何出卖，骂了一句："唉，后悔没有听蒯彻的话，搞得今天死在一个女人手里。"

吕后一声令下，韩信人头落地。接着大队士卒把韩信的淮阴侯府第围个水泄不通，韩信的三族就这样被屠杀得干干净净。

韩信的死，史家多认为很冤枉。他们认为韩信不可能傻到和陈豨联合造反，况且身在关中，无一兵一卒，造反成功的希望简直为零，以韩信之智，干不出这样的事。况且韩信和陈豨的私下谈话，谁会知道，肯定是诬告之词。司马迁在《淮阴侯列传》的卷末赞语上说："假令韩信学道谦让，不伐己功，不矜其能，则庶几哉，于汉家勋可以比周、召、太公之徒，后世血食矣。不务出此，而天下已集，乃谋畔逆，夷灭宗族，不亦宜乎！"其中"天下已集，乃谋叛逆"八字，有人就看出了微言大义，认为是司马迁同情韩信无辜被屠，是啊，不在自己为王时造反，而在天下大定，自己一无所有时造反，确实是傻瓜都不会做的事。

总之，韩信被冤枉的可能性是很大的。

刘邦当时远在洛阳，听到韩信死的消息，心中放下了一块大大的石头。不过他究竟也是个英雄，史书上说他“且喜且哀之”，把他的矛盾心里刻画得很生动。韩信是和刘邦在炮火中相依为命的亲密战友，刘邦对之惺惺相惜是免不了的，但垂老的刘邦，更看重的当然还是怎么保住自己身后的锦绣江山。

六、逼死韩王信

接下来是韩王信。

这个人也叫韩信，和淮阴侯韩信同名。他出身比后者高贵，是战国时韩襄王的非嫡传孙，因为勇武，在张良的推荐下，被刘邦赏识，死心塌地地帮助刘邦打天下。汉二年，他被刘邦封为韩王，疆域属于以前韩国的一部分，在秦朝时则属于颍川郡。国土已经算很小了，但刘邦仍旧觉得不放心，他觉得颍川北近洛阳、巩、荥阳、成皋，南近宛、叶，东靠陈、淮阳，都是天下至关重要的枢纽，一旦天下有变，他只要发兵北据成皋，汉兵就出不了函谷关。所以在第二年（汉六年），刘邦就迫不及待地把这位韩信迁徙到太原郡，说是以太原郡的三十一个城给他建立新韩国，都城晋阳（今山西太原），旧韩国则除为郡县。

这位韩信心里当然不愿意，凭什么？从气候湿润、温度适宜、人口繁茂的地方迁到干燥、寒冷和地广人稀的太原以北，简直是“野蛮拆迁”，傻瓜才肯答应。况且代国靠近匈奴，非常危险，时常你在家里做好饭，菜摆了一桌子，还没拿起筷子，匈奴骑兵就突然冲了进来，把你的饭桌砸个稀烂，儿子杀死，女儿抢走。刘邦这么做，简直是借刀杀人嘛。但韩信也没办法，天下已经是他刘邦的，没处说理去。

韩信闷闷不乐地去新韩国上任，不久后他上书给刘邦：“国境靠近边塞，匈奴老来打我，晋阳呢，靠边境远了些，臣想把国都迁到马邑（今山西朔县）。”

很显然，韩信这时已经起异心了，正常人谁也不会愿意把国都迁到更靠近敌人的地方。这也难怪，肥沃的国土被强行夺走，换了块鸟不拉屎的地方，拆迁费没给一分。天天被匈奴抢掠杀戮，性命朝不保夕，不如干脆和匈奴联合起来，找刘邦算账。

他迁到马邑不久，匈奴单于冒顿率兵入寇，韩信就派使者去和冒顿讲和，签订了和约。这时刘邦也派了兵去救韩信，结果发现韩信似乎和冒顿勾勾搭搭，于是派使者责问。韩信知道一旦君臣之间有了嫌隙，就别想再言归于好，干脆一不做二不休，以马邑投降了冒顿，和匈奴联兵进攻晋阳。

刘邦其实挺高兴的，又有借口干掉一个了。这意味着七个异姓诸侯王，就此剩下了六个。刘邦当即把韩王信的国土收回，除为郡。

汉七年的冬天，他御驾亲征，在铜鞮（今山西沁县南）大破韩信军。韩信逃亡到匈奴，他手下的将军曼丘臣和王黄拥立原先赵国的后裔赵利为王，与韩信、匈奴一起计划进攻刘邦，在广武（今山西原平北）南屯兵，但在晋阳被汉军杀得大败，一直逃亡到离石（今山西离石）。匈奴随后在楼烦（今山西宁武）附近屯兵，又被汉兵追杀。刘邦见自己老打胜仗，产生了骄傲自满的情绪，亲自赶到晋阳，派人打探冒顿的虚实。间谍十余个都回报说："冒顿身边尽是老弱病残，很好打。"刘邦很高兴，决定亲征，将匈奴彻底打残。娄敬劝他，说匈奴肯定是故意示弱，引诱汉兵出击。刘邦不信，骂娄敬道："你这齐国的狗奴才，靠着口舌得了官职，就不知道自己是老几了，给我滚。"他率领三十二万大军浩浩荡荡赶到平城（今山西大同），却突然发现无以计数的匈奴骑兵从地平线上冒了出来，很快对自己形成合围之势，再想跑，已经没戏了。他只好撤退到白登山，匈奴大约四十万精骑将汉兵围了个水泄不通，总共七天，汉兵一个个饿得嗷嗷直叫，塞北凛冽的寒风将无数汉兵手指冻伤，变成了残疾。幸好此时陈平在身边，他献了一条见不得人的秘技，才让刘邦逃了一条性命。

可惜，因为这条秘技太丢脸，所以史官都没好意思记下来，我们也不知具体是什么内容。有一个民间传说，说是刘邦派人去找匈奴王后，说不退兵就要送美女给单于，王后嫉妒，力劝单于退兵，刘邦才捡了条命。这大概是无稽之谈，姑妄听之吧。

又过了四年，汉十一年春，刘邦派柴将军率兵在参合（今山西阳高县南）与韩信激战，韩信兵败身死，韩国就算正式灭亡了。刘邦又把自己的儿子刘恒封为代王[①]，就是后来的汉文帝。

这次和匈奴的战争，给刘邦上了生动的一课。起初他是很轻视匈奴的，谁知匈奴自从冒顿单于即位以来，灭东胡，走月氏，并楼烦、白羊，遂侵燕、代，控弦之士三十余万，威震天下，也就是说，刘邦碰上的正好是匈奴的盛世，怎能不败？

后来他向娄敬讨教："匈奴人老来侵边，怎么应付啊？"

娄敬道："我们国家新立，天下疲敝，打是不行的，只有和亲一途。只要陛下肯把长公主嫁给匈奴单于，生下的孩子一定会被立为太子。陛下每年三节给单于送厚礼，单于活着，是您的女婿；死了，新单于则是您的外孙，这世上可没听过外孙敢和外公对抗的。"

刘邦心有余悸，头脑发热，立刻去和吕后商量。吕后大哭："我只有这么一个女儿，嫁给赵王张敖已经三年了，你怎么忍心夺回来送给匈奴？"刘邦想想也是，就找了一个平民家的女儿，假装宣称为长公主，派娄敬带着去匈奴缔结和约。

娄敬出使匈奴回来后，给刘邦出了一个主意，这个主意影响了汉朝一百多

① 刘邦初封刘喜为代王，汉七年，匈奴攻代，代王喜逃归洛阳。刘邦不好意思杀哥哥，赦其罪，封为郃阳侯。不久，刘邦改封自己的儿子刘如意为代王。三年后，刘邦废黜了赵王张敖，又将刘如意改封为赵王，代王之位就空缺了。

年。他说："匈奴手下的楼烦、白羊王，距长安近者只有七百里，轻骑一日一夜就能到关中，关中新经兵燹，地广人稀，陛下虽建都关中，身边人手却不够用。而关东人口富庶，尤其是当年六国豪族田、景、屈、昭等家族，势大宗强，留在关东，实在是个祸患。陛下不如将他们迁徙到关中，放在自己眼皮底下，不但好控制，一旦匈奴入侵，还可以武装他们抵抗匈奴。若关东有变，又可以率他们东伐，此强本弱枝之术也。"

刘邦大喜，当即下诏，将关东齐楚大族田氏、昭氏、屈氏、景氏、怀氏迁徙到关中，总共十万余户。

农耕民族最重故土，不到万不得已，谁也不愿背井离乡。关东的五大豪族也是如此，他们在自己家乡过得好好的，诏书一下，就要将他们全部拆迁，都大有抵制之心。但专制皇朝的命令谁也不敢违抗，否则只有死路一条，他们也只有悲泣上路。在湖北张家山出土的汉简《奏谳书》中，有一条记载生动的案例，就是这次迁徙运动的一个真实掠影。那是公元前 197 年，刘邦下诏书迁徙关东豪族的第二年夏天，悲剧的主人公是一个田氏家族叫田南的女子，他和临淄县廷一个叫阑的狱史相爱，当时阑御史参加了这次押送任务。两人不堪即将到来的永别之苦，决定铤而走险，双双逃回齐地。但是他为田南借来的符传（通行证）在函谷关被识破，当即遭到逮捕。

在简文中，长安的判决是，作为齐国人的狱史阑，想把已经是汉朝户口的田南带回齐国，等于就是诱拐了汉朝的人口资源。这让我们得到了一个深刻的启示，原来在当时的汉朝，刘邦并不把他儿子的齐国看成是一家，而是宛若敌国。儿子尚且如此，更别提那些异姓诸侯国了，消灭敌国的征途还很漫长，刘邦正在和时间赛跑。

七、废黜赵王张敖

赵国是第三个被刘邦干掉的异姓王国。

赵王张敖，是张耳的儿子，也是刘邦的女婿，娶了鲁元公主为妻。张耳在项羽自杀的那年秋天就死了，张敖继位为赵王。两年后，也就是汉七年，刘邦征讨韩王信回来，路过邯郸，张敖像服侍亲爹一样，光着膀子亲自上菜，刘邦则叉脚坐着享受，姿势很没礼貌，还动不动就破口大骂。在刘邦面前，张敖感觉自己连今天一个月薪五百的餐馆打工仔都不如。

张敖手下的大臣贯高等人一贯有骨气，早年就跟着张耳混，现在六十多岁了，火暴脾气一点没改，劝张敖杀了刘邦："天下不是一定要姓刘的。"贯高说，"谁拳头大，谁就可以夺过来。如今大王服侍皇帝如此恭敬，他却骂骂咧咧，很没教养，请为大王杀之。"

张敖却严词拒绝："当年先王亡国，靠皇帝陛下才得以复国，我现在拥有的一切，都是皇帝陛下给的，怎么能做这种事？我希望不会再听到这些话。"为了表决心，他把手指都咬破了。

贯高等几个人下去后讨论道："是我们这些人错了，大王是有德长者，不肯背弃恩德。但是主辱臣死，我们咽不下这口气，有机会一定要干掉刘邦。事成之后，成果都归我们王；不成，后果由我们承担。"开始默默等候机会。

第二年，也就是汉八年，刘邦征讨韩王信的余寇，回来再次路过赵国。贯高等人预计刘邦会在柏人（今河北隆尧西）留宿，于是在柏人县的厕所里布置刺客。

哪知刘邦路过柏人时，多嘴问了一句："这是什么地方？"从人回答："柏人。"刘邦脑子里不知道哪根神经被触动了，嘟囔着说："柏人者，迫于人也（柏和迫古音很近）。"临时改变了留宿计划，贯高等人的计划由此落空。

这件事本来就罢了，可是又过了几个月，贯高有个仇家知道了这个阴谋，上书告发。刘邦大怒，命令将赵王张敖一家以及贯高、赵午等全家人抓来，废黜了赵王，将赵国改封给自己的儿子，原先的代王刘如意。

于是只剩下五个异姓王了。

赵午等人害怕连累张敖，好像去超市抢购似的，纷纷抢着自杀。贯高骂道："谁教你们这么干的？本来我们王没参与这件事，现在也受牵连被捕，如果你们都自杀了，谁来为我们王辩白冤屈？"于是都惭愧地住了手。刘邦还下诏说，赵国群臣宾客有敢跟从张敖的，一起诛族。但贯高等人不怕，他们自己给自己髡钳，伪装成赵王的奴仆，坚决陪同赵王在长安监狱安顿了下来。

过堂的时候，贯高把罪责全部揽到自己身上："都是我们这些奴仆干的，赵王什么都不知道。"

狱吏当然不能接受这样的结果，把他打得全身没有一块好肉，再打几乎无处下手，贯高却终究不肯改变口供。

吕后倒是很信任女婿，她向刘邦求情："张王娶的是我们家的女儿，应该不会谋反。"刘邦怒道："要是张敖当了皇帝，还少你这么一个女儿当老婆吗？"吕后张口结舌，无话可说。

廷尉把贯高宁死不屈的事告诉刘邦，刘邦也不由得赞叹："壮士啊！你们有谁跟他认识，可以帮我以私人情谊去问问他。"一个叫泄公的人立刻自告奋勇："贯高是臣的老乡，早就认识，他在我们赵国一向以坚忍重然诺而著称。"

刘邦就派他持节信去监狱探望。

于是泄公持着节信到了监狱，见了贯公，见他体无完肤，不禁凄怆。两人互问劳苦，共话平生，备极欢乐。最后泄公问道："赵王真的没有指使你这么干吗？"

贯高长叹一声："就人情来说，谁不疼爱自己的父母妻子？现在我三族都要因此被处极刑，难道我对赵王的感情能超过我对亲人的感情吗？只不过我们王确实没有想造反，都是我们几个密谋做的。"接着把事情的经过全部告诉泄公。

泄公当即回报刘邦，刘邦又嗟叹不置，命令赦出张敖，但是王位是别想恢复了。刘邦已经深信，异姓当王都不可靠，秦朝之所以灭亡，主要在于没有封同姓诸侯，自己可不能重蹈覆辙。他将张敖废黜为宣平侯。刘邦毕竟在江湖上混过，很欣赏贯高，又派泄公去传话："赵王已经出狱，足下放心吧，足下也可以获得赦免。"

贯高大喜道："我们王真的出狱啦？"

泄公道："是啊，皇帝陛下非常崇敬足下的为人，特意下诏赦免足下。"

贯高道："我之所以不肯自杀，而挺着在狱中忍受这样的拷打，就在于想为赵王辩白冤屈。如今赵王已出狱，我的过错已经抵消，死亦无恨。况且我作为人臣，有篡弑陛下的阴谋，又有什么脸面去侍奉陛下？就算陛下不肯杀我，我自己难道不觉得惭愧吗？"于是自杀身死。

贯高的故事说明，封建社会贵族气节那一套，在秦汉这种大一统的专制时代已经非常不合时宜。他在刘邦面前，还想保持贵族的基本荣誉感，哪里知道时移世易，以前贵族维持荣誉的基本条件比如租税、家兵制度等早已荡然无存，可以说，他是在错误的时间、错误的地点干了一件错误的事情。后来的朝廷重臣，哪怕是宰相，在皇帝面前也仅能做一个奴才。贯高的遭遇，只是贵族制消亡后的一个小小的涟漪。

八、族诛彭越

排在第四、第五的是彭越和英布。

彭越被封为梁王，比英布、韩信都晚。他本事比韩信小，相应命也就好些，韩信的屁股在楚王的位置上只坐了十个月，还没坐热就被刘邦夺走。

汉十年九月，在邯郸征讨陈豨的时候，刘邦发下了诏令，向彭越征兵。彭越这时犯了英布当年对项羽犯的毛病，正好生病，或者确实不想去，装病。他派一个手下代替自己率士卒赶赴邯郸，完全忘了这么一个道理：一个人如果坐在不合适的位置上，随便生病乃是对自己家族极大的不负责任，因为这会导致家破人亡。彭越此刻就处在不负责任的状态之中。

和项羽当年对英布的感觉一样，刘邦也很不高兴，或者也可能他其实心里很高兴，毕竟借口送上门来了，又可以干掉一个了。但他表面上却大怒，派使者去定陶责问彭越。彭越吓得不轻，决定去邯郸谢罪。他的大将扈辄脑子比较清醒，劝道："开始他叫您去，您不去；现在他发脾气了，您再去，不是送死吗？不如趁机发兵造反算了。"

彭越没有采纳这个"明智"的建议，原因不知，不过也打消了去邯郸谢罪的念头，继续称病。可是隔墙有耳，他和扈辄的密谈被人听去了。

这个人是彭越的太仆，这位太仆先生之前也犯了点儿罪，怕受到惩罚，逃亡到洛阳，告发彭越谋反。刘邦当即派使者去梁国的首都定陶，出其不意地捕获了彭越，押到洛阳。这距离彭越的称病只有两三个月。

有关部门审问彭越，效率非凡，很快奏报：“彭越造反，证据确凿，请论如法。”

所谓的“请论如法”，当然是灭三族。但是刘邦还有一念之仁，考虑半天，赦免了彭越的死罪，将他废为庶人，流放到蜀郡的青衣县（今四川雅安县北）。彭越从湖盗起家，奋斗了一辈子，积攒了无数功勋，此刻就像电脑硬盘损坏，一下子都归了零。如果有后悔药吃，他一定不会帮助刘邦和项羽作对。

汉十一年的早春二月，彭越坐着囚车，迎着料峭的春寒，孤苦伶仃地被押着往西走。走到郑县（今陕西华县）的时候，他遥遥看见对面来了一支队伍，走近一看，原来是吕后的车马。吕后刚刚在长安杀掉了韩信三族，现在正要去洛阳会见刘邦庆功。这个场景很震撼，彭越和吕氏，一个曾经是叱咤黄河两岸的枭雄，一个只不过是农村的家庭妇女；而如今一个已经沦为阶下囚，满怀孤苦朝不保夕地赶去发配之地；另一个却成了一人之下万人之上的皇后，兴高采烈地赶去洛阳和丈夫团聚。这种强烈的境遇对比，显然会让普天下所有善良的人动容。

两人相会，彭越眼泪汪汪地对吕后诉冤，说自己无罪。虽然无罪，但也不奢望落实政策，恢复梁王的爵位，只希望能够回到老家昌邑，耕两亩薄田，自食其力，过完残生。吕后心里暗笑，少跟我来这套，你彭越当了一辈子强盗，都是抢别人的，几曾老实种过地来着？但她表面上还是很慈祥，对彭越的请求满口答应，并郑重邀请和他一起去洛阳，面见刘邦诉冤。

彭越喜出望外，以为自己绝处逢生，欢天喜地跟着吕后去了洛阳。

吕后见到刘邦，当即高屋建瓴地对丈夫提出了批评：“彭越是个英雄啊，他就像条鲸鱼，走到哪里都能折腾出大浪，你竟然只把他流放蜀郡，这不是给自己留下祸患吗？幸好我在路上碰到他，顺便带回了洛阳。得赶快把他杀了。”

刘邦说："好，就交给你处理吧。"

吕后当即把彭越以前的舍人找来，让他们告发彭越"复谋反"。这个"复"字用得很绝，可怜的彭越近一个月来一直在冰凉的囚车上晃荡，怎么个"复谋反"法？不过这也没什么滑稽的，老祖宗早就对这种事总结了一句：欲加之罪，其无辞乎？

廷尉王恬启奏刘邦，夷灭彭越的三族。刘邦痛快地批准了。汉十一年三月，彭越的三族也和韩信一样，被杀得干干净净，离韩信的悲剧仅隔两个月。之后，刘邦封自己的儿子刘恢为梁王。

九、戡英布

但这并没算完，还有一个人必须除掉，那就是淮南王英布。

和韩信、彭越的死完全一样，英布的倒台，也是因为身边的人告密。为什么这些人告密一告一个准，倒不是因为他们确实掌握了铁证，而是因为刘邦需要他们告准。

杀掉彭越之后，刘邦把彭越的尸体全部细细地切成臊子，加上作料，烹调成“美味的”肉羹，赐给各地的诸侯，最主要的目的当然是吓唬英布，或者不妨说，想以此逼迫英布造反。很难想象曾经被称为“温良长者”的刘邦，会干出这样丧心病狂的事，但他就是干了。为什么性格会这么转变，值得深究。

英布当时正在打猎，心情很好，突然接到了彭越的肉羹，顿如惊弓之鸟，萌生了兔死狐悲之情。他知道，自己是刘邦的下一盘俎上菜了，他可不想当那盘菜，那唯一的选择只有造反。于是，他开始秘密部署兵马，等待适当时机。

“时机”很快不速而至，原来英布有一个宠爱的小妾生病了，请医生看病。那医生和中大夫贲赫住对门。贲赫大概嫌自己的官位老是不动，想通过英布这个宠妾巴结一下英布，就贿赂医生，请英布的宠妾吃饭，意图很明显，希望宠妾能在英布那里吹吹枕边风，让自己的屁股挪个位置。宠妾不负所托，在某天侍候英布的时候，就顺便夸奖道：“贲赫是个有才能的长者啊，大王您怎么老不提拔他呢？”

哪知英布的心胸只有裤带那么宽，当即怀疑宠妾和贲赫有什么私情，怒道："你怎么知道贲赫有才能？"

宠妾见英布发怒，知道弄巧成拙，为了洗清冤屈，只好把贲赫请客的事和盘托出。贲赫也没想到自己马屁拍出了麻烦，吓得称病，不去上班。这么一来，英布更加怀疑贲赫心中有鬼。你要真是清白的，为什么吓得连班都不敢上？肯定心中有鬼。于是下令逮捕贲赫。

谁知贲赫人缘好，早早得到消息。他没想到英布这么绝情，又悔又怒，干脆一不做二不休，乘坐邮车赶赴长安，告发英布谋反。那时候驿站专门备有马车，供过往的公文递送。老百姓如果有谋反案上报，也可以免费乘坐这种"传车"，沿途邮亭官吏必须负责安全送到都城。

英布速派人追赶，却徒劳无功。史书上记载，贲赫到长安后，萧何劝刘邦："英布应该不会造反，恐怕是仇人诬陷他。不如将贲赫下狱，再派使者去淮南查证。"

刘邦听从萧何的劝告，派使者去淮南国验问英布，看看贲赫所说是否确实。从情理分析，刘邦有点儿假，他要杀英布就恨没有借口，现在借口主动上门，哪会客气谦让？史家这么说，恐怕是为了掩盖汉室的薄情寡义，不得已而为之。英布的造反，完全是刘邦所逼，在当时可以说是路人皆知的事，刘邦有个幸臣叫夏侯婴，夏侯婴有个门客薛公当过故楚令尹，他就直言不讳地对刘邦说："英布当然应该反，去年杀了韩信和彭越（实际上就是年初的事，不能说是往年），他们三个人在楚汉之争中功劳最大，是一损俱损，一荣俱荣的，现在没有确切的罪证就杀了两个，剩下的那个还不反，他傻啊？"

而英布没捉到贲赫，已经担心贲赫告发自己的阴事。接着长安来了使者，要查验自己。他知道这下没指望了，干脆把贲赫的三族全部牵到市场砍下了脑袋。随即，他效法陈豨，在当年的七月，举起了造反的旗帜。刘邦一听，当即赦免了贲赫，并拜他为将军。

刘邦当时生病，本来想让太子刘盈出征讨伐英布，但在吕后的哀求下，放弃了这个想法，骂了一句："我想这竖子也没这个本事，还得靠老子亲自出马。"带着病体出征。出征之前，他先封自己的少子刘长为淮南王，把英布的国土先圈了，显得相当迫不及待。

英布是项羽麾下的猛将，一向擅长治兵，这时已经轻松地击破了荆王刘贾和楚王刘交的军队，志得意满。他没想到刘邦会亲征，事前他曾这样估计："皇帝年纪大了，讨厌打仗，肯定不会亲自来。诸将里面我最怕的就是韩信和彭越，现在都死了，我还怕什么？"哪知在汉十一年的十月，就在会垂（今安徽宿县南）这个地方，碰见了刘邦亲自率领的军队。

刘邦在庸城的城壁上眺望英布的军队，发现英布军士气高昂，非常精锐，阵势很像项羽，当即心里很不爽。这是一种暗藏心底的记忆，以前他屡次被项羽打得找不着北，要不是韩信、彭越、英布等人帮忙，他刘邦现在早就身填沟壑了，对项羽，他是心有余悸的。他站在城壁上遥问英布："为什么造反？"

英布也懒得跟他解释，事情已经到这份儿上了，哭诉几句"都是被你逼的"，很理直气壮，但是有用吗？于是他直截了当地回答："当然是想当皇帝啰。"

刘邦气得破口大骂，接下来就开战。英布的军队虽然精锐，却架不住刘邦人马众多，光曹参从齐国带来的军队就有十二万。英布接战不利，败走，带着亲信数百骑向南逃奔，在鄡阳（古县，已沉入鄱阳湖底）的兹乡被小舅子长沙王吴臣诱杀。

十、再除燕国

最后干掉的一个异姓王是刘邦的总角之交，燕王卢绾。

卢家在秦朝时就和刘家是要好的邻居，卢绾和刘邦还是同日出生，从小又在一起玩儿，是割头换颈的哥们儿。卢绾虽然打仗不行，但因为和刘邦自小的关系，能出入刘邦卧内，比任何谋士将领都亲近。刘邦当然想给卢绾一点儿封赏，苦于找不到机会。后来天下已定，刘邦才派他率兵到处走走，象征性地打打仗。燕王臧荼谋反，刘邦派卢绾去征讨，击灭臧荼后，刘邦暗示群臣，推举卢绾为燕王。

卢绾没辜负刘邦的信任，对汉朝忠心耿耿。陈豨造反的时候，刘邦亲自坐镇邯郸镇压，卢绾也积极响应刘邦，发兵合击陈豨。陈豨派使者去匈奴求救，卢绾也派使臣张胜去匈奴，告知匈奴陈豨已经兵破，最好不要插手。张胜在匈奴碰到了臧荼的儿子臧衍。臧衍不计旧怨，语重心长地对张胜说："燕国之所以能生存至今，全在于诸侯们相继造反，兵祸连年不绝。而你们燕王却急着要击灭陈豨，真是愚不可及。你想想，陈豨一死，下一个不就轮到燕国了吗？你还不如让燕王不要急着打陈豨，和匈奴连和。陈豨不亡，燕国就能长存；就算汉朝仍不放过你们，你们还有匈奴可以依靠呢。"

张胜被臧衍说动了，就和匈奴缔结密约，要匈奴假装进攻燕国。这时吕后已经杀了韩信、彭越，英布也已经举旗造反，卢绾见匈奴攻燕，以为张胜背叛自己，将张胜一家全部逮捕，并上报了长安，请求将张胜族诛。等张胜赶回来把其中曲折一说，卢绾醍醐灌顶，后悔不及，知道自己错怪了张胜，但是事情已经向朝廷报告了，怎么收场呢？于是一边打报告给朝廷说错怪了张胜，和匈奴勾结的是其他人；一边又派人和陈豨勾勾搭搭，当然哪种打都是表演性质的，不伤皮肉。

可惜汉朝那边是来真的，汉十二年，周勃的军队如风卷残云一般将陈豨打得望风而逃，最后死于非命。接着，陈豨的降将招供，自己这边曾经和卢绾有来往。刘邦大惊，下令征召卢绾。卢绾心中有鬼，当然不敢觐见，称病推辞。刘邦对这个老朋友很有耐心，又派了辟阳侯审食其、御史大夫赵尧去看望卢绾，同时查探情况。卢绾更加害怕，躲起来对身边宠臣曰："不姓刘而做王的，只剩我和长沙王吴臣了。吕后歹毒，族诛了淮阴侯韩信、梁王彭越。这个老太婆，是想杀尽异姓王和大功臣啊！"于是依旧装病，不肯去长安。

他的话以及一些蛛丝马迹还是被审食其、赵尧听到了，报告给了刘邦。刘邦大怒，这时又碰巧抓获了匈奴降者，降者说了些张胜在匈奴的事，刘邦这才确认卢绾造反。汉十二年春二月，命令舞阳侯樊哙率兵进攻卢绾，同时立自己的儿子刘建为燕王。

卢绾兵力不敌，仓皇逃到匈奴，在长城下驻扎，派人刺探刘邦的病情。希望等到刘邦病好后当面谢罪，可刘邦中了英布一箭后，伤势发作，没有耐心等他，很快就一命呜呼了。卢绾深知吕后的歹毒，知道刘邦一死，自己再也没有指望，干脆带领残兵败将逃入匈奴。

燕国一灭，除了江南弱小的长沙王构不成威胁之外，其余的都封给了刘氏宗室，为刘氏以后四百年的统治打下了牢固的基础。

有学者认为，晚年的刘邦曾与大臣立誓："非刘氏而王者，若无功上所不置而侯者，天下共诛之。"这个有名的白马之盟，就是因为卢绾造反后让刘邦伤透了心才立的。他觉得再亲热的异姓王都靠不住，封王的一定要姓刘。

当然，还有一个南越王赵佗，刘邦也想除掉，只是鞭长莫及，暂时搁置了下来，要留待刘邦的曾孙汉武帝刘彻去解决。

为了一目了然，我们把刘邦干掉异姓王国的时间列表如下：

燕王臧荼，汉五年七月反，同年九月被杀，国土改封给卢绾。

齐王韩信，汉六年，废为淮阴侯，汉十一年，夷三族。

韩王韩信，汉六年，迁太原，同年九月反。

赵王张敖，汉八年，废为宣平侯。

梁王彭越，汉十年反，汉十一年三月，夷三族。

淮南王英布，汉十一年七月反，同年十月被杀。

燕王卢绾，汉十一年反，汉十二年，逃入匈奴。

而在干掉这些异姓王之后，刘邦立刻把他们的土地改立自己的儿子或同姓亲属，为了一目了然，我们也列表如下：

楚王刘交，刘邦的弟弟，汉六年正月丙午分原楚王韩信国立。

代王刘喜，刘邦的二哥，汉六年正月壬子立。

齐王刘肥，刘邦的庶长子，汉六年正月壬子立。

荆王刘贾，刘邦的从父弟，汉六年正月丙午分原楚王韩信国立。

淮南王刘长，刘邦的六子，汉十一年十月庚午夺原淮南王英布国立。

赵王刘如意，刘邦的次子，汉九年四月立。

代王刘恒，刘邦的三子，汉十一年正月丙子立。

梁王刘恢，刘邦的四子，汉十一年三月丙午夺原梁王彭越国立。

淮阳王刘友，刘邦的五子，汉十一年三月丙寅立。

燕王刘建，刘邦的七子，汉十二年二月甲午夺原燕王卢绾国立。

吴王刘濞，刘邦的侄子，汉十二年破英布后取原刘贾封国立。

最后说说南越王赵佗。

赵佗，真定（今河北正定）人，曾经当过秦朝岭南地区龙川县县令。陈胜起兵时，秦南海郡尉任嚣病得快要死了，紧急召见赵佗，在病榻上嘱咐："我听说陈胜等人作乱造反，各地豪杰纷纷起兵反秦，南海郡地势偏僻，道路辽远，我担心那些乱兵来此骚扰，决定发兵隔绝中原和南海之间的所有通道，静观中原的变化，可惜碰上大病，只怕活不长了。况且番禺（南海郡治所，今广东番禺）背靠高大的南岭，险峻异常，南北东西方圆有数千里，中原来的才干之士也颇为济济，在这里割据，也算是一州之主了，可以建国立业。我思虑自己将死，而军中诸官吏，没有一个能和你相比，所以把你找来讨论。"

赵佗赞同了任嚣的想法，任嚣当即伪造诏书，宣告赵佗"行南海尉事"，掌管南海郡的军权。

任嚣很快就死了，赵佗立刻发下板檄，敦告横浦（今江西大余以南）、阳山（今广东阳山县北）、湟溪（今广东英德县南）三个关口的守卫官吏隔绝通道，又找碴儿诛杀了秦朝所派遣的一些官吏，安插自己的亲信担任各县的要职。秦朝灭亡的消息一传来，赵佗发兵击灭了桂林、象郡，统一了岭南，自立为南越武王。

刘邦很想把赵佗干掉，但是能力不足，史书上说他怜悯百姓劳苦，"故释佗弗诛"，这话说得有些冠冕堂皇，刘邦可没有这么善良，在张家山汉简中，记载了一个少数民族逃兵的悲惨经历，他就是被征发去南越边境服役的，最后他被判处腰斩。在那时，肯定有不少像这样被征发的士兵。汉兵和南越在边境发生过不少冲突，只是没有取胜的希望，于是在汉十一年，刘邦派遣陆贾去游说赵佗，赵佗因此和汉朝剖符通使，自称藩臣。

十一、刘邦的其他工作

除了清除敌人，大封同姓之外，刘邦还干了一些别的工作，那就是制定简单的礼制。

由于刘邦本身就是市井出身，跟随他打天下的，除张良等少数贵族之外，也都是底层劳动者，文化素质很低。当上王侯将相之后，仍旧改不了原先的粗鄙习惯，保持着在江湖上那套，喝醉了就互相谩骂，甚至拔剑乱砍，毁坏家具。特别是在争论功劳的时候，都喜欢吹自己有过什么功劳，谁都不买对方的账。刘邦看着很烦闷，这都叫些什么事啊，一伙土包子。

这时叔孙通跳出来了，他告诉刘邦："这都是礼仪没有普及的缘故，请让臣为您制定朝堂礼仪。"

这位叔孙通先生，我们前面提到过，他是秦朝的博士，后来发现秦二世太人渣，偷偷逃回了故乡薛县。项梁打到薛县，他就投靠了项梁。项梁死后，又跟从义帝；义帝被项羽逼迫迁徙长沙，他留下来侍候项羽。刘邦率五十六万大军攻入彭城，他投降了刘邦。刘邦被项羽三万精兵打残，他跟随着到了西边。起初刘邦并不喜欢他，看他穿着儒生的长衫，很讨厌。他很识趣，第二天马上换了套楚式短衣，刘邦见了大喜，觉得这家伙还真是能察言观色。

叔孙通时不时向刘邦推荐一些人才，都是孔武有力的流氓强盗。他的一百多儒生弟子有些不高兴，私下谩骂："跟从他几年了，从来不向汉王推荐我们，只推荐莽夫，怎么回事啊？”叔孙通听说后，对弟子开诚布公：“现在汉王和项羽争夺天下，只需要能打的人。你们细胳膊细腿的，能帮汉王打仗吗？放心吧，等天下平定，我不会忘记你们的。”

现在刘邦听他这么说，有点儿怕麻烦：“那个礼仪复不复杂？”

叔孙通道：“礼仪这东西，从来就是根据人情来量体裁衣的，所以夏商周三代各有各的礼，您放心，我打算采择一些古礼和秦仪一起施行，一定满足您的要求。”

汉七年的新年，长乐宫落成，刘邦下令举行典礼，诸侯功臣们都来觐见刘邦。叔孙通命令主管官员把群臣一个个引入大殿，廷中布满了警卫，都全副武装。赞礼的官员叫“疾走”，群臣就要疾走；叫“跪”，群臣就得跪。文官丞相等人站在东边，脸朝西；武官功臣列侯站在西边，脸朝东，一丝也不能乱。都站好后，皇帝才坐辇出来，有关官吏就引导朝贺的大臣，按照官阶高低有秩序地参拜。参拜完毕后，又设置法酒，坐在殿上的群臣都要把脑袋伏下，按照身份高低有秩序地站起来举酒祝贺，直到等谒者喊“罢酒”，才算礼毕。不听话的就拖出去治罪，搞得往日不讲礼节的土包子将相们都战战兢兢，毕恭毕敬。仪式搞完，一个敢乱喊乱动的人都没有。刘邦看在眼里，喜上心头，开心地大叫道：“今日才知为皇帝之贵也。”赐给叔孙通五百斤黄金，拜为奉常。

叔孙通这才找到机会，把自己那些手无缚鸡之力的弟子们列了个名单，全部推荐给刘邦，刘邦照单全收，拜为郎官。弟子们欢呼雀跃，赞美道：“师父真是圣人啊，能够与时俱进。”

叔孙通搞的这一套，不但提升了汉朝的文化品位，而且由于这一套方案基本沿袭秦朝，有着尊君抑臣的功效，从礼制上突出了刘邦至高无上的地位，让大臣只能仰头遥望，对稳固刘邦的江山，是有很大作用的。后世的史家认为叔孙通谄媚君主，强化刘邦的独裁权威，把君主引向邪路，从民本的角度来看，有一定的道理。

自夺取天下以来，刘邦还活了八年，在自己的余生中，他时刻不忘的是如何保住自己这份抢来的家业，为此孜孜不倦地四处平叛，到处剪伐，为此不惜违背良心。在身为市井流氓的时候，刘邦肯定做不出像杀韩信之类的事，史书上一直说他大度，喜欢施舍，对于钱财，他应该是不吝啬的，这些品质也在夺取天下的过程中发挥了巨大作用。然而一旦身为至尊，就无法不毒辣。晚年的刘邦一直遭受疾病的折磨，在征讨英布之前，他的精力基本上就耗尽了。有一次他病得不想见人，令守门的不许任何大臣进门，周勃、灌婴等人想见，十多天了，不敢进去。后来樊哙推门闯进，看见刘邦躺在榻上，头枕着一个宦者。樊哙哭道："当年陛下和臣等在丰沛起兵，平定天下，何其伟壮？如今天下已定，怎么疲惫如此？况且陛下病重，大臣震恐，陛下不见臣等计事，难道想独自和一宦者诀别吗？况且陛下岂不见赵高乱秦之事？"刘邦一听，含笑而起。

樊哙的话之所以有作用，是因为提到赵高乱秦，切到了刘邦的痛处，自己的家产安全，在他心目中始终是第一位的。

他抱着病体去征讨英布，还中了一箭，病体愈加沉重，回来的路上路过沛县，在沛县置酒，把故人父老子弟全部召集起来，诉说年轻时的往事。这时候他已经知道自己活不了多久了。他征发了儿童一百二十人，教他们唱歌，酒酣之时，自己击筑，唱了一首歌：

大风起兮云飞扬，
威加海内兮归故乡，
安得猛士兮守四方！

歌中充满了对家业前景的忧虑，还命令儿童们一起唱和。他自己又慷慨起舞，悲不自胜，泣泪数行下，说："游子悲故乡。我虽然建都关中，万岁之后我的魂魄犹思念沛县。且朕自沛公以诛暴逆，遂有天下，现在决定以沛为朕汤沐邑，免除沛县百姓的租税，世世代代都不改变。"

回到长安之后，病情越发严重。但还有一件事，他无法忘怀，那就是，他想改立太子。

大凡古代的君主，很多都免不了宠信美女，乃至于要废黜原先的储君，改立宠妃之子为太子的问题。刘邦就正好犯了这个毛病。当了汉王后，他得到一个定陶的美女戚姬，非常宠爱。戚姬很快就为他生了个儿子，取名叫刘如意。汉六年，刘邦封刘如意为代王，汉九年，干掉张敖后，他又将这位爱子改封为赵王。

刘邦很想改立刘如意为太子，理由是吕后生的嫡子刘盈性格软弱，不是当皇帝的料；而刘如意很像他自己，适合继承帝位。戚姬也巴不得自己的儿子上位，仗着自己深得刘邦宠幸，天天在刘邦面前涕泣，希望刘邦早下决断。刘如意被立为赵王后，刘邦下了决心，一定要办成这件事。结果才一提出，几乎遭到所有朝臣的反对。刘邦虽然是皇帝，至高无上，但碰到继嗣这件事，却无法做主。强制推行不是不可以，但自己死后，朝臣不买账怎么办？岂不是反而害了如意？况且秦朝灭亡的覆辙也应当对他有触动，秦二世不就是因为夺了长子扶苏的位，搞得顷刻亡国的吗？刘盈背后有吕氏家族撑腰，戚姬的身份，史书上没有记载，估计是小家碧玉，娘家没有依靠。

尽管艰难，刘邦却囿于对戚姬的爱恋，仍想一意孤行。吕后吓得不轻，请张良想办法。张良推辞不脱，想了一个计策。他请了四个隐居在商山的老头子，称之为"商山四皓"的，出来辅佐刘盈。这四个老头子很有名，当年刘邦曾想请，却没有请到。张良认为，刘邦一旦见到自己都无法罗致的人，竟然死心塌地跟随太子，一定会改变想法。

改易太子的决定暂时遭受了挫折，刘邦知道，自己宠爱戚姬，又屡次想换掉太子，已经给吕后带来了巨大的心灵伤害。刘如意只有自己这一把保护伞，自己一死，戚姬母子必死无疑。他日夜为此忧叹。有个叫赵尧的符玺御史有天正好在跟前侍奉，刘邦当时心境悲凉，突然慷慨悲歌，搞得群臣都莫名其妙。赵尧就上前询问："陛下如此不快乐，大概是担心百年后戚姬母子的安全吧？"

刘邦说："是啊。我暗暗忧虑，不知怎么办。"

赵尧说："陛下不如给赵王设置一个身份高贵的相国，一定要是吕后、太子和群臣素所敬惮的人。"刘邦好像碰到了知己："我也是这么想的，但谁是合适人选呢？"赵尧就推荐自己的顶头上司："御史大夫周昌，只有他行。"刘邦当即召周昌，对他说："我想麻烦你当赵相。"周昌当然不愿去，哭了："臣在家乡起就一直跟从陛下，陛下怎么能中道把我抛弃，贬到诸侯国去呢？"刘邦说："我知道这对你不公平，但我担心赵王，觉得只有你才能帮我。"周昌无奈，去了赵国。至于御史大夫的空缺，刘邦看着赵尧，说："没有比你更合适的了。"拜赵尧为御史大夫。

虽然派周昌去当赵相，但刘邦也知道这只不过是权宜之计，改立太子的愿望仍旧时时撕咬着他的心。按理说皇帝没有什么"愿望"，只要是愿望，几乎都能实现。但刘邦独独在这件事上无能为力，只能被这个愿望时时撕咬。

这样又匆匆过了一年，汉十二年十月，刘邦在亲征英布时中了一支流箭，原先就病恹恹的身体更加不行了，他再次坚定了改立太子的决心。张良苦谏，不听。叔孙通也苦谏，照样不听。这天，太子侍候他饮酒，他发现太子身后有四个须发皓白的老头，很奇怪，一问，竟然是自己重金礼聘未至的商山四皓。他问："为什么不跟我，却跟我儿子？"四皓说："陛下轻士善骂，臣等义不受辱，故恐惧而亡匿。窃闻太子为人仁孝，恭敬爱士，天下之士无不伸长脖子愿为太子献出自己的生命，所以臣等才来。"

刘邦的心凉了半截。当然这个故事是不是真的，也很难说，总之很有戏剧性。罢酒后，四个老头子趋出，刘邦指着他们的背影对戚姬说："我没办法了，太子羽翼已成，无法废黜。"打消了立刘如意的计划。

戚姬当即大哭，知道自己的命运凶多吉少。刘邦也悲不自胜，对戚姬说："你为我跳个楚舞，我为你唱支楚歌。"

戚姬是定陶人，战国末期定陶已经被楚国攻取，成为传统的楚国地盘。戚姬大概擅长楚国歌舞，大概由此赢得了热爱家乡文化的刘邦之欢心，夫妻俩爱好相同，必定时时唱和，怪不得感情深厚。刘邦说完，当场填词，唱了一首楚歌：

鸿鹄高飞，一举千里。
羽翮已就，横绝四海。
横绝四海，当可奈何！
虽有矰缴，尚安所施！

这应该是刘邦留下的第二首诗歌作品，第一首是那首有名的《大风歌》。当然，也不排除刘邦临时借用了现成歌词，只是这歌词太切合他此刻的心情，因此，后一种可能性不大。从艺术水平上来看，这首诗歌写得一般，什么"横绝四海，当可奈何"，和项羽唱的《垓下歌》"骓不逝兮可奈何，虞兮虞兮奈若何"一个水平。不过，他当时唱的时候，应该是声情并茂的，毕竟是真的很伤心啊。戚姬在一旁边舞边歌，唏嘘涕泣，婉转哀绝，然无济于事。

作为一代雄主的刘邦，竟只能和爱姬对泣，这大概不能说刘邦缺乏魄力，其实也可以说刘邦究竟不是一个头脑发热的人，在爱子和江山之间，他选择的是后者。只要不导致政局动荡，爱姬和爱子的未来只有牺牲了。当然，也许他心中还抱有一丝侥幸，只盼吕后不会那么毒辣。

当然他想错了，吕后比他想象的只怕更加毒辣。汉十二年，他刚刚闭上眼睛长眠，吕后就下令将戚姬囚到永巷，剃光鬓发，戴着颈钳，穿着赭色囚衣，让她舂米。戚姬很委屈，发挥了她唱歌的特长，写了一首歌抒发哀怨：

子为王，母为虏。
终日舂薄暮，常与死为伍！
相离三千里，当谁使告汝！

读了歌词，我们可能会对戚姬哀其不幸，怒其不醒。这个时候还唱歌，而且歌词这么敏感，这不是故意要触怒吕后吗？果然，吕后听说戚姬如此嚣张，气得脸都青了："你还指望儿子来救吗？"她咆哮道，当即下令把赵王召回长安，找了一个机会，用毒酒送上了西天，年仅十三岁。

干完这些，吕后并没有罢休，她导演了中国历史上最令人发指的一幕：把戚姬的手脚全部斩断，剜去眼珠，熏聋耳朵，灌下哑药，放到踢球的场地上豢养，称之为"人彘"。彘者，猪也。就这样一连养了几个月，才叫自己的儿子刘盈去"参观"，刘盈一见，简直不敢相信自己的眼睛，当场号啕大哭，回去后他派人见太后，说："这不是人所做的事。臣不配当太后您的儿子，也没有脸面再治理天下。"于是天天纵情声色，在花天酒地中麻痹自己，以此来忘却自己所看到的地狱般的惨状。

戚姬事件可以说是刘邦一手造成的，如果他不能下决心改立太子，这个念头就不应该起。而一旦起了这个念头，又不肯实行，最终一定会导致这个结局。可以说，貌似儿女情长的刘邦，最终还是理智压倒一切的。为了江山社稷，他可谓小心翼翼，绞尽脑汁，有时到了过分猜忌的地步。上林苑中有很多空地，萧何向刘邦请求，希望能让百姓进去耕种，不收赋税，刘邦听了大怒："相国收了商人的财物，想用我的园林作为回报。"竟下令将萧何逮捕入狱，戴上镣铐。

刘邦的想法是，萧何有效法古代奸臣，通过讨好百姓的做法来得到拥护，从而夺取自己的政权。这未免太神经过敏了。当时王卫尉因此劝谏他："宰相的职责就是帮助皇帝爱护百姓，陛下怎么能怀疑萧相国呢？况且陛下与项羽相持五年，后陈豨、英布反，陛下屡次亲征，当时相国就守卫关中，如果他真有异心，在那时反叛，关中就不会属于陛下了。相国不以关中为利，怎么会看上商人的一点金钱？"刘邦心里很不高兴，但还是觉得自己确实太敏感了，当即赦免了萧何。然而当萧何来拜谢时，他说话竟然仍旧是酸溜溜的："相国为百姓请园林之地，我不答应，和桀纣一样昏庸，而相国你却是贤良之相。我把你下狱，是想让百姓知道我的过错罢了。"

萧何和刘邦素来亲密，在丰沛就是心腹好友，为人也极为恭谨，仍因此遭受猜忌，可见刘邦晚年的心境。从史书记载来看，刘邦和项羽相持，那时何等艰苦，也不曾显示对萧何有什么疑虑。直到陈豨造反之时，韩信冤死之后，征战英布之秋，刘邦反而屡屡对萧何产生猜忌，这些记载生动展示了一个行将就木的老人的恐惧之心，萧何不得不屡次装出贪财的姿态，解除刘邦的戒心。一个在百姓口中声誉不好的人，刘邦是不怕的。这也体现了专制王朝的可怕，在很多时候，它并不在乎政治清明与否，也不在乎官吏廉洁与否，反而是官吏越廉洁，越让君主恐惧。

岁月侵蚀的力量，是任何人也抵拒不了的，上天不会在意刘邦有多少理想没有完成，有多少稳固政权的想法没有实现。不久，刘邦的生命就走到了尽头。汉十二年三月，刘邦发出了一生最后的一封诏书，对成为汉王乃至汉皇帝以来的十二年做了一个概括，他说：

> 吾立为天子，帝有天下，十二年于今矣。与天下之豪士贤大夫共定天下，同安辑之。其有功者上致之王，次为列侯，下乃食邑。而重臣之亲，或为列侯，皆令自置吏，得赋敛，女子公主。为列侯食邑者，皆佩之印，赐大第室。吏二千石，徙之长安，受小第室。入蜀汉定三秦者，皆世世复。吾于天下贤士功臣，可谓亡负矣。其有不义背天子擅起兵者，与天下共伐诛之。布告天下，使明知朕意。

诏书中列举了自己封赏功臣的情况，中心思想是后几句："吾于天下贤士功臣，可谓亡负矣。其有不义背天子擅起兵者，与天下共伐诛之。"但恐怕连他自己也不信，那些功劳最大的王一个个灰飞烟灭，他抢走了他们的家业，分给了他自己的儿子，而这些儿子大部分还都是懵懂无知的幼童，这是在任何现代文明社会中都不可能出现的景象，在那时却视为理所应当。他有理由为自己辩解，但不能无愧于心。因此，这种患得患失的心情是可以理解的。

汉十二年夏四月甲辰，也就是公元前 195 年阴历四月二十五日，刘邦死在了长乐宫，四天后发丧，五月丙寅（十七日），葬于长陵，享年六十一岁。庙号为汉太祖，尊号为高皇帝。